[개정판]

Presentation Strategy

제안 · 보고 · 발표력 향상을 위한

프레젠테이션 전략

박효정 · 이보람 · 이재희

양 성 원

머리말

말과 글은 자신에 대한 사회적 평판과 이미지를 형성한다. 많은 사람들 앞에서의 발표나 중요한 자리에서의 프레젠테이션은 새로운 기회를 가져오기도 한다. 다양성을 기반으로 연결된 사회에서 자신이나 팀의 정보 · 의견을 글로 표현하고 말로 설득하는 프레젠테이션 능력이 중요하다. 우리는 프레젠테이션이 기회인 시대에 살고 있다.

핀란드의 중 · 고등 종합학교를 방문한 적이 있다. 가장 인상적이었던 것은 학생들의 편안하고 자유로운 발표 모습이었다. 학생들은 자신들의 생각과 느낌을 솔직하고 편안하게 이야기했으며, 듣는 학생들도 이야기에 집중하고 다양한 질문을 하였다. 핀란드 어린 학생들의 역동적인 학습현장을 보며 단순한 암기가 아닌 다양성에 대한 탐구, 현상보다는 본질에 대한 탐색, 주장이 아닌 실득, 남의 생각이 아닌 나의 생각, 그리고 무엇보다 상호인정의 소통문화에 대해 많은 생각을 하게 되었다.

한국고용정보원에서 학계 · 산업계의 전문가들과 함께 청년들의 창직활동을 지원하기 위한 프로그램을 개발하였다. 이 프로젝트에 참여한 저자는 창직에 성공한 대학생과 사회 초년생들을 인터뷰하면서 청년들에게서 희망을 보았다.

"좋아하는 일, 잘하는 일, 좀 더 의미 있는 일을 찾아 특별한 일을 하고 싶습니다." 포커스그룹 인터뷰에 참여한 어느 대학생의 프레젠테이션 슬로건이다. 많은 청춘들이 공시생인 우리 사회의 암울한 현실 속에서도 아이디어와 콘텐츠를 바탕으로 자신만의 스토리를 만들어 가는 청년들을 만나는 것은 내게 행운이고 설렘이다. 그들은 자기 나름의 생각으로 미래를 앞서가고 행동으로 경험과 지혜를 축적해 간다.

저자가 인터뷰한 청년들은 수동적이기보다는 주도적이었다. 다양한 시도와 성공 · 실패 경험을 통해 '할 수 있다'는 자신감을 얻었다고 했다. 인생의 가장 소중한 자산이라 할 수 있는 '자신감'을 20, 30대 청춘에서도 얻을 수 있다니, 놀라운 사실이다. 그들에게는 또 하나의 공통점이 있다. 아이디어와 콘텐츠를 논리적인 글과 감성적 이미지로 표현하고 이를 설득력 있게 전달하는 능력이다. 그들의 뛰어난 프레젠테이션 능력이 타고난 것이 아닐까 생각도 해 보았다. 그런데 '아니다'라고 결론지었다.

그들은 발표 직전에 긴장된 모습으로 준비한 자료를 몇 번이고 반복하며 연습하고 이미지 트레이닝을 하였다. 발표대본에는 줄이 그어져 있거나, 형광펜으로 중요표시가 되어 있었다. 발표 중에는 미세한 떨림이 발표대본의 흔들림을 통해 전달되기도 했다. 목소리의 떨림 없이 말끔하게 프레젠테이션을 마친 청년에게 소감을 물었다. "너무 떨려서 무슨 말을 했는지 모르겠습니다."라고 했다. 그들은 떨림을 들키지 않았을 뿐, 속으로는 다른 사람들과 똑같이 떨었다. 누구나 여러 사람 앞에서 발표할 때는 떤다. 그래야 사람이다.

발표에서 중요한 것은 말을 잘 하는 것이 아니다. 내가 이야기하고자 하는 것에 대해 "나 스스로 설득이 되었는가?"가 중요하다. 프레젠테이션의 핵심은 발표자의 '확신이 담긴 의미 있는 내용'이다. 그리고 경험과 연습이 답이다. 처음에는 어눌하고 실수가 있더라도 여러 사람 앞에서 발표하는 경험을 쌓다보면 점차 나아지는 모습을 발견할 수 있다. 프레젠테이션 능력은 개발할 수 있다.

본서는 정보지식사회에서 프레젠테이션이 왜 중요한지, 프레젠테이션을 위해 무엇을 준비하고, 어떻게 전달해야 할지에 대한 프레젠테이션의 Why, What, How를 담고 있다. 프레젠테이션의 A to Z을 담은 이론서이자 실무지침서이기도 하다. 이미 밝혔듯이, 프레젠테이션 능력은 경험의 축적이 중요하다. 본 서의 모든 장에 걸쳐 제시되어 있는 다양한 토의 주제와 수행과제를 해결하는 과정을 통해 자연스럽게 프레젠테이션 능력을 개발할 수 있도록 내용을 구성하였다. 특히 팀 프로젝트 수행을 위한 일관된 팀 활동을 통해 프레젠테이션 능력은 물론 집단지성이라는 사회적 경험을 쌓을 수 있도록 내용을 설계하였다.

기업에서는 조직에 적합한 인재를 선발하기 위해 다양한 채용방법을 고안하여 실행하고 있다. 30초 자기홍보 영상을 제작하여 누리꾼 인기투표를 실시하는 온라인 오디션에서부터 가상의 근무상황을 주고 하는 역할극 면접, 정치 · 사회적 이슈를 다루는 토론 면접, 정답이 없는 상상나래의 창의 면접, 경영 이슈와 연계된 프레젠테이션 면접 등이 그것이다. 팀 프로젝트 수행을 하는 동안 팀 리더와 팀원들은 젊음의 역동성과 유연성을 마음껏 펼쳐 이러한 모든 경험을 할 수 있기를 바란다. 그리고 언제, 어디서, 누구를 대상으로 발표를 하든 자기다운 모습으로 당당하게 나의 생각과 큰마음을 전달하기 바란다.

세상은 다양한 요소의 다양한 조합으로 이루어진 복잡계이다. 이 복잡계에서 나만의 오롯한 영역과 멋을 찾고 즐기기 바란다. 단 한 번뿐인 삶에서의 나 답게 살기, 그것이 내 인생에 대한 예의를 지키는 길이다.

청춘을 응원하며

차 례

PART 1

정보지식사회와 프레젠테이션

PART 2

프레젠테이션을 위한 준비

PART 3

프레젠테이션 연습과 실행

Part 1
정보지식사회와 프레젠테이션

프레젠테이션의 이해
프레젠테이션 성공요인과 역량 평가

Chapter

01

프레젠테이션의 이해

학습목표

프레젠테이션의 정의와 목적, 그리고 프로세스를 이해함으로써 성공적인 프레젠테이션을 수행하기 위한 기본지식을 학습한다.

1. 프레젠테이션의 정의와 목적을 설명할 수 있다.
2. 프레젠테이션의 4단계 프로세스를 설명할 수 있다.

1. 트렌드 워칭과 일상의 정보관리활동

미국 전기자동차 회사 테슬라의 최고경영자 엘론 머스크가 인간의 뇌에 컴퓨터 칩을 심는 프로그램을 추진하는 '뉴럴링크'라는 회사를 창업했다. 뉴럴링크는 일단 인간 뇌 질환 관련 연구를 시작으로, '인간의 뇌에 미세한 전자 칩을 심어 정보와 생각을 업로드하고 다운로드할 수 있게 만든다'는 구상을 갖고 있다.

한편 노스웨스턴대 산부인과 전문의 테리사 우드러프 박사 연구팀이 세계 최초로 여성의 인공 생식기관 발명에 성공했다고 한다. '이브(Eve)'와 '아바타(avatar)'의 합성어인 '이바타(Evatar)'로 불리는 이 시스템은 한 손에 쥘 수 있는 크기다. 연구팀의 궁극적인 목표는 환자들의 줄기세포로 개인별 인공 생식기관을 만들어내는 것이다.

정보통신기술과 인공지능, 생명과학이 주도하는 4차 산업혁명의 진행과 함께 인류의 과학기술이 어느 수준까지 어떻게 발달할 지 궁금하다. 조니신 웨슬 매킨지글로벌연구소장은 한 초청강연에서 'Others'라는 단어를 통해 미래 직업세계의 역동성을 표현하였다. 그는 지난 20년간 미국에서 가장 빠르게 증가한 직군이 'Others', 즉 '기타' 직군이라고 했다. 이는 기존 직군으로는 분류하기 어려운 직업들로서, 그만큼 새로운 직업, 다시 말해 과거에는 없었던 일자리들이 빠르게 생겨나고 있다는 의미이다. 'Others'는 미국, 더 나아가 미래 일자리시장의 다양성을 함축적으로 나타내고 있다.

토의 1.1

미 언론들은 "머스크는 전기자동차, 태양광 발전, 우주선 개발과 화성 탐사 같은 미래 산업에 끊임없는 도전정신을 발휘하기 때문에 젊은 창업가들의 귀감이 되고 있다."고 극찬하고 있다. 그동안 허무맹랑해 보이는 자신의 구상을 현실로 이뤄낸 머스크의 또 다른 도전에 세계가 주목할 것으로 보인다.

① 최근 산업 · 사회 · 문화 · 과학 분야에서 어떤 변화들이 일어나고 있는가?
② 청년세대가 경제 · 사회의 주역으로 활동할 향후 30여 년간에 걸쳐 유망한 직업(새로 나타날 직업 포함)과 사라지게 될 직업은 각각 무엇이라고 생각하는가?
③ 우리 인간은 올바른 방향으로 가고 있는가? 끝을 가늠하기 어려운 과학기술의 발달이 개인의 삶에 미치는 영향은 무엇이라고 생각하는가?

21세기 경영환경은 과거 어느 때보다 복잡하고 빠르게 변화하고 있다. 이러한 급격한 변화의 과정에서 변화의 흐름을 읽고 이에 잘 적응한 조직과 개인은 기회를 잡아 혜택을 누린 반면, 그렇지 못한 조직과 개인은 시련을 맞이했다. 변화는 기회와 위협을 동시에 가져온다. 변화를 기회로 바꾸기 위해서는 세상의 변화 흐름을 정확히 읽고 해석할 수 있어야 한다.

이를 위해서는 현상과 사실에 대해 '왜(why)?'라는 의문을 가지고 새로운 가능성을 탐색하는 문제의식이 중요하다. 도서나 저널, 방송과 신문, 인터넷, 그리고 전문가와의 교류를 통해 정치 · 경제 · 사회 · 문화의 흐름과 현상을 인식하고 그 특징을 이해하려는 트렌드 워칭(trend watching)이 어느 때보다 중요한 시대이다.

청중을 설득하는 프레젠테이션에 있어서도 발표 주제와 연관된 트렌드를 읽고 분석하여 그 의미를 해석해 내는 능력이 중요하다. 발표자가 발표 주제나 관심 이슈에 대한 정보를 끊임없이 탐색하고 분류 · 관리하여, 필요한 정보를 필요할 때 바로 활용할 수 있도록 하는 일상의 정보관리 활동은 프레젠테이션 성과에 큰 영향을 미친다.

2. 프레젠테이션의 정의와 목적

1) 프레젠테이션의 정의

프레젠테이션은 동료와 대화를 나누거나 가족과 이야기하는 것과는 다르다. 말하는 이와 듣는 이가 있다는 점은 같지만, 목적과 방법에 있어서 차이가 난다. 프레젠테이션은 정해진 시간 내에 상호 원하는 목표를 달성하기 위해 발표자가 이해관계자에게 사실 · 정보 · 의견 등을 전달하고 설득하는 과정이다.

- 프레젠테이션은 목적이 있는 스토리(맥락과 내용)이다.
- 프레젠테이션은 서로에게 유익해야 한다.
- 프레젠테이션은 사실과 정보 · 의견을 매개로 이루어진다.
- 프레젠테이션은 상대방으로 하여금 특정한 행동을 하도록 요구한다(설득).
- 프레젠테이션은 일정 시간 내에 완료되어야 한다.

프레젠테이션의 효과는 발표 내용(content), 전달능력(skill), 그리고 시간(time)의 세 가지 요인에 따라 결정된다. 시간은 일반적으로 프레젠테이션에서 주어지므로 발표자의 입장에서는 컨트롤할 수 없는 부분이다. 따라서 프레젠테이션의 효과는 발표 내용과 전달 능력에 따라 결정된다고 할 수 있다. 발표내용과 전달능력에 따른 프레젠테이션의 효과는 [그림 1-1]에서와 같이 네 가지로 나눌 수 있다.

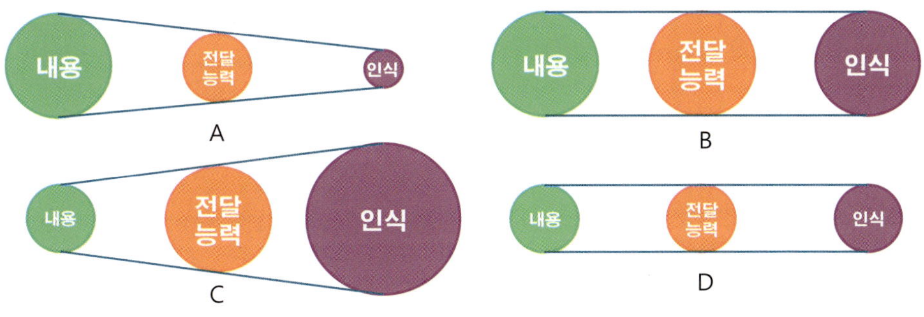

[그림 1-1] 발표내용과 전달능력에 따른 프레젠테이션의 효과

A 발표내용에 비해 전달능력이 부족하여 청중이 내용의 일부밖에 인식하지 못한 경우

B 발표내용을 의도한 만큼 청중에게 전달한 경우

C 발표내용에 비해 전달능력이 우수하여 청중이 내용을 실제보다 확대하여 인식한 경우

D 발표내용을 의도한 만큼 청중에게 전달한 경우(내용 미흡)

또한 프레젠테이션을 하고 난 이후 그 결과에 따른 발표자와 청중의 손익에 따라 〈표 1–1〉에서와 같이 네 가지의 프레젠테이션 유형으로 구분할 수도 있다.

〈표 1–1〉 프레젠테이션의 결과에 따른 분류

청중 \ 발표자	(–)	(+)
(+)	**A** 청중에게는 이익이나 발표자에게는 손실인 PT	**B** 발표자 · 청중 모두에게 이익인 PT
(–)	**C** 발표자 · 청중 모두에게 손실인 PT	**D** 발표자에게는 이익이나 청중에게는 손실인 PT

토의 1.2

[그림 1–1] 내용과 전달능력에 따른 프레젠테이션의 효과와 〈표 1–1〉 프레젠테이션의 결과에 따른 분류에 대한 자신의 의견을 정리하고, 팀원들과 공유하시오.

① [그림 1–1]을 보고 A, B, C, D 네 가지 유형 중에서 효과적 프레젠테이션이라고 생각되는 순으로 나열하시오. 그 이유는 무엇인가?

② A를 실패, C를 성공한 프레젠테이션이라고 평가할 수 있다. 그런데 누군가 "A를 성공, C를 실패한 프레젠테이션"이라고 주장한다면 그 이유는 무엇인가?

③ 〈표 1–1〉을 보고 A, B, C, D 네 가지 유형 중에서 효과적 프레젠테이션이라고 생각되는 순으로 나열하시오. 그 이유는 무엇인가?

다음 글은 스피치 커뮤니케이션 수업시간에 실제로 있었던 내용이다. 발표자가 이 글을 통해 전달하려는 메시지는 무엇이었는지, 그리고 결정적으로 무엇이 잘못되었는지에 대해 파악해보자.

"이동보훈팀 민원 수요 창출 방안에 대해 말씀드리겠습니다. 이동보훈팀 운영에 따른 주요 행정서비스 수요자가 상이군경, 유족, 미망인, 무공수훈자가 대다수로서 기타 대상자인 참전유공자 및 제대군인 등의 이동보훈팀 이용이 저조하며, 지자체 공무원 및 인근 군부대, 일반 지역주민이 이동보훈팀 운영에 대한 인지부족과 기타 대상자의 생활 실태 조사 미 실시로 인한 재가복지서비스 대상자 발굴이 어려운 상태에 있어 이동보훈팀에 대한 적극적인 홍보 실시로 잠재된 보훈대상자를 발굴함과 동시에 찾아가는 보훈행정서비스를 전 보훈대상자에게 제공하고 아울러 재가복지대상자의 수요자를 적극 발굴하여 국가보훈수혜를 받을 수 있도록 하기 위함입니다.

이 사업의 기대효과는 적극적인 민원수요 창출방안으로 보훈대상자 및 재가서비스대상자를 발굴, 예우를 받을 수 있게 하며, 보훈제도의 홍보실시를 통해 일반 국민에게 국가보훈 이미지 제고 및 국민통합에 기여할 수 있습니다."

말과 글은 사회적 커뮤니케이션의 중요한 수단으로서 지혜와 함께 자신의 품격을 나타내고 형성하는 데 매우 중요한 역할을 한다. 말과 글은 상대방이 노력을 하지 않고도 쉽게 이해할 수 있도록 논리적이고 체계적으로 간단명료하게 제시되어야 한다. 위 글의 결정적 취약점은 한 문장이 너무 길다는 것이다. 다음 글을 다시 읽어 보자.

"이동보훈팀 민원 수요 창출 방안에 대한 기획 배경 및 기대효과에 대해 말씀드리겠습니다. 먼저 현재 이동보훈팀의 보훈제도 운영상의 문제점을 통해 '민원수요 창출 방안'의 필요성을 말씀드리고자 합니다.

현재 이동보훈팀의 보훈제도 운영상의 문제점은 다음과 같이 크게 세 가지가 있습니다. 첫째, 복지 서비스 수요자가 대부분 상이군경, 유족, 미망인, 무공수훈자로서 기타 대상자인 참전 유공자, 제대 군인 등의 이용 실적이 저조하여 복지 서비스의 불균형 현상이 심화되고 있습니다.

둘째, 복지 서비스 수요자인 기타 대상자에 대한 생활 실태조사가 실시되지 않아 재가 복지 서비스 대상자 발굴이 어려운 상황에 있습니다.

끝으로, 지방자치단체 공무원, 인근 군부대 그리고 일반 지역주민의 이동보훈팀 운영에 대한 인식이 부족하여 사업 수행에 많은 어려움이 따르고 있습니다.

이에 '복지 서비스 민원 수요 창출 방안'의 일환으로 이동보훈팀과 국가 보훈제도에 대한 적극적인 홍보를 실시하고자 합니다.

이를 통해 첫째, 잠재된 보훈 대상자 및 재가 복지대상자를 발굴함으로써 보다 많은 복지 서비스 대상자가 국가보훈 혜택을 받을 수 있습니다. 둘째, 찾아가는 보훈 행정서비스를 통해 국민의 국가 보훈이미지를 제고할 수 있습니다. 마지막으로 복지 서비스 확대를 통해 계층 간 사회 갈등을 완화시킴으로써 국민 통합에 기여할 수 있을 것으로 기대됩니다."

처음 글보다는 두 번째 글이 이해하기 쉽다. 한 문장이 비교적 짧고 내용이 일정 기준에 따라 분류되어 있다. 주제와 문제점, 해결책의 기대효과 등이 제시되어 있다.

2) 프레젠테이션의 목적

프레젠테이션에는 목적이 있다. 프레젠테이션이 끝난 뒤 듣는 사람은 뭔가 변화해야 한다. 잘 모르는 것을 알게 되었다든가, 어떤 결정을 했다든가, 내가 판매하는 것을 구매한다거나, 또는 발표자의 말대로 뭔가 행동이 바뀌어야 한다. 청중의 의사 결정과 행동에 변화를 가져오는 것이 곧 프레젠테이션이다. 프레젠테이션의 목적을 세 가지로 나누어보면 정보공유(설명), 설득, 동기부여(재미)로 정리된다. 세 가지 중 무엇에 가장 큰 비중을 두고 있는가에 따라 발표의 흐름이 달라진다.

(1) 정보공유(설명)

정보공유를 위한 프레젠테이션은 청중에게 가치 있는 지식이나 정보를 전달하기 위한 것이다. 다시 말해, 연구조사 결과나 전문지식, 정보를 전달함으로써 청중에게 무언가 도움이 되고자 하는 목적으로 실시되는 프레젠테이션을 말한다. 업무 회의나 각종 세미나, 다양한 지역 브랜드 사례 소개, 대학입시요강 설명 등이 대표적인 예이다.

정보공유를 위한 프레젠테이션에서는 "제공하는 지식과 정보가 청중에게 어떤 도움이 될까?"를 명확히 한다. 이때는 사실 그대로를 정확하고 객관적으로 전달하는 것이 핵심이다.

(2) 설득

설득은 상대방의 가치관이나 신념, 태도, 행동을 자신이 의도하는 방향으로 변화시키거나 강화하는 행위를 말한다. 설득을 통해 상대방으로 하여금 자신이 원하는 의사결정과 행동을 하도록 하는 것이다. 프로젝트 수주를 위한 경쟁 프레젠테이션, 사업(투자) 설명회, 제품 설명회, IR 설명회, 제도 · 시스템 개신방안 등과 같이 사내외에서 행해지는 다양한 제안 프레젠테이션이 대표적인 예이다. 설득을 위한 프레젠테이션의 핵심은 누구에게, 왜, 어떻게 할 것인가에 대한 2W1H 정보를 정확히 파악하는 것이다. 이때는 자신의 강점을 최대한 부각하는 것이 필요하다.

〈표 1-2〉 설득 프레젠테이션의 유형과 2W1H 분석

구분	누구(Who)	왜(Why)	어떻게(How)
경쟁 프레젠테이션	클라이언트, 심사위원	사업을 수주하기 위해	해당사업을 성공시킬 수 있다는 확신을 준다.
사업(투자)설명회	투자가	충분한 투자를 받기 위해	투자를 하면 대박을 터트릴 수 있다는 확신을 준다.
제품설명회	일반인	제품 홍보 · 판매를 위해	제품을 갖고 싶고, 사용하고 싶다는 생각을 들게 한다.
IR 설명회	이해관계자, 언론	경영실적 보고를 위해	사실적인 보고를 바탕으로 희망적인 메시지를 전달한다.

(3) 동기부여(재미)

동기부여를 위한 프레젠테이션은 청중에게 활력과 영감을 불어넣어 주기 위해 행하는 것을 말한다. 이를 통해 청중에게 무언가를 꼭 해야겠다는 다짐을 유도하고, 실행의지와 즐거움을 촉진한다. 결혼식의 축사나 다양한 이벤트에서의 사회 등이 대표적인 예이다. 이때는 재미를 주고, 즐길 수 있는 부분에 초점을 맞춘다. 이와 함께 의미 있는 메시지를 전달한다.

3. 프레젠테이션 프로세스와 단계별 활동

좋은 프레젠테이션이 되려면 팀원 모두가 하나의 프레젠테이션이 이루어지는 '처음과 끝'의 과정을 알고 있어야 한다. 그래야 분업과 협업이 가능하다. 프레젠테이션의 전체 흐름과 단계별 활동은 다음과 같다.

프레젠테이션 분석	⇨	프레젠테이션 기획	⇨	프레젠테이션 자료 개발	⇨	프레젠테이션 실행
• RFP 분석하기 • 목적 · 청중 · 환경 분석하기 • PT 개요서 작성하기		• 주제 정하기 • 논리 구상하기 • 자료 조사하기 • 스토리보드 작성하기		• 템플릿 정하기 • 화면 레이아웃 잡기 • 간결 · 명료하게 내용 구성하기		• PT 점검하기 • PT 연습하기 • PT 실행하기

[그림 1-2] 프레젠테이션 프로세스와 단계별 활동

(1) 분석 단계

프레젠테이션 기획에 앞서 RFP(Request For Proposal)와 함께 프레젠테이션의 3요소인 목적 · 청중 · 환경을 분석하여 프레젠테이션 개요서를 작성한다. 프레젠테이션 개요서를 작성하는 것은 여러 명의 팀원들이 프레젠테이션의 목적과 주제, 그리고 서로의 역할을 공유함으로써 방향성을 잃지 않고 프로젝트를 효과적으로 진행하기 위해서이다.

(2) 기획 단계

프레젠테이션의 주제를 명확히 하고, 그 주제를 풀어낼 논리적 구상을 하는 단계이다. 관련된 자료를 조사하고, 프레젠테이션의 전체 흐름을 정리한다. 프레젠테이션의 기획 단계는 우리가 집을 지을 때 설계도를 그리는 것에 비유할 수 있다. "어떤 집을 짓고 싶은가?, 몇 명이 살 것인가?, 어떤 콘셉트를 원하는가?" 등을 고려하여 그에 맞는 설계를 한다. 프레젠테이션 기획도 마찬가지다. 무엇을 발표할 것인가? 발표 내용을 어떤 순서로 전개해 나갈 것인가? 등을 구체적으로 정하는 것이 기획 단계이다. 기획 단계에서의 결과물은 프레젠테이션을 위한 스토리보드 작성이라고 할 수 있다.

(3) 자료 개발 단계

프레젠테이션 기획이 마무리되었다면 그에 맞추어 프레젠테이션 자료를 만든다. 설계도에 따라 실제로 집을 짓는 단계라 할 수 있다. 템플릿과 레이아웃을 통해 전체적으로 일관성을 유지하고 깔끔한 느낌을 줄 수 있도록 한다. 청중 설득에 도움이 되는 동영상 자료를 개발하기도 한다.

(4) 실행 단계

설계도에 따라 제대로 집을 지었다면 이제 그 집을 마음껏 활용하면서 누릴 차례다. 편안하면서도 당당하게, 자신감 있게 프레젠테이션을 하려면 준비 과정에 대한 점검과 반복적인 연습이 필수적이다.

토의 1.3

프레젠테이션 과정을 학습하는 동안 우리는 팀 프로젝트를 수행하고, 그 결과에 대해 20분 발표하는 기회를 가질 것이다. 프로젝트 팀은 다음과 같은 프로젝트 수행 결과물을 제출하고 그 결과를 발표해야 한다.

- 팀 프로젝트 보고서
- 프레젠테이션용 PPT 자료(발표 대본을 슬라이드 노트에 기재)

① 프로젝트 팀을 구성하고, 서로 자유롭게 자기소개를 하시오.
② 팀 프로젝트 과제로 무엇이 적합할지 서로의 의견을 제시하시오. 다양한 팀원들의 의견을 토대로 팀 프로젝트 과제를 세 가지 이내로 축약하시오.
③ 팀 명칭과 팀 프로젝트를 성공적으로 수행하기 위해 팀원들끼리 지켜야 할 규칙을 정하시오. 그리고 팀 프로젝트 수행을 위한 팀원들 간의 역할을 정하시오.

대부분의 사람들이 팀 프로젝트를 한 경험이 있다. 팀별로 이루어지는 팀 프로젝트를 어떻게 준비하고 있을까?

일단 모여서 발표 주제를 정하고, 자료를 조사할 사람, 슬라이드를 만들 사람, 발표할 사람을 나누어 정하고 헤어져요.

각자 맡은 과제를 해서 서로 메일로 보내요. 슬라이드 만들 게 많으면 몇 페이지씩 나눠서 해요.

자료 조사를 하기로 한 친구가 자료를 보내주면, 그걸 바탕으로 발표 슬라이드를 만들죠. 그냥 각자 알아서 해요.

그렇다면 팀 프레젠테이션을 준비하면서 느꼈던 어려움은 무엇일까?

여러 명이 슬라이드를 나누어서 만들다 보니, 서로 연결이 잘 안되는 경우가 많아요. 내용이 겹치기도 하고요.

전체적인 구성을 일관되게 하고는 싶은데 방법을 잘 모르겠어요. 돌아가면서 발표를 하는데 발표가 뚝뚝 끊어지는 느낌이에요.

팀별 프로젝트 수업을 하다 보면 팀원 각자가 역할을 공평하게 나누기 위해 많은 에너지를 쓰는 모습을 볼 수 있다. 각자 공평하게 역할을 분담해 열심히 하는 것은 좋다. 그러나 분업에 신경 쓰다 보면 전체적인 통일성에 문제가 생길 수 있다. 같은 조에서 준비한 맥락이 있는 하나의 자료가 아니라, 여러 사람이 프로젝트를 위해 준비한 것들을 단순히 모아놓은 것처럼 느껴지는 경우가 많다.

수행과제

최근 기업 채용 동향을 살펴보면, 자기소개서에 대한 기대 수준이 갈수록 높아지고 있다. 사회 이슈를 다루기를 바라고 특징이 없는 이력서는 제외하는 분위기다. 다음은 △△입사 시험에 합격한 어느 지방 국립대생의 사례이다.

"경제 신문을 보면서 △△에 관련된 소식이 있으면 집중해서 보고, △△에서 진행하는 다양한 대외활동에 참여하면서 △△과 꾸준한 교류를 했습니다. 자기소개서를 쓰기 전에 적어도 5일 이상 기업에 대한 조사를 하고 실무자를 만났습니다. 현장을 이해하고 회사에서 좋아하는 용어를 사용하면서 자기소개서에 차별점을 만들었습니다."

기업의 자기소개서에는 성장 배경, 성격의 장단점, 지원동기 및 입사 후 포부, 사회적 이슈 등을 묻는 항목이 있다. 회사의 관점에서 자기소개서를 점검하는 기준은 무엇일까?

첫째, 회사의 비전을 이해하고 발전에 도움이 되는지다. 회사의 가치와 인재상에 부합하는 인재임을 증명할 수 있어야 하는 대목인데, 자기소개서에서도 가장 중요한 항목을 꼽으라면 단연 지원동기와 입사 후 포부다. △△의 경우도 △△을 선택한 이유와 입사 후 회사에서 이루고 싶은 꿈을 700자 이내로 기술하라고 한다. 회사의 현 상황과 문제점에 대해 고민해보고 연결고리를 찾아 자신의 비전과 함께 성장할 수 있다는 것을 강조하는 것이 좋다. 회사의 인재상에 자신의 경험담을 결부할 수 있다면 더욱 훌륭한 자기소개서가 될 수 있다.

둘째, 지원 분야에 걸맞은 준비가 됐는지다. 회사는 '도움이 되는 인재인가?'에 초점을 맞추기 때문에 지원하는 기업이 어떤 직무에 필요한 인재를 구하는지 살펴보고 그 직무에 맞는 성격과 능력을 질문과 연결해 설명할 줄 알아야 한다. 면접관들은 인재상 및 핵심 요구 역량을 중심으로 질문하므로 사전에 기업 및 직무에 대해 철저히 조사할 필요가 있다.

마지막으로, 회사생활에 도움이 되는 인성을 지녔는지다. 기업들이 최근에는 배려, 나눔, 협력, 규칙 준수, 성실성 등과 같은 인성을 중요한 자질로 꼽고 있다. 본인의 인성을 어필할 수 있는 경험이 있다면 이를 활용하는 것이 좋다. 대학시절 리더로서 활동을 한 경험과 타인을 배려하거나 협력한 과정이 있다면 좋은 소재가 될 수 있다.

[출처: 동아닷컴(2017.4.5.), 자기소개서 눈에 확 띄게 하는 3가지 비법]

❶ 자신의 졸업 후 꿈과 계획, 그리고 꿈을 이루기 위한 현재의 준비 활동 등에 대해 생각해 보시오.

❷ 자기가 입사하고 싶은 조직의 홈페이지 자료를 검색한 후, 나를 꼭 채용해야 할 이유를 담은 자기소개서를 작성해 보시오. 이때 ①에서 생각한 자기 탐색자료를 참고하시오.

❸ 자기소개서를 토대로 3분 발표 준비 자료를 작성한 후, 이를 발표하시오.

학습요약

1. 프레젠테이션은 상호 원하는 목표를 달성하기 위해 주어진 짧은 시간 내에 발표자가 이해관계자에게 사실 · 정보 · 의견 등을 전달하고 설득하는 과정이다.
2. 프레젠테이션은 크게 "분석→기획→자료 개발→실행"의 4단계로 나눠볼 수 있다.

참고자료

박효정 외(2016), 발표의 신, 푸른들녘.
이재희(2010), 한권으로 끝내는 기획 & 프레젠테이션, 케이엔제이.
동아닷컴(2017.4.5.), 자기소개서 눈에 확 띄게 하는 3가지 비법.
동아일보(2017.3.29.), 인간 뇌에 전자칩 심어 정보 생각 업-다운로드.
동아일보(2017.3.30.), 세계최초 인공 여성생식기관 '이바타' 개발.
동아일보(2017.4.21.), '아더스' 전성시대를 기다린다.

Chapter

02

프레젠테이션 성공요인과 역량 평가

학습목표

성공적인 프레젠테이션을 위한 네 가지 성공요인과 여섯 가지 성공전략에 대해 학습한다. 또한 프레젠테이션 역량을 자기진단 및 평가하고 발표능력 개발을 위한 계획을 수립한다.

1. 프레젠테이션의 핵심성공 요인(네 가지 기둥)에 대해 설명할 수 있다.
2. 프레젠테이션의 여섯 가지 성공전략을 설명할 수 있다.
3. 자신의 프레젠테이션 역량을 평가하고, 장단점을 설명할 수 있다.

1. 프레젠테이션의 네 가지 기둥

프레젠테이션을 진행하는 발표자, 발표를 듣는 청중, 전달하고자 하는 메시지, 발표가 이루어지는 환경, 이것이 발표를 지탱하는 네 가지 기둥이다.

[그림 2-1] 프레젠테이션의 네 가지 기둥

1) 발표자

발표자는 말 그대로 프레젠테이션을 진행하는 사람이다. 프레젠테이션은 혼자 할 수도 있고 그룹으로 할 수도 있다. 발표자의 발표 주제에 대한 전문지식이나 다양한 경험은 프레젠테이션 효과에 결정적 역할을 한다. 발표자는 무엇보다 자신에 대해 잘 알고 있어야 한다. 발표내용에 대해 얼마나 알고 있는지, 정확하게 알고 있는 내용과 잘 모르고 있는 내용을 구별할 수 있어야 한다. 그래야 발표범위를 정할 수 있다.

또한 내가 정확하게 하고 싶은 말이 무엇인지, 전달해야 할 핵심내용이 무엇인지 스스로 잘 알고 있어야만 발표 도중에 길을 잃지 않는다. 말을 할 때, 나의 장점이 무엇인지 단점이 무엇인지도 알고 있어야 한다. 그러면 장점은 살리고 단점은 고쳐서 좋은 발표를 할 수 있다. 발표자의 목소리와 말투, 몸짓도 발표에 영향을 준다.

훌륭한 발표자가 갖추어야 할 요건으로는 내용에 대한 전문성과 전달능력, 자신감과 자연스러움, 그리고 신뢰를 들 수 있다.

(1) 전문성

프레젠테이션 내용에 대한 전문적 지식과 경험을 갖춘 사람이 훌륭한 발표자가 될 수 있다. 전문가는 해당 분야에 대한 지식과 경험이 풍부하여 자기 분야에 대한 권위가 있을 뿐 아니라, 고객의 문제에 대한 명확한 해결책을 제시해 줄 수 있는 사람을 말한다. 전문가는 특정 분야의 이론과 프레임, 그리고 자료를 머릿 속에 로직 트리 형태로 체계화해 두고 필요할 때마다 인출하여 활용한다. 전문성을 위한 평소 발표자의 행동은 다음과 같다.

❶ 연구개발

발표자는 프레젠테이션 이슈와 관련된 새로운 지식과 정보를 끊임없이 수집하고 분석, 공유하여 주제에 대한 지식의 폭을 넓혀가야 한다. 이를 위해서 발표자는 자료와 사례를 최신 버전으로 갱신하는 수고를 아끼지 말아야 한다.

❷ 벤치마킹

“세 사람이 길을 걸어가면 반드시 나의 스승이 있다. 좋은 것은 본받고 나쁜 것은 살펴 스스로 고쳐야 한다”는 논어(論語)의 가르침이 있다. 이것은 좋은 이도 스승이 될 수 있고, 그렇지 않은 사람도 스승이 될 수 있다는 의미이다. 다른 발표자의 프레젠테이션에 참석하여 주제에 대한 다른 시각과 접근방법뿐 아니라, 프레젠테이션 스킬을 벤치마킹한다.

❸ 지식공동체

수확체증의 법칙은 투입된 생산요소가 늘어날수록 산출량이 기하급수적으로 증가하는 현상을 말한다. 지식 분야는 수확체증의 법칙이 적용되는 대표적 분야로 지식요소 간의 시너지 효과라 할 수 있다.

같은 고민을 하는 전문가끼리 모여 정보를 공유하고 토의하다 보면 새로운 시각과 방법이 창안될 확률이 높아진다. 자기분야에 관련된 학회, 단체나 각종 온·오프라인 지식공동체에 적극적으로 참여한다.

❹ 자기평가 피드백

프레젠테이션이 있을 때마다 그 결과에 대하여 자기평가를 하고 이를 다음 프레젠테이션에 반영하는 피드백 시스템을 유지하는 것이 필요하다. 즉, 프레젠테이션을 하면서 잘된 점, 보완할 점, 프레젠테이션 후의 소감 등을 기록하는 것이 중요하다. 프레젠테이션에 대한 사후관리를 통하여 프레젠테이션 수준을 향상할 수 있다.

(2) 전달능력

프레젠테이션 내용을 효과적으로 전달하기 위한 스킬을 갖추어야 한다. 프레젠테이션 스킬은 복장 및 얼굴 표정뿐만 아니라 시선, 스피치, 자세·제스처, 질의응답, 문제상황 대처 등을 포괄하는 개념이다.

(3) 자신감

훌륭한 발표자는 자신감을 갖고 상황을 주도한다. 훌륭한 발표자가 되기 위해서는 자기 자신을 믿어야 한다. 혹시 잘못되면 어떡하나, 실수하면 어떡하나 하는 조바심을 버리고 자신의 능력을 믿고 열정적으로 대처할 때 좋은 프레젠테이션을 하게 된다.

(4) 자연스러움

프레젠테이션은 정치연설이나 강연과 성격이 다르다. 프레젠테이션은 대화처럼 자연스럽고 편안하게 전개하는 것이 좋다. 이때 스피치뿐만 아니라 얼굴표정이나 시선, 자세 및 제스처도 자연스러워야 한다.

목소리가 지나치게 크거나, 반대로 너무 작으면서 변화없이 반복되는 모노(mono)톤의 스피치, 경직된 얼굴표정, 허공을 바라보는 시선, 과도한 제스처, 불안한 자세 등은 청중으로 하여금 프레젠테이션 내용 이외의 것에 신경을 쓰도록 함으로써 프레젠테이션에 방해 요소로 작용한다.

(5) 신뢰

누군가를 신뢰하지 않으면 그가 말하는 내용이 아무리 옳고 논리가 뛰어나다고 하더라도 설득이 쉽게 되지 않는다. 말에 진정성이 없어 보이기 때문이다. 개인에 대한 신뢰를 형성하는 데 일관성이 많은 영향을 미친다. 즉 언행일치(말과 행동이 일치)하고, 표리부동(겉과 속이 다르지) 않아야 한다. 특히 사내 프레젠테이션의 경우, 발표자에 대한 직장에서의 평판이 좋지 않으면 내용이 아무리 우수하더라도 설득 효과가 현저히 떨어지게 된다.

2) 청중

'듣는 사람이 누구냐' 하는 것이 발표의 수준과 형식을 결정한다. 사실 발표자가 '무엇을 이야기할까'보다 청중(people)이 '무엇을 듣고 싶어 할까'가 더 중요하다. 무엇을 듣고 싶어 하는지, 발표 내용에 대해 얼마나 알고 있는지, 내용에 얼마나 흥미가 있는지, 왜 이 발표를 들으러 왔는지 등을 발표자는 알고 있어야 한다. 프레젠테이션은 청중을 중심으로 준비되어야 한다. 따라서 가능한 한 청중에 대해 많은 것을 파악하는 것이 좋다.

- 청중은 어떤 사람들인가? (성별 · 연령 · 직업 · 지위 · 인원 측면)
- 청중이 프레젠테이션을 듣고자 하는 목적은 무엇인가?
- 청중은 프레젠테이션에서 무엇을(어떤 혜택) 얻고자 하는가?
- 청중의 수준(전문성 · 학력)과 태도는 어떤가?

이와 같은 청중 분석 결과를 토대로 다음 질문들에 대한 윤곽을 파악할 수 있고, 이러한 사항들이 프레젠테이션의 구조와 내용을 결정하게 된다.

- 핵심 차별화 포인트를 무엇으로 할 것인가?
- 어떤 자료와 사례, 예시, 예화를 인용할 것인가?
- 프레젠테이션을 어떻게 전개할 것인가?
  - "쉽게 할까? 어렵게 할까?"
  - "이성적으로 어필할까? 감성적으로 어필할까?"
  - "연역적으로 접근할까? 귀납적으로 접근할까?"
  - "점잖게 발표할까? 역동적으로 발표할까?"

토의 2.1

같은 주제로 발표하더라도 청중이 달라지면 중심 내용도 달라진다. A라는 책을 읽은 후 독후감을 발표하는 경우를 생각해보자. 서점에 모인 낯선 청중이라면 A라는 책의 주제와 핵심 내용들에 집중해야 할 것이다. 그렇지만 다 같이 책을 읽은 사람들이 청중이라면 책의 내용 요약보다는 자신의 느낌과 깨달은 점에 집중하는 것이 좋을 것이다. 청중에 따라 발표 내용뿐만 아니라 쓰는 어휘, 발표시간, 형식들도 다 수준에 맞게 조정해야 한다.

① 성별(남성 · 여성)에 따라 프레젠테이션 전략을 어떻게 달리해야 하는가?

② 발표주제에 대한 청중의 전문성 수준에 따라 프레젠테이션 전략을 어떻게 달리해야 하는가?

③ 발표주제에 대한 청중의 태도(호의적 · 비호적, 자발적 · 타율적)에 따라 프레젠테이션 전략을 어떻게 달리해야 하는가?

3) 메시지

발표는 '누가, 누구에게, 무엇을, 어떻게' 전달하는 것이다. 이 '무엇'에 해당하는 것이 메시지다. 메시지는 발표의 핵이다. 메시지는 글을 써서 전할 수도 있고 마주앉아 개인적으로 이야기할 수도 있다.

그렇다면 '발표'라는 형식을 통해 전달하는 메시지는 어떤 특징을 가지고 있을까? 발표의 메시지는 '시청각적으로' 전달된다. 글을 읽는 것과는 다르다. 발표자는 청중이 이해하기 쉽도록 내용을 시각적인 이미지를 활용하여 효과적으로 보여줘야 한다. 그리고 그 내용을 간결하고 압축적인 언어로 설명해야 한다. 말하고자 하는 내용의 핵심을 최대한 인상 깊게 효과적으로 전달하는 것, 그것이 발표 메시지의 특징이다. 메시지는 내용뿐 아니라 전달순서와 방법까지 고려하여 선정한다.

4) 프레젠테이션 환경

어디서, 언제, 어떤 도구를 활용해서 발표하는지, 그 환경 또한 중요한 요소이다. 무대가 있고 청중이 무대를 바라보며 앉아 있는 환경과, 야외에서 청중이 동그랗게 둘러앉아 있는 환경에서 하는 발표가 같을 수 없다.

마이크를 쓸 수 있는지 아닌지, 프로젝터를 통해 영상과 이미지를 볼 수 있는지 그렇지 않은지, 주변 소음이 있는 곳인지 아닌지, 청중이 앉아 있는지 서 있는지 등 모든 것이 다 발표에 영향을 주는 환경적인 요소다. 프레젠테이션은 대부분 실내에서 발표하게 된다. 발표자는 서는 위치, 프로젝터와 컴퓨터 사용 방법, 레이저 포인트 구비여부 등 발표를 하는 데 필요한 모든 요소를 사전에 체크해야 한다. 발표를 망치는 주범은 대개 이처럼 아주 사소한 것들이다.

발표시간도 환경요인에 속한다. 발표시간에 따라 발표의 수준과 범위가 달라질 수 있으므로 사전에 발표시간을 체크하고, 그 시간에 맞게 발표내용을 구성해야 한다. 발표하는 순서도 영향을 끼친다. 제일 처음에 발표하게 되는지, 발표의 마지막을 장식하게 되는지도 고려해서 발표를 구상한다.

토의 2.2

오후 한 시에 용인에서 수업을 마치고 잠깐 쉬고 있는데 노동조합 사무국장으로부터 전화가 왔다. 오후 네 시에 노조창립 기념행사가 있는데 부위원장이 내 · 외빈에게 환영사를 해야 한다는 것이다. 예정에 없던 일정이라 "할 수 없다."고 사양했지만 사무국장은 "원고가 준비되어 있으니 그냥 단상에서 읽기만 하면 된다."고 하였다. 창립기념행사에 필요하다고 하는데 노동조합 간부로 더 이상 사양할 수도 없어 "알았다 "고 수락하고 나서 점심도 거른 채 급하게 회사로 향했다. 다행히 행사 시작 전에 행사장에 도착한 나는 노동조합 간사로부터 A4 두 장 분량의 원고를 받아 대충 읽어 보고 행사장에 입장했다.

행사장에는 외부 인사를 포함하여 내부 직원까지 동원되어 자리가 꽉 차 있었다. 단상에 올라 잠깐 청중 전체를 바라보고 "안녕하십니까? ○○○ 노동조합 부위원장 이창훈입니다" 하고 인사를 한 후 원고를 보았다. "아뿔사!" 대기실에서는 보이던 원고가 행사장에서는 전혀 보이질 않았다. 글씨가 너무 작기도 하고 시선을 어디에 두어야 할지, 제스처는 어떻게 해야 할지 앞이 캄캄해졌다. 자신의 목소리가 떨리고 있다는 것을 스스로도 느낄 수 있었다. 등에서 식은 땀이 흘렀다. 시간이 얼마나 흘렀는지, 무슨 말을 했는지, 어떻게 환영사를 끝내고 연단에서 내려왔는지 생각이 나질 않았다. 그냥 창피하다는 생각밖에 들지 않았다. 오랜 시간이 흘렀지만 지금 생각해도 아찔한 기억이다.

① 이창훈 부위원장은 노동조합 창립기념 행사장에서 환영사를 하는데 왜 실패했다고 생각하는가?

② 지금까지 자신이 수행했던 발표 중 한 가지 상황이나 주제를 생각하시오. 그 발표를 할 때의 주제와 상황은 무엇이었고, 어떠했는가?

③ 그 발표는 성공적이었는가, 아니면 실패했는가? 그 당시의 발표상황에 대해 다음 표에 따라 분석해 보시오. 분석결과를 토대로 성공요인 또는 실패요인에 대한 의견을 나누어 보시오.

	알고 있던 것	몰랐던 것
발표자 장단점		
청중		
핵심내용		
환경		

2. 성공적인 프레젠테이션의 여섯 가지 요건

살아오면서 다른 사람들이 진행하는 프레젠테이션을 많이 들어보았을 것이다. 그 중 좋은 프레젠테이션라고 생각했던 것이 무엇이었는지 생각해보자. 청중을 대상으로 인터뷰한 다음 내용을 들어보자.

발표 잘하는 사람들을 보면 자신이 발표하는 내용을 정확하고 세세하게 알고 있다는 느낌이 들어요. 자료는 깔끔하고 간결하게 정리가 잘 되었고, 설명도 꼼꼼하게 잘하더라고요. 핵심을 잘 살리면서 너무 지저분하지 않은 게 이해하기 쉬웠고요. 그래프를 써서 도식화한 자료가 훨씬 깔끔하고 전문적으로 보였어요. 발표할 때 어려운 전문용어를 많이 쓰면 이해하기 힘들어서 금방 지루해지는 것 같아요. 가장 좋은 발표는 주제를 정확하게 전달하면서 세부적인 내용을 이해할 수 있도록 쉽게 설명하는 것이 아닐까요?

▲ 청중 인터뷰

여러분도 이 인터뷰의 내용에 동의하는가? 이번에는 다른 사람의 발표를 많이 듣고 평가하는 역할을 하는 전문가의 이야기를 들어보자.

'아, 이 발표는 참 괜찮다.'고 느껴지는 경우는 발표의 흐름이 자연스러우면서도 논리적으로 잘 구성된 거예요. 논리적으로 구성된 자료를 이야기 들려주듯 다양한 사례를 들어 풍부하게 설명하는 거죠. 자료가 단순하더라도 '정말 시간을 들여 자료를 조사하고, 많은 데이터를 가지고 한 페이지씩 정성스럽게 만들었구나.'하는 생각이 들면 그 발표에 신뢰가 가지요. 덧붙여 발표자가 떨지 않고 편안하게, 그러면서도 조금은 겸손하고 진솔하게 발표를 진행한다면 성공적이라 할 수 있어요.

▲ S사 전략기획팀 부장 인터뷰

성공적인 프레젠테이션은 발표자가 준비한 메시지나 주장을 효과적인 방법을 통해 청중에게 잘 전달하고 청중으로부터 공감을 얻거나 청중으로부터 설득을 이끌어 내는 것이다.

토의 2.3

미국의 민주당 대선 후보 경선 때, 작은 카운티에서 한 시간 간격으로 같은 장소에서 두 후보의 연설이 있었다. 먼저 도착한 오바마가 연설을 시작하였다. 그런데 장소는 300명이 채 들어가기도 버거운 작은 강당이었다. 한 시간의 연설이 예정되어 있었지만 오바마는 변화와 희망을 이야기하고 20분 만에 연설을 마쳤다. 한 시간 뒤에 도착한 힐러리는 작은 마을에 많은 사람이 운집한 것을 보고 신이 나서 예정된 시간보다 30분이 넘도록 연설을 했다. 자신의 공약을 논리적이고 세세하게 설명을 했다.

① 오바마와 힐러리의 연설 중 누가 더 청중을 설득했다고 생각하는가? 그 이유는 무엇인가?
② 오바마와 힐러리로부터 배울 수 있는 연설의 포인트는 각각 무엇인가? 이 사례를 통해 알 수 있는 프레젠테이션(연설)의 제1원칙은 무엇이라고 생각하는가?
③ 이 밖에 성공적인 프레젠테이션을 위해서 무엇이 필요하다고 생각하는가? 위의 두 사람(청중과 S사 부장)에 대한 인터뷰 내용을 참고하여 정리하시오.

여기서는 프레젠테이션을 통해 청중의 공감을 넓히고, 설득을 이끌어내기 위한 프레젠테이션 성공전략에 대해 알아보도록 한다.

1) 청중의 욕구 충족을 목적으로 하는 발표

위의 사례에서 오바마와 힐러리 두 사람의 연설을 모두 들은 청중들은 어떠한 결정을 했을까? 한 사람 한 사람의 마음을 알 수는 없지만, 힐러리의 연설이 끝날 무렵에 청중들은 반으로 줄어 있었다.

프레젠테이션의 핵심은 "상대방의 욕구와 상황을 잘 파악해야 한다."는 것이다. 사물이나 현상을 바라보는 관점에는 두 가지가 있다. 하나는 인사이드 아웃(Inside out)이고, 다른 하나는 아웃사이드 인(Outside in)이다. 인사이드 아웃은 나의 입장에서 사물과 현상, 그리고 상대방을 바라보며 판단하는 것이고, 아웃사이드 인은 밖에서 안을 들여다 보는 것으로 상대방의 입장에서 나를 바라보는 것이다. 즉, 상대방의 입장에서 사물과 현상을 바라보고 판단하는 것이다.

"이번 프레젠테이션은 완벽해. 내용, 질의응답, 상황대응 등 어느 하나 실수가 없었어.", "논리적으로 부족함이 없었어." 가끔 자신이 작업한 기획안이나 프레젠테이션에 대해 이렇게 평가하는 사람들을 볼 수 있다. 자신감이 있어 보이기도 한다. 다만, 우리는 프레젠테이션이나 기획서의 평가자는 자신이 아니라 청중들이나 의사결정자라는 것을 잊어서는 안 된다. 발표자들은 대부분 자신의 입장에서 프레젠테이션을 준비했을 가능성이 높다. 그래서 예상하지 못한 결과를 당하기도 한다. 프레젠테이션은 역지사지(易地思之)의 관점이 필요하다. 좋은 발표인지 아닌지 결정하는 것은 듣는 사람의 몫이다. 오바마는 서 있는 많은 사람들의 불편함을 배려하여 핵심 위주로 메시지를 단순화하고 빨리 끝냈다.

2) 전달하려는 핵심 메시지가 명확한 발표

듣는 입장에서 가장 듣기 힘든 발표는 장황하고 초점이 없는 발표다. 발표자가 한참 이야기를 하고 발표가 끝났는데, '도대체 뭘 이야기한 거지?'라는 생각이 든다면 발표에 핵심 메시지가 없었다는 뜻이다.

핵심 메시지란 이 발표가 끝난 후 청중이 기억하기를 바라는 주요 내용이다. 발표가 끝난 후 "오늘 발표 내용이 무엇이었지?"라는 질문을 받았을 때 바로 머릿속에 떠오르는 그 메시지이다. 핵심 메시지를 전달하는 방법은 여러 가지인데 그중 가장 많이 활용되는 방법은 발표 초반에 그 메시지를 강력하게 언급하고, 발표를 마무리 하면서 다시 강조하는 것이다.

예를 들어, 학기 초에 자기소개를 한다고 치자. 여러 명의 학생들이 각자 3분 정도씩 자신을 소개하면 나중에는 누가 누구인지 기억이 가물가물해진다. 기억에 남기려면 핵심 메시지가 있어야 한다. 나에 대해 다 이야기하려는 욕심을 버리고, 내가 정말 좋아하고 잘하는 것을 중심으로 소개한다. 이렇게 할 때 다른 건 다 잊어도 핵심 한 두가지는 기억할 것이다. 과감하게 빼고 줄여서 핵심만 남은 발표가 청중의 관심과 사랑을 받기 마련이다.

〈표 2-1〉 메시지 표현방법(1)

초점이 없는 발표	메시지가 명확한 발표
A사는 고가의 골프복을 40, 50대의 중 · 장년층을 타겟으로 하고 있습니다. B사는 중저가의 아웃도어 활동복을 10대 청소년을 대상으로 판매하고 있습니다. C사는 중고가의 여성복을 30대 직장인을 타겟으로 하고 있습니다.	의류 전문업체인 A, B, C의 세 개 회사는 가격, 제품, 목표시장(고객) 측면에서 차별화 전략을 전개하고 있습니다.

3) 내용과 흐름이 단순한 발표

준비가 부족한 프레젠테이션은 발표 시간도 짧고 보여주는 슬라이드도 몇 장 안될 것 같지만 사실은 그렇지 않다. 준비가 되어 있지 않을수록 이야기가 쓸데없이 늘어지는 경우가 많다. 단순하고, 명료하게 이야기하는 것보다 길고 복잡하게 이야기하는 것이 더 쉽기 때문이다. 발표자가 어떤 것을 알고만 있고, 그것을 어떻게 전달할까에 대해 고민하고 준비하지 않았기 때문에 말이 길어지는 것이다.

청중은 남의 이야기를 길게 듣고 싶어 하지 않는다. 준비가 잘된 발표는 핵심은 살아 있되 단순하다.

4) 듣는 사람이 이해하기 쉬운 발표

좋은 발표는 듣는 사람이 이해하기 쉬워야 한다. 어려운 전문 용어로 복잡하게 이야기하지 말고, 내용을 말하는 사람의 것으로 소화해서 최대한 쉽게 설명해야 한다.

〈표 2-2〉 메시지 표현방법(2)

어려운 설명	쉬운 설명
피청구인의 법 위배행위가 헌법질서에 미치는 부정적 영향과 파급효과가 중대하므로, 피청구인을 파면함으로써 얻는 헌법 수호의 이익이 압도적으로 크다고 할 것입니다.	피청구인의 위법 행위는 헌법 질서를 파괴했으며, 앞으로도 그 부정적 파급효과가 클 것이므로, 피청구인을 파면하여 헌법을 수호할 필요가 있습니다. 또한 피청구인을 파면하여 발생하는 헌법수호의 공적 이익은 탄핵을 기각시킬 때보다 매우 크다고 할 것입니다.

위의 예처럼 어려운 용어보다는 자신의 것으로 소화한 쉬운 용어로 설명함으로써 듣는 사람이 쉽게 이해할 수 있도록 한다.

5) 스토리가 있는 발표

발표장에서 청중의 반응을 보면, 어떤 이야기를 전하거나 사례를 들어 설명할 때 더 집중한다는 것을 알 수 있다. 단순히 정보만 나열하는 것보다는 이야기를 통해 정보를 전달하는 것이 듣는 사람의 관심을 더 많이 끌 수 있다.

우리나라 온 국민이 관심을 가졌던 2018년 평창올림픽 유치를 위한 김연아 선수의 발표를 떠올려보자. 2011년 더반에서 이뤄진 김연아 선수의 발표는 약 3분 분량이었다. 2018년도 동계 올림픽이 우리나라 평창에서 열려야 한다는 점을 설득하기 위한 발표였다.

김연아 선수는 자신의 이야기로 발표를 시작했다. 올림픽의 꿈을 꾸기 시작한 어린 소녀에서 지금의 자신이 있기까지 많은 지원이 있었지만 여전히 우리나라의 많은 선수들은 지구의 반 바퀴를 돌아가야 훈련을 받을 수 있다는 점, 그래서 평창올림픽 유치를 통해 우리가 동계 올림픽을 위한 경기장을 세우게 된다면 더 많은 발전을 기대할 수 있다는 점을 강조했다.

김연아 선수 자신에 대한 이야기와 한국의 많은 선수들에 대한 이야기가 발표에 녹아 들어가자, 평창에서 동계 올림픽이 개최되어야 한다는 주장이 더 설득력 있게 들렸다. 발표에 스토리가 들어가면 주제가 좀 더 절실해지고 강조된다는 점을 기억하자. 사람들은 딱딱한 정보의 나열보다 스토리를 훨씬 좋아한다. 스토리에는 내용과 감동, 그리고 맥락이 있다. 김연아 선수의 발표 자료는 다음 URL을 통해 확인할 수 있다. [출처: https://www.youtube.com/watch?v=6PueL-8_1RY]

6) 구체적이고 생생한 발표

스티브 잡스의 발표가 많은 사람들의 공감을 일으켰던 이유 중 하나는 그의 발표를 듣고 있으면 이야기하고자 하는 제품에 대해서 아주 구체적으로 상상할 수 있기 때문이었다. 예를 들어, 출시하는 컴퓨터가 아주 얇고 가벼운 것이 특징이라면 잡스는 처음 발표를 시작할 때 그 제품을 서류 봉투에서 꺼내는 퍼포먼스를 보여줬다.

"이 컴퓨터의 두께는 몇 밀리미터이고, 무게는 몇 그램이다, 사이즈는 몇 센티미터다."라는 이야기를 하기 전에 서류 봉투에서 컴퓨터를 꺼내는 순간 모든 사람들은 오감을 활용해 "아, 이 노트북은 아주 가볍고 얇구나."라는 것을 느끼는 것이다. 이후에 하는 모든 발표내용은 사람들이 느낀 그 감정을 논리적으로 확인하는 것뿐이다. 구체적이고 생생하게 발표하는 좋은 방법은 적합한 이미지를 활용하는 것, 생생한 데이터를 보여주는 것, 청중이 공감할 만한 영상을 활용하는 방법 등이 있다. 발표자는 그때그때 내용에 맞게 청중의 상상력을 자극할 수 있는 표현 방법을 고민해야 한다.

3. 프레젠테이션 역량 평가 · 피드백

현재 자신의 프레젠테이션 역량 수준에 대해 점검해보자. 다음의 20개 문항을 읽고 평가 기준에 따라 각각 체크한 후, 자신의 프레젠테이션 역량을 분석 · 평가한다.

[평가기준]

1. 전혀 아니다 2. 아니다 3. 보통이다 4. 그렇다 5. 정말 그렇다

평가문항	자기평가
1. 인상적 오프닝(인사 · 자기소개)으로 발표를 시작한다.	1 2 3 4 5
2. 발표 주제와 목차를 제시한다.	1 2 3 4 5
3. 발표는 논리적으로 자연스러운 순서에 따라 전개한다.	1 2 3 4 5
4. 다양한 사례 · 예시 · 자료를 활용하여 쉽게 설명한다.	1 2 3 4 5
5. 서론 · 본론 · 결론 간의 시간 안배를 적절히 하며 발표한다.	1 2 3 4 5
6. 발표 주제에 대한 내용 전문가이다.	1 2 3 4 5
7. 발표 내용은 최근 정보를 담고 있으며, 실질적 도움이 된다.	1 2 3 4 5
8. 평소 발표 주제와 관련된 자료를 지속적으로 업데이트한다.	1 2 3 4 5
9. 비주얼 자료는 이해하기 쉽고, 가독성이 우수하다.	1 2 3 4 5
10. 프레젠테이션 매체를 잘 다룬다.	1 2 3 4 5
11. 발표 전에 청중의 특성과 니즈를 조사한다.	1 2 3 4 5
12. 청중의 수준, 태도, 연령 등에 따라 유연하게 대응한다.	1 2 3 4 5
13. 다양한 질문을 통해 청중의 주의를 집중시킨다.	1 2 3 4 5
14. 청중과 친밀한 관계를 형성하고 자연스럽게 이야기한다.	1 2 3 4 5
15. 곤란한 상황에 직면했을 때 유연하게 대응한다.	1 2 3 4 5
16. 얼굴 표정이 밝고, 자신감과 열정이 있어 보인다.	1 2 3 4 5
17. 청중과 시선을 맞추며 발표한다.	1 2 3 4 5
18. 스피치의 발음이 정확하고, 크기 · 억양 · 속도가 적절하다.	1 2 3 4 5
19. 자연스러운 제스처와 편안한 자세로 발표한다.	1 2 3 4 5
20. 발표 전에 충분한 준비와 연습을 한다.	1 2 3 4 5

각 문항에 응답한 결과를 다음의 프레젠테이션 역량 수준 진단 집계표에 옮겨 적으시오. 각 부문별 소계 점수와 총계 점수를 산정한 후, 진단 결과 해석 가이드라인에 따라 자신의 프레젠테이션 역량을 판단하시오.

프레젠테이션 역량 수준 진단 집계표

	내용 전개	전문성	청중과의 상호작용	발표 스킬
	1.	6.	11.	16.
	2.	7.	12.	17.
	3.	8.	13.	18
	4.	9.	14.	19.
	5.	10.	15.	20.
소계				
총계				

진단결과 해석

86점 이상

당신은 훌륭한 발표자이다. 당신은 발표자로서의 충분한 자격을 가지고 있으며, 프레젠테이션을 통해 성장 · 발전할 것이다.

71~85점

당신은 훌륭한 발표자로 발전할 수 있는 자질을 갖추고 있다. 현재는 보통 수준 이상(중상)의 프레젠테이션 역량을 자기고 있다. 자신의 노력 여하에 따라 많은 사람들에게 희망을 주는 발표자로서 충분한 역량을 발휘할 수 있는 기회가 올 것이다. 자신의 프레젠테이션 역량 중에서 보완해야 할 점을 분석하여 이를 개발하기 위한 계획을 세워 실천하기 바란다.

56~70점

당신은 발표자로서 더 노력해야 할 필요가 있다. 프레젠테이션에 대해 별다른 관심과 열정을 보이지 않고 있으며, 전문성 개발을 위한 노력도 부족한 편이다. 현재 보통 이하의 프레젠테이션 역량(중하)을 가지고 있으므로 좀 더 프레젠테이션 역량 개발을 위해 노력할 필요가 있다.

55점 이하

발표자로서의 준비가 갖추어져 있지 않은 상태이다. 진단 결과를 토대로 발표자로서의 장단점을 분석한 후 프레젠테이션 역량 개발계획을 수립하고, 이를 달성하기 위해 지속적인 노력을 해야 할 것이다.

자신의 항목별 프레젠테이션 역량 점수를 연결해 보자. 자신의 프레젠테이션 역량을 한눈에 살펴볼 수 있다.

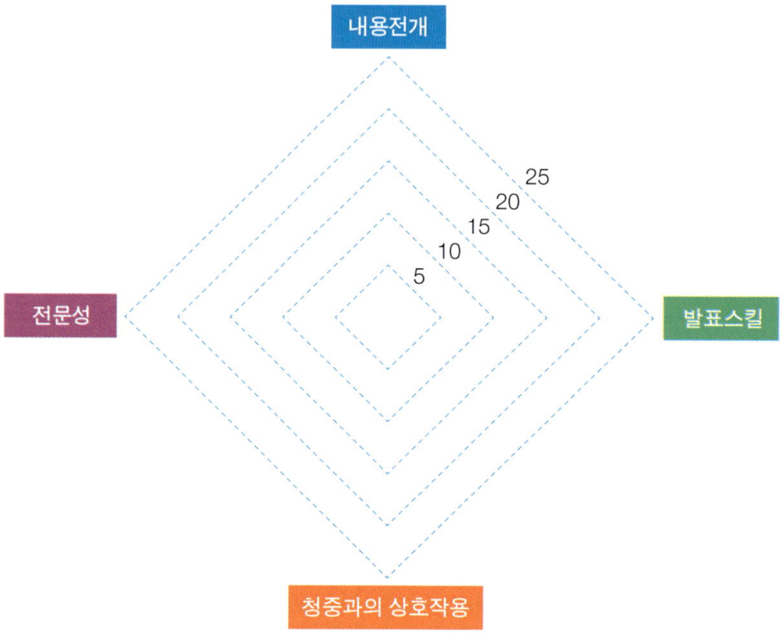

토의 2.4

자신의 프레젠테이션 역량 평가 결과를 토대로 다음 질문에 답하시오. 그 결과를 팀원과 공유하시오.

① 자신의 프레젠테이션 역량 평가 결과는 어느 수준인가? 부문별 점수는 어떤가? 이 평가 결과에 대한 생각과 느낌은 어떤가?

② 자신의 프레젠테이션 역량을 개발하기 위하여 무엇을 할 계획인가?

③ 팀 프로젝트 결과를 누가 발표할지 협의하여 결정하시오. 한 사람이 발표할지, 내용에 따라 여럿이서 나누어 발표할지 토의하시오. 이때 팀원 개인별 프레젠테이션 역량평가 결과를 참고하시오.

수행과제

일반적으로 프레젠테이션에 실패하는 경우는 다음과 같다.

요점이 없는 프레젠테이션

두서없이 정보를 단순 나열하는 프레젠테이션으로, 핵심 메시지가 부각되지 않아 청중은 혼란스럽고 기억하지도 않는다.

청중의 이익을 알려주지 않는 프레젠테이션

프레젠테이션은 청중을 위한 청중에 의한 스피치이다. 프레젠테이션과 제안을 통해 청중이 어떤 이익과 혜택을 얻는지 명확하게 전달이 되어야 한다.

볼링 프레젠테이션

볼링공을 굴리는 것처럼 일방향적(one-way) 프레젠테이션이다. 준비된 시나리오를 열심히 읽거나 자기 하고 싶은 이야기만 하는 프레젠테이션이다. 발표는 탁구처럼 청중과 호흡하는 것이 가장 이상적이다. 청중과 호흡한다는 것은 질의응답을 하거나 청중의 반응에 따라 프레젠테이션을 적절히 수정하고 조율하는 것을 말한다.

지루한 프레젠테이션

사람들이 웃는다는 것은 당신의 이야기를 들을 준비가 되어 있다는 신호이다. 따라서 청중들이 지루해하지 않도록 노력해야 한다. 아무리 무거운 주제라고 하더라도 도입과 중간 부분에 유머 장치가 필요하다. 적절한 이야기 등을 통해 분위기를 살려야 한다.

프레젠테이션을 성공적으로 수행하는 것은 한두 가지의 요인으로 이뤄지지 않는다. 그러나 한두 개의 요인으로 인해 프레젠테이션이 실패하는 경우는 많다. 프레젠테이션에 실패하는 이유를 다음의 각 측면에서 분석하여 발표하시오.

❶ 발표자 측면에서 분석하시오.
❷ 청중 측면에서 분석하시오.
❸ 발표 내용(메시지) 측면에서 분석하시오.
❹ 프레젠테이션 환경 측면에서 분석하시오.

학습요약

1. 프레젠테이션을 진행하는 발표자, 발표를 듣는 청중, 전달하고자 하는 메시지, 발표가 이루어지는 환경, 이것이 발표를 지탱하는 네 가지 기둥이다.

2. 성공적인 프레젠테이션의 여섯 가지 요건은 다음과 같다.

① 청중의 욕구 충족을 목적으로 하는 발표
② 전달하려는 핵심 메시지가 명확한 발표
③ 내용과 흐름이 단순한 발표
④ 듣는 사람이 이해하기 쉬운 발표
⑤ 스토리가 있는 발표
⑥ 구체적이고 생생한 발표

참고자료

김연아 프레젠테이션(2011), https://www.youtube.com/watch?v=6PueL-8_1RY
김은성(2011), 파워 프레젠테이션, 서해문집.

Part 2

프레젠테이션을 위한 준비

프레젠테이션 분석과 기획
프레젠테이션 자료 조사와 아이디어 발상
프레젠테이션 논리구조와 스토리보드 작성
비즈니스 문서작성의 원리와 표현 방법
제안서 작성과 프레젠테이션 자료 개발
비주얼 자료 개발
파워포인트 활용 테크닉

Chapter

03

프레젠테이션 분석과 기획

학습목표

프레젠테이션의 올바른 방향설정을 위한 분석과 기획에 대해 학습한다.

1. 제안 프레젠테이션에서 제공되는 RFP의 의미와 구성요소에 대해 설명할 수 있다.
2. 프레젠테이션 성공/실패를 결정하는 청중에 대한 분석 방법을 설명할 수 있다.
3. 프레젠테이션을 기획하기 전 주제를 설정하고 계획서를 작성할 수 있다.
4. 논리적 구상틀인 'Why–What–How' 프레임을 적용할 수 있다.

1. 제안요청서 분석하기

프레젠테이션 준비 단계에서는 프레젠테이션의 올바른 방향 설정이 중요하다. 이를 위해서는 프레젠테이션을 의뢰한 측, 즉 외부 클라이언트나 상사 또는 이해관계자로부터 프레젠테이션 과제와 의뢰내용의 전제조건들을 정확히 파악해야 한다. 이를 제안요청사항 분석, 또는 RFP(Request For Proposal) 분석이라고 하는데 이는 모든 프레젠테이션의 출발점이 된다.

- 제안요청서를 분석한다.
- 의문사항이 있으면 제안요청자에게 직접 물어보거나 이메일, 전화 등을 통해 파악한다.
- 중간에 방침이 변경될 수 있으므로, 제안서 작성 기간 중에 중간점검을 한다.

1) RFP의 정의와 구성요소

RFP(Request For Proposal)는 외부기관의 자원을 활용하여 프로젝트를 추진하고자 할 때 프로젝트의 목적과 함께 프로젝트 참가자격, 선정기준 및 사업 수행에 요구되는 필요사항 등을 정리한 문서로, 제안요청서라고 한다. 제안을 발주한 조직의 사업에 참가하고자 하는 개인이나 조직은 이 제안요청서에 입각하여 제안서를 준비하고 입찰에 참여한다. 일반적으로 제안요청서에는 다음과 같은 내용들이 포함된다.

〈표 3-1〉 제안요청서의 구성요소

구성요소	내용
사업 목적	프로젝트를 진행하게 된 배경과 목적을 기술
사업 내용	프로젝트 내용과 결과물을 제시. 사업 예산과 사업 기간을 명시
신청 자격	법률적 요건 명시. 참여기관의 규모나 시설, 관련 사업 실적 등의 조건을 제시
선정 방법	경쟁 입찰, 서류 입찰 등의 선정방법에 대한 기준 제시
평가기준과 방법	• 기관평가(수행기관 신뢰도, 사업수행 능력, 기관 건전성, 인력의 전문성) 및 제안사항의 적정성과 구체성 등의 평가기준 제시 • 평가기준별 배점 및 가중치를 명시. 선정기준 명시

제안서 작성 요령	• 제안서의 목차 및 각종 형식들을 순서대로 제시한 후 작성요령 등에 대해 설명 • 제안 관련 서식을 별지로 제시
신청서 제출 및 방법	접수기관 및 접수처, 신청방법, 문의사항 등에 대한 연락처 등을 제시

일반적으로 공공기관이나 대기업이 발주 업체일 경우, 위의 요소들을 대부분 포함하여 RFP를 제공하나 중견기업 이하의 기업이나 기관에서는 제안목적과 사업수행지침 등 핵심항목만으로 구성하여 RFP를 제공하기도 한다. 사내 프레젠테이션의 경우 프레젠테이션 의뢰자로부터 진행방향이나 추진방법, 자료원 등에 대한 정보를 얻는다.

2) 의사결정자 분석

최근 TV를 통해 가수 오디션 프로그램을 많이 접할 수 있다. 참가자들은 라운드별로 주어진 미션에 맞춰 노래를 선정하고 편곡과 댄스를 만들어 무대에 올라 평가를 받는다. 그 중 내가 듣기에는 정말 좋았으나, 심사위원들에게는 혹독한 비평을 듣는 참가자들을 종종 보게 된다. 또한 심사위원들 간에도 다른 평가를 하는 경우도 있다. 이것은 심사위원들의 성향에 따라 평가결과도 달라진다는 것을 의미한다.

프레젠테이션에서도 누구에게 초점을 맞춰 발표를 준비하고 진행할지를 정하는 것은 중요하다. 경쟁 프레젠테이션에 가 보면 적게는 5명에서 많게는 15명까지 청중들이 있다. 이들 모두 평가에 참여하는 경우도 있고 몇몇만 평가하는 경우도 있다. 이러한 상황에서 '누가 핵심 의사결정권자인가?'를 정확히 아는 것이 중요하다. 대부분의 사람들이 훌륭한 프레젠테이션이었다고 평가하더라도 핵심 의사결정권자의 마음에서 멀어지면 떨어지는 것이다. 곧 실패한 프레젠테이션이 되어 버린다. 청중 모두에게 공감이 되는 것도 중요하지만, 프레젠테이션을 듣기 위해 참석한 사람 중 핵심이 되는 의사결정권자가 누구인지를 파악하고, 그들의 성향에 맞춰 프레젠테이션을 준비하는 것이 필요하다. 프레젠테이

션을 위한 세부절차에 들어가기에 앞서, RFP분석 결과를 바탕으로 다음 사항들을 명확히 파악한다.

〈표 3-2〉 RFP 체크포인트

구분	내 용
Why	• 프로젝트의 배경과 목적은 무엇인가? • 제안 요청자(클라이언트)는 무엇을 기대하는가?
What	• 프로젝트의 범위와 주요 내용은 무엇인가? • 반드시 포함되어야 할 사항은 무엇인가? • 전제조건, 또는 금기사항은 무엇인가?
Who	• 발표자의 장단점은 무엇인가? • 프로젝트 수행인력을 어떻게 구성할 것인가?
Whom	• 청중은 누구인가? 최종 의사결정권자는 누구인가? • 그들의 특성은 무엇인가?
When	• 제안서는 언제까지 제출해야 하는가? • PT는 언제 하는가? PT를 몇 번째 하는가? • PT시간은 어느 정도인가?
Where	• PT는 어디서 실시하는가? • PT장소의 좌석배치와 장비지원은 어떤가?
How	• 어디에 포커스를 맞추어야 할 것인가? • 누구에게, 무슨 도움을, 어떻게 받을 것인가?

토의 3.1

한 지역자치단체에서 공익성과 지속가능성이 높은 창업사례를 발굴 · 지원하기 위한 청년 창업 경진대회를 추진하고 있다. 이를 통해 청년들이 주도적으로 사회적 가치 창출에 기여하는 창업 신문화를 확산하려고 한다. 다음은 청년창업 경진대회 공고문이다.

청년창업 경진대회 공고	
공모대상	○○지역에 거주하는 만 20세 ~ 35세의 주민 누구나
시상내용	• 대상 1개 팀 : 창업 지원금 5,000만 원
	• 우수상 2개 팀 : 창업 지원금 1팀당 1,000만 원
	• 장려상 5개 팀 : 창업 지원금 1팀당 500만 원
	* 선정된 8개 팀에게는 공통적으로 크라우드 펀딩 연결, 공유사무실 최대 2년간 무료 임대, 창업 우수사례 홍보 지원

심사방법	• 서류전형에 합격한 20개 팀의 공개형 프레젠테이션 방식
	• 심사위원 평가 + 청중평가단 현장투표
심사기준	• 심사위원 : 사업아이템의 창의성, 성장가능성, 사회적 공헌
	• 청중평가단 : 각 사업아이템에 대한 선호도 등 주관적 판단에 의한 투표
선정방법	심사위원 평가점수 70%, 청중평가단 현장투표 점수 30% 합산

우리 프로젝트 팀이 이 청년창업 경진대회에 참가하려고 한다. 다음 각 사항에 대한 의견을 토의하시오.

① 어떤 사업 아이템으로 경진대회에 참가하는 것이 입상 가능성을 높일 수 있을지 토의하시오.
② 심사위원과 청중평가단은 어떻게 구성되리라고 예상하는가? 그들의 성향을 예상할 수 있을까? 여러분이 이 공모전의 심사위원이라면 어떤 심사기준으로 평가할 것인가?
③ 경진대회에서 입상하기 위한 프레젠테이션 전략을 어떻게 가져가야 할 것이라고 생각하는가?

2. 프레젠테이션 기획을 위한 설계도 그리기

모든 기획은 주제를 명확하게 정하는 것부터 시작된다. 확실하고 구체적인 주제가 없으면 아이디어 단계로 남을 뿐이다.

1) 명확하고 구체적인 프레젠테이션 주제 잡기

주제란 프레젠테이션에서 중심이 되는 문제, 즉 '무엇'을 프레젠테이션 하는가에 해당한다. 물론 주어지는 주제가 있을 것이다. 그렇지만 그 주어진 주제 안에서도 나만의 구체적인 주제를 찾아야 한다. 큰 주제 안에서 범위를 좁히고 구체화 · 차별화한 우리만의 주제 찾기가 기획 단계에서 가장 먼저 할 일이다.

주제를 정할 때 그저 '관심 있어서', '재미있을 것 같아서'라는 이유로 결정하면 준비하는 동안 낭패를 겪을 수 있다. 우리가 정한 주제에 대한 관련 정보가 거의 없어서 프레젠테이션 자료를 만드는 것 자체가 불가능할 수도 있다. 이미 수없이 많은 프레젠테이션이 진행된 낡은 주제일 수도 있다. 그렇다면 주제를 정할 때 무엇을 생각해야 할까?

2) 주제를 정할 때 생각할 것

(1) 프레젠테이션 할 만한 가치가 있는가?

우리가 프레젠테이션 하고자 하는 주제가 본래 목적에 부합하는지, 사람들이 듣고 싶어 하는 내용인지 판단한다.

(2) 프레젠테이션 준비가 가능한가?

우리가 정한 주제와 관련된 자료가 충분한가? 설문조사나 문헌조사 등을 할 수 있는 주제인지 판단한다. 주제를 정했지만 관련 자료가 전혀 없거나, 설문조사 등이 불가능한 경우라면 준비할 수 없다.

(3) 주제가 참신한가?

이 주제와 관련해서 기존에 너무 많은 자료들이 있어서 사람들에게 이 내용이 식상하지 않은지도 판단해야 한다.

이제 명확하고 구체적으로 프레젠테이션 주제를 정한 예를 살펴보자.

처음 주제 (대주제)	4차 산업혁명 시대의 일자리
주제 좁혀보기	• 이 주제에서 범위를 좁히고 구체화 · 차별화해 보자. • 팀원들과 4차 산업혁명 일자리 관련 컨퍼런스에 참여 후 참고자료들을 검토해보고 나서 4차 산업혁명 시대의 유망 직업들을 정리해 본다. 정리된 유망 직업들 중에서도 컴퓨터공학을 전공하고 있는 팀원들의 미래와 가장 밀접한 직업은 무엇인지 이야기해 본다. 그 결과를 토대로 최종 주제를 다음과 같이 설정하였다.
최종 주제	4차 산업혁명 시대의 ICT 산업의 변화 예측하기

이처럼 차별화되고 구체적인 나만의 주제는 저절로 만들어지는 것이 아니다. 대주제에 대한 전체의 모습을 파악해야 그중에서 관심이 가는 분야를 고를 수 있다. 4차 산업혁명 시대에는 사회 전반적인 부문에서 큰 변화가 생기며, 이로 인해 직업과 일자리에 변화가 있다는 것에 대해 알고 있어야 한다. 또한 새롭게 등장하는 유망 직업들에 대해 대략적으로 알고 있어야 구체적인 주제를 잡을 수 있다. 구체적인 최종 주제를 잡으려면 주어진 큰 주제의 전체 모습, 그 분야에서 쓰는 용어들, 주제와 관련된 다른 분야들을 다각도로 생각해보는 과정을 거쳐야 한다. 이 과정에서 쓰이는 것이 바로 브레인스토밍과 마인드맵이다. 브레인스토밍과 마인드맵은 4장에서 자세히 살펴보겠다.

토의 3.2

프레젠테이션의 주제를 정하는 것은 프레젠테이션의 전체 방향을 결정하는 일이므로 매우 중요한 과정이다. 좀 더 명확하고 구체적인 최종 주제를 결정하는 일이 기획 단계에서의 첫 걸음이라고 할 수 있다.

① 지금까지 협의한 내용을 토대로 팀 프로젝트 주제(대주제)를 선정하시오. 이 주제에 대해 다음 기준에 따라 평가해 보면서 주제의 범위를 좁히고 구체화 · 차별화하시오.

- 팀 프로젝트 주제가 참신한가?
- 팀 프레젠테이션 할 만한 가치가 있는가?
- 팀 프레젠테이션 준비가 가능한가?

② 팀 프로젝트 주제(대주제)의 범위가 너무 넓거나 추상적이라면, 보다 구체화하여 여러 가지 소주제들을 생각해 볼 수 있다.

③ 여러 가지 소주제들 중에서 위의 내용들을 반영하여 팀원들과 최종 팀 프로젝트 주제를 결정하시오.

대주제	
주제 좁혀보기	다양한 소주제들을 논의해보고, 이 중에서 최종 팀 프로젝트 주제를 선정한다.
최종 팀 프로젝트 주제	

3) 프레젠테이션 계획서 작성하기

프레젠테이션 주제가 정해졌다면 이제 본격적으로 프레젠테이션 기획에 들어가기에 앞서 프레젠테이션 계획서를 작성해보자. 프레젠테이션 계획서를 작성하는 이유는 여러 명의 팀원들이 함께 협동하여 만들어가는 과정에서 프레젠테이션의 목적과 주제, 서로의 역할과 일정이나 계획 등을 함께 만들고 공유하기 위해서다. 팀별 프로젝트에서는 팀원 간의 소통이 잘 되지 않는 것이 가장 큰 어려움이다. 소통이 잘 되지 않으면 프레젠테이션의 주제나 목표에 대해 팀원들이 각각 딴 생각을 할 수도 있다. 당연히 프레젠테이션 준비가 중구난방이 되기 쉽다. 프레젠테이션 계획서를 쓰고 그 과정에서 목표와 일정, 책임자 등 모든 사항에 대해 팀원들이 하나씩 논의하고 합의하면 이러한 문제를 예방할 수 있다.

〈표 3-3〉 프레젠테이션 계획서

소속			팀명	
PT 개요	일정			
	장소			
	시간			
프레젠테이션 주제				
프레젠테이션 목표				
청중 분석		• 프레젠테이션을 듣는 청중이 누구인가? • 청중은 해당 주제에 대해 얼마나 알고 있나? • 청중을 몰입하게 하기 위해서 무엇을 강조해야 하나?		
자료조사방법		설문조사, 인터뷰, 인터넷 검색, 논문검색 등 자료조사방법 중 가능한 자료조사방법을 기입		
팀원 역할 분담				
일정계획		준비~PT 실행까지의 일정을 상세하게 정리		

3. Why-What-How 틀을 활용하여 논리적 흐름잡기

프레젠테이션은 나의 생각을 상대가 잘 이해할 수 있도록 전달하는 것이다. 즉, 프레젠테이션의 핵심은 "상대가 잘 이해하고, 납득할 수 있도록 전달하는 것"이다. 그렇다면 상대는 어떨 때, "아, 이 사람이 이야기하는 게 맞다. 아하, 그래 나도 저 사람이 이야기하는 것처럼 한번 해봐야겠다."는 마음을 갖게 될까?

설득의 기본은 바로 논리다. 누군가를 설득하려면 우선 말하는 사람이 명확한 근거를 대고, 그 주장이 충분히 타당하게 전개되어야 한다. 충분한 근거와 논리를 가지고 결론으로 자연스럽게 흘러가야 듣는 사람이 납득할 수 있다.

주제가 정해지고, 자료조사도 일부분 진행되었다면, 이제 프레젠테이션의 전체 흐름을 잡아보는 논리적 구상의 단계로 들어가도 좋다. 이때 우리를 도와줄 수 있는 도구가 바로 Why-What-How 상자다. [그림 3-1]의 각 항목별로 내가 프레젠테이션 하고자 하는 주제에 대해 생각을 정리해보는 것이다. 팀원들이 함께 모여 노트에 적어보는 것이 가장 좋은 방법이다.

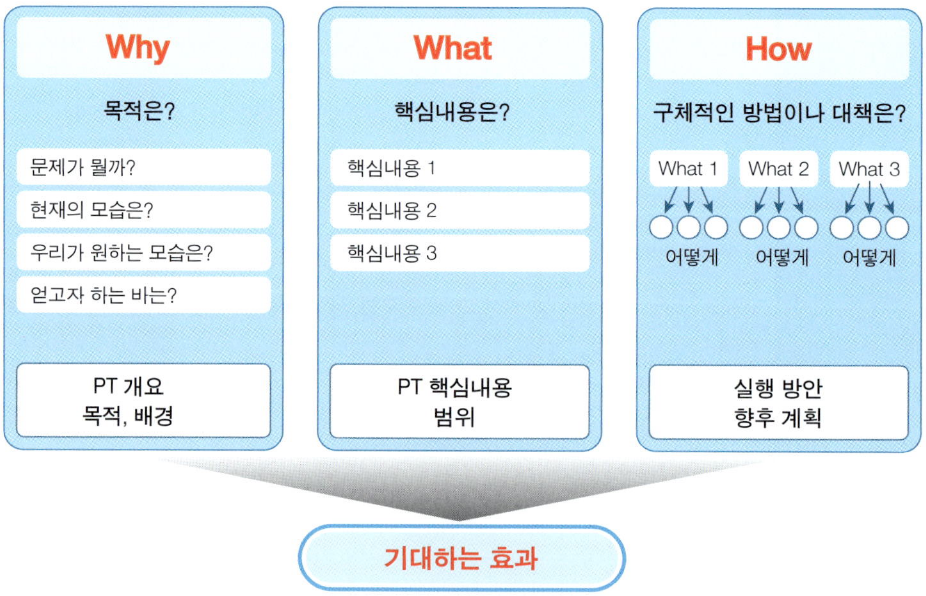

[그림 3-1] 논리적 구상을 위한 Why-What-How 틀

1) Why 단계

프레젠테이션의 흐름을 정리할 때 가장 먼저 생각해볼 것이 Why, 즉 프레젠테이션의 목적이다. '왜' 이 프레젠테이션을 하는지가 정확해야 하기 때문이다. Why를 정리할 때는 이 프레젠테이션 주제와 관련해서 우리가 생각하는 문제는 무엇인지, 혹은 배경은 무엇인지를 먼저 따져보고, 이 문제가 현재 어떤 모습으로 나타나며, 우리가 바라는 모습은 무엇인지 구체화한다. 현재의 모습과 우리가 바라는 모습과의 차이가 바로 해결해야 하는 문제이며, 우리가 프레젠테이션을 하는 목적이 될 수 있다. Why 단계의 생각정리는 우리가 프레젠테이션을 통해 얻고자 하는 것은 무엇인가로 마무리된다.

발표자는 "왜 프레젠테이션을 하는 것인가?"에 대한 물음에 답할 수 있어야 한다. 대부분 자신이 왜 프레젠테이션을 하는지에 대해서는 분명하다. 그러나 왜 상대방이 프레젠테이션을 들어야 하는지에 대해서는 고민을 많이 하지 않는다. 프레젠테이션은 설득이다. 상대방을 설득하기 위해서는 "그들이 원하는 것이 무엇인지?"를 알아야 한다. 청중이 왜 여기에 앉아 자신의 프레젠테이션을 듣고 있어야 하는지 고민하고, 상대가 매력적으로 느낄 수 있도록 표현해야 한다. 그렇지 않다면 상대는 쉽게 흥미를 잃거나 좋지 않은 평가를 내리기 마련이다.

성공적인 프레젠테이션을 하기 위해서는 먼저 프레젠테이션의 목적을 설정하여 달성하고자 하는 목표를 확실히 한다. 발표자는 스스로 "이 프레젠테이션을 통해 달성하고자 하는 것이 무엇인가?"를 묻고 이에 대한 명확한 해답을 찾아야 한다. 목적 설정의 결과는 프레젠테이션의 모든 단계에 대한 기본방향을 제시하고, 오류를 수정해주는 등대와 같은 역할을 한다. Why 단계에서 고려할 사항은 다음과 같다.

- 프레젠테이션은 명확한 목적과 목표가 있어야 한다.
- 프레젠테이션의 목표는 발표자와 청중 모두에게 유익한 것이어야 한다.
- 목표는 경제적 · 물질적인 것뿐만 아니라, 사회문화적 가치도 고려하여 설정한다. 대의명분도 중요하다.

토의 3.3

'런닝맨'이라는 프로그램이 있다. 이 프로그램은 2010년 7월 첫방 이후 대한민국에서 가장 사랑받는 프로그램으로 성장해 왔다. "왜 그들은 이토록 오랫동안 사랑받고 있을까?" 프로그램을 보면 출연진이나 연출진이 강조하는 두 가지 단어가 있는데, 바로 '미션과 웃음'이다. 그들은 미션과 웃음을 위해서는 무엇이든지 한다. 이러한 일련의 활동들은 시청자들로 하여금 런닝맨을 보면 웃을 수 있고 감동받을 수 있다고 신뢰하게 되었다. 프레젠테이션에서도 "자신이 왜 프레젠테이션을 하는지"보다 "상대방이 왜 프레젠테이션을 들어야 하는지"에 대해 명확히 밝힐 수 있어야 하고, 또한 그 내용이 상대방에게 매력적으로 전달될 수 있어야 한다.

① 자신이 본 프로그램 중 인상 깊었던 프로그램을 선정하여 그 프로그램의 Why에 대해 분석 · 토의해 보시오.
② TV광고나 신문광고, 지하철광고 등 인상 깊었던 광고내용을 소개하고, 그 광고의 Why에 대해 분석 · 토의해 보시오.
③ 팀 프로젝트 과제의 Why에 대해 토의해 보시오. 토의결과를 바탕으로 프로젝트 팀에서 합의해 선정한 프로젝트 과제가 앞으로 많은 시간과 노력을 투입하여 수행할 만한 가치가 있다는 점을 설득하기 위한 A4 1매 분량의 팀 프로젝트 기획서를 작성하시오.

2) What 단계

이 프레젠테이션에서 우리는 무엇을 이야기할 것인가? 즉, 핵심내용이 무엇인지를 정리하는 단계이다. What 단계에서는 프레젠테이션의 시간이나 범위에 맞춰 이야기하고자 하는 것의 규모를 정하는 것도 중요하다. 이야기하고 싶은 내용이 10가지라면 이번 프레젠테이션의 목적(Why)과 시간, 듣는 사람의 입장을 고려하여 3개 정도로 핵심내용을 추리고 간략히 한다. What 단계에서 고려할 사항은 다음과 같다.

- 프레젠테이션 내용은 청중의 동기와 욕구, 그리고 발표자가 얻고자 하는 바에 기초하여 개발되어야 한다.
- 프레젠테이션 내용은 객관적 사실과 사례, 정확한 자료를 기초로 개발되어야 한다.
- 프레젠테이션 내용은 차별성, 참신성 그리고 기존의 것보다는 무언가 진일보한 선진성의 세 가지 관점에서 개발되어야 한다.

이야기하고자 하는 핵심내용이 추려졌다면, 이제 어떻게 프로젝트를 진행할 것인가에 대해 고민하는 단계로 넘어간다.

3) How 단계

이야기하고자 하는 핵심내용에 대해 구체적으로 어떻게 전개할 것인지 생각해보는 단계이다. What 단계에서 이야기한 내용을 좀 더 깊이 있게 들어가서 그것을 실행하기 위한, 혹은 그것을 가능하게 하기 위한 방법들을 현실성 있게 정리한다.

어떻게(How)는 프로젝트와 관련한 자신의 강점을 어필하는 것이다. 사실 경쟁 입찰에서 프레젠테이션을 진행해 보면 참여한 회사들이 제시하는 솔루션, 즉 어떻게(How) 부분은 비슷비슷하다. 다만, 앞선 두 가지 요소에 대한 분석이 철저할수록 보다 차별화된 'How'를 제시할 수 있다. How 단계에서 고려할 사항은 다음과 같다.

- 차별화 포인트를 도출하여 강조한다.
- 핵심내용을 중심으로 논리적, 체계적으로 전개한다.
- 만일의 경우에 대비한 리스크 플랜(플랜 B)을 어떻게 할 것인가?

프레젠테이션 하는 사람의 머릿속에 Why-What-How에 대한 명확한 개념이 서게 되면 그 다음은 생각보다 정리가 빨라진다. 이 논리틀을 만들 때는 생각을 글로 정리해 보고, 말로도 표현해보는 것이 좋다. 혼자서 할 때는 중얼중얼하면서 자신에게 자신의 생각을 자꾸 들려준다. 그럼, 신기하게도 "어, 이건 말이 안 되는데? 그래, 이렇게 한번 조정해보자." 하면서 생각이 정리되는 것을 느낄 수 있다. 또 팀원들과 함께 작업할 때는 서로의 생각을 말로 표현하면서, 서로의 이야기에 의견을 내며 다듬어가도록 한다.

수차례 말로 표현해보고, 생각을 정리하면서 다듬고 다듬어야 간결하면서도 명확한 프레젠테이션의 틀을 얻을 수 있다. 물론 처음부터 완벽하게 채워질 리는 없다. 노트에 쓰고, 또 수정해보고, 또 쓰면서 모두 그 논리가 납득되는 순간까지 계속해보는 것이다. 아래의 내용은 논리적 구상을 위한 Why-What-How 틀을 조금 더 이해하기 쉽도록 시나리오 구조로 구성한 것이다.

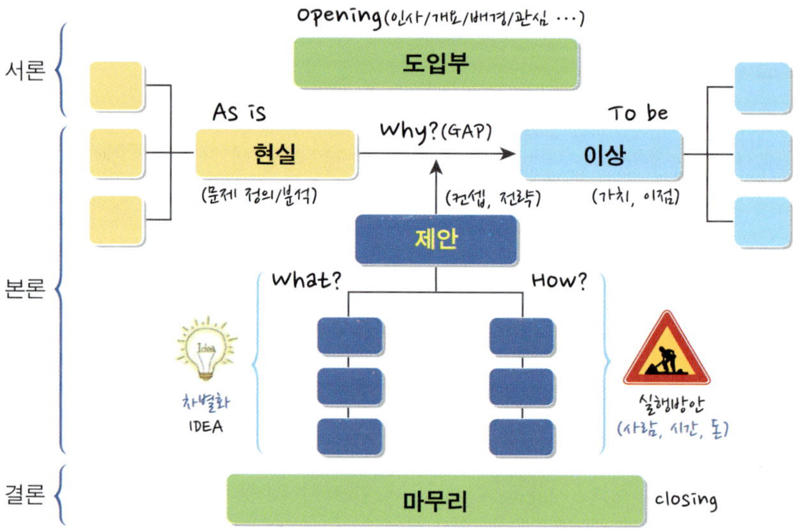

[그림 3-2] 스토리 - 시나리오 구조

출처: 마음을 사로잡는 프레젠테이션 기술(도해사고력), 정지영 역, 스펙트럼북스.

설득형 프레젠테이션의 기본구조는 현실과 이상 사이의 차이가 무엇이고, 이런 문제(Gap)가 왜 생겼으며, 이를 어떻게 해결할 것인지를 규명하는 것이다. 현실 상황을 구체적으로 분석하고 이상(To Be) 상황의 가치, 이점을 좀 더 상세하게 설명한 뒤 제안내용이 무엇(What)이고, 어떻게(How) 구현할 것인지를 설명한다. 이런 전체 스토리 구조에 초반 이목을 사로잡는 오프닝(opening)과 주제를 다시 한 번 일깨우는 클로징(closing)으로 마무리하게 된다.

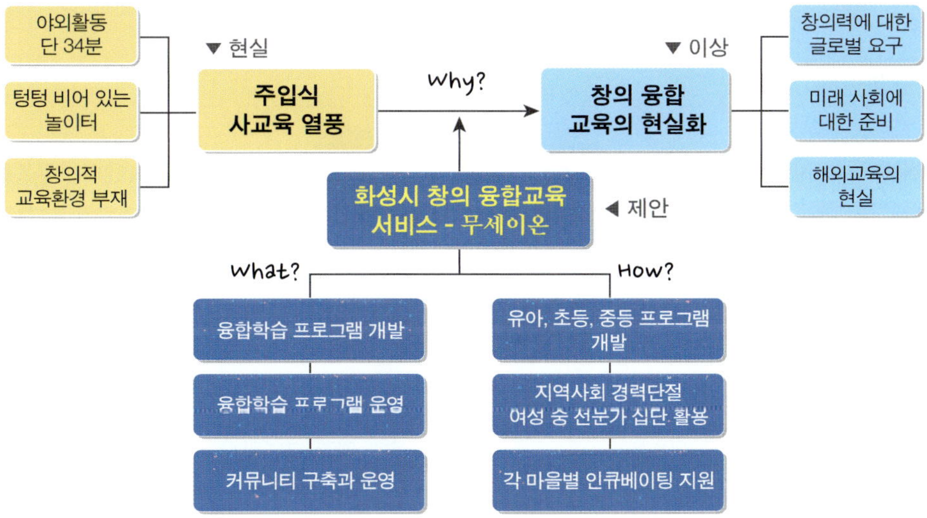

[그림 3-3] 스토리 – 시나리오 구조의 예

출처: 호기심 연구소 제안 내용 발췌.

[그림 3-3]은 호기심 연구소라는 마을교육공동체에서 화성시에 창의 융합교육 서비스인 '무세이온'을 제안한 실제 사례이다. 주입식 사교육 열풍으로 아이들은 창의성을 키울 수 있는 야외활동 대신 책상 앞에서 많은 시간을 보내고 있으나, 창의융합교육이 실현되기를 희망하고 있다는 것이 현실과 이상의 관계이며, 둘 사이의 차이에 해당한다. 이러한 차이를 줄이기 위한 방안으로 융합학습 프로그램의 개발과 운영, 커뮤니티 구축과 운영을 제안(What)하고 있다. 그리고 이 제안내용들을 구현하는 방법(How)으로 유아 · 초등 · 중등 프로그램 개발, 지역사회 경력단절 여성 중 전문가 집단 활용, 각 마을별 인큐베이팅 지원을 제시하고 있다.

수행과제

앞에서 논리적인 프레젠테이션을 위해 Why–What–How 틀에 대해 알아보았다. 다음은 '30년째 모태솔로를 어떻게 탈출할 것인가?'를 주제로 Why–What–How 시나리오 구조에 맞춰 작성한 사례이다.

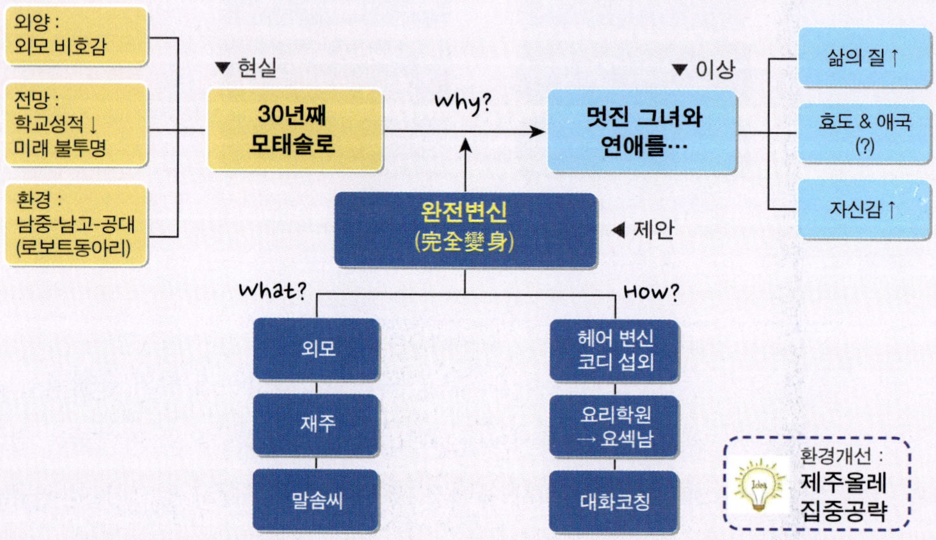

다음 절차에 따라 팀 프로젝트 과제의 내용을 Why–What–How 시나리오 구조에 맞춰 작성하시오. 이때 팀 프로젝트 수행 정보에 실린 '셀프웨딩 트렌드 맞춤형 온라인 쇼핑몰 런칭 제안' 자료를 참조하시오.

❶ 팀 프로젝트 과제의 Why에 대해 논의하시오.
❷ 팀 프로젝트 과제의 What에 대해 논의하시오.
❸ 팀 프로젝트 과제의 How에 대해 논의하시오.

학습요약

1. RFP는 제안요청서를 말한다. 사업목적, 사업내용, 신청자격, 선정방법, 평가기준과 방법, 제안서 작성요령, 신청서 제출 및 방법 등으로 구성되어 있다.
2. 프레젠테이션을 듣기 위해 참석한 사람 중 핵심이 되는 의사결정권자가 누구인지를 파악하고, 그들의 성향에 맞춰 프레젠테이션을 준비하는 것이 중요하다.
3. 나의 생각을 잘 전달할 수 있는 가장 기본적인 요소는 논리(logic)이다. 논리적 구상 틀인 Why-What-How를 통해 프레젠테이션의 전체 흐름을 구상한다.

참고자료

박효정 외(2016), 발표의 신, 푸른들녘.

정지영(2011), 마음을 사로잡는 프레젠테이션 기술(도해사고력), 스펙트럼북스.

Chapter

04

프레젠테이션 자료 조사와 아이디어 발상

학습목표

프레젠테이션에서 제시할 내용의 근거가 되는 자료와 아이디어를 모으고 정리하는데 효과적인 기법을 학습한다.

1. 프레젠테이션을 위한 자료 조사 방법에 대해 설명할 수 있다.
2. 아이디어 발상법인 브레인스토밍과 마인드맵에 대해 설명할 수 있다.

1. 프레젠테이션 자료 조사하기

프레젠테이션에서 활용되는 자료가 어떤가에 따라 그 발표의 정확성과 신뢰성이 달라진다. 자료가 최신의 정보인지, 정확한지, 출처가 명확한지, 직접 수집한 자료인지 등이 프리젠테이션의 수준을 결정하는 것이다. 여러 가지 자료 조사의 방법을 잘 이해해서 나의 PT에 적합한 자료 조사 방법을 선택하고 활용해보자.

1) 자료 목록

자료 수집을 위한 첫 단계는 프레젠테이션에 필요한 자료 목록을 만드는 것이다. "무엇을 알고 싶은가?", "어떤 자료를 수집할 것인가?" 이 질문을 통해 필요한 자료 목록을 만들고, 이를 바탕으로 각 단계별로 필요한 자료수집계획서를 작성한다. 자료수집계획서에는 필요한 자료 목록과 어디서, 어떻게 수집할 것인가에 대한 내용을 포함한다. 다음은 자료수집계획서 작성 사례이다.

〈표 4-1〉 자료수집계획서

필요자료		자료수집원	수집방법
목록	일정		
21세기 트렌드	10/2	도서(클릭!)	확보됨
Top브랜드 경쟁사 인식 사례	10/2	신문	인터넷 검색
고객가치 창출 성공사례	10/5	마케팅저널	국회도서관
"마케팅 근시" 논문	10/5	저널	국회도서관
분석프레임 적용사례	10/6	교육자료	교재자료 검토
최근의 경제활동참가율 통계	10/6	통계연감	인터넷 검색
브레인 라이팅 적용 사례	10/8	워크숍 자료	교육자료 파일
기획서 작성 절차별 사례	10/8	도서, 교육자료	도서, 자료 검색
PPT 작성 노하우 베스트10	10/15	PPT 전문가	SME 부탁
비즈니스 문서작성 사례	10/10	도서, 교육자료	도서, 자료 검색
기획서 사례	10/10	도서, 교육자료	도서, 자료 검색
디지털 마케팅 관련 자료	10/15	마케팅전문가	SME부탁
P/T 실전 PPT 노하우10	10/15	PPT전문가	SME부탁

2) 자료 조사의 방법

발표를 위해 활용할 수 있는 자료는 1차 자료와 2차 자료로 나눌 수 있다. 1차 자료는 조사자가 직접 수집한 자료이고, 2차 자료는 다른 연구자나 기관에서 이미 발표한 것으로 공개적인 이용이 가능한 자료다. 1차 자료 조사는 조사자가 직접 수행하는 것이므로 노력과 시간, 비용이 많이 든다는 단점이 있지만, 자신이 기획하는 내용에 딱 필요한 내용으로 조사를 진행할 수 있다는 장점이 있다. 반면 2차 자료는 나의 자료 기획을 위해 진행된 조사가 아니라는 단점은 있지만, 비용과 노력이 거의 들지 않는다는 장점이 있다. 나의 발표 목적에 따라 적절한 자료 조사 방법을 활용하면 된다. 2차 자료를 활용할 경우, 무엇보다 중요한 것은 정확한 출처를 밝히는 것이다. 또한 그 자료가 최신의 자료인지, 신뢰할 만한 기관과 연구자의 자료인지도 꼭 확인해야 한다.

〈표 4-2〉 자료 조사 방법

1차 자료	2차 자료
• **설문지 조사법** 조사 목적에 따라 질문을 구성하여 조사 대상자가 작성하도록 하는 방법 • **면접 조사법(인터뷰)** 조사 대상자를 직접 만나 질문과 응답을 통해 원하는 내용을 조사는 하는 것(1:1 면접, 그룹 면접) • **관찰법** 관찰하고자 하는 대상을 객관적으로 관찰하는 것	• **인터넷 검색** 인터넷 검색을 통해서 얻게 된 기사, 출처가 기재된 블로그 내용 등 • **연구 결과 자료** 공신력 있는 기관(학교, 연구소 등)에서 발간한 연구 논문 • **통계 자료** 신뢰할 수 있는 기관에서 제공하는 통계 자료 • **기타** 책, 잡지 등 기타 간행물에서 발췌한 내용

(1) 1차 자료 조사

❶ 설문지 조사법

1차 자료 조사 중에 많은 사람들이 활용하는 방법으로 설문지 조사법을 들 수 있다. 누구나 한 번쯤 설문지를 작성해 본 경험이 있을 것이다. 설문지는 다음과 같이 질문의 유형을 달리할 수 있다. 질문하고자 하는 내용에 따라 가장 적정한 질문 유형을 선택하면 된다.

예) 쓰레기 분리수거를 잘할 수 있도록 하기 위해 취할 수 있는 방법에는 무엇이 있을까요?
( )

■ 자유 응답형

응답의 형태에 제약을 가하지 않는 방법으로서 응답자의 생각을 자유롭게 들을 수 있다는 장점이 있다. 반면에 여러 사람에게 질문했을 경우 응답한 내용을 정리하기가 쉽지 않다는 어려움이 있다.

■ 다시 선나형

질문에 대한 답을 선택할 수 있도록 4지 선다, 5지 선다형으로 제공하는 형태로서 응답자는 1개 이상의 답을 선택할 수 있다. 다지 선다형의 보기를 만들 때에는 보기가 서로 중복되지 않고, 답변할 수 있는 모든 내용을 포함하고 있어야 한다. 아래 문항의 경우 〈보기〉가 버리는 음식의 모든 것을 포함하고 있어야 한다. 〈보기〉를 보면서 응답자가 누구든 하나는 선택할 수 있어야 한다는 뜻이다. 이러한 다지 선다형은 설문지를 분석할 때 집계 및 분석이 자유 응답형에 비해 편리하다는 장점이 있다.

예) 만약 점심식사 시 음식을 다 먹지 않고 버린다면 주로 무엇을 버리십니까?
① 밥 ② 김치 종류 ③ 주 반찬 ④ 국 ⑤ 기타( )

■ 양자 택일형

예) 미세먼지 농도가 '보통'인 경우 마스크를 착용하시겠습니까?
① 예 ② 아니요

"예, 아니요" 등 두 가지 답변 중 하나를 선택하도록 하는 질문 유형이다. 양자 택일형도 다지 선다형과 같이 분석이 용이하다는 장점이 있다. 응답자의 답변이 둘 중 하나로 명확할 때 사용한다.

■ 리커트 척도(5점 척도)

그 문항에 대한 긍정적 반응과 부정적 반응을 측정하는 유형이다. 리커트 척도 방식으로 설문조사를 한 경우, 일반적으로 그 답변에 대한 평균 점수를 내어 결과를 평가한다.

> 예) 우리 사회의 환경문제가 심각하다고 생각한다.
> 1. 전혀 그렇지 않다. 2. 그렇지 않다. 3. 보통이다. 4. 그렇다. 5. 매우 그렇다.

■ 설문지 작성 시 주의사항

다양한 질문 방식 중 내가 진행하는 조사에 적합하다고 판단되는 질문 유형을 선택하여 설문지를 만들 때 몇 가지 주의해야 할 사항은 다음과 같다.

- 한 번에 한 가지만 질문한다.
- 질문은 상대방이 알기 쉽고, 명료하게 작성한다.
- 질문은 객관적이고, 공평하게 작성한다. 특정한 방향으로 답변하도록 유도하는 질문이어서는 안 된다.
- 응답자가 질문을 보고 쉽게 답변할 수 있어야 한다.

❷ 면접 조사법(인터뷰)

우리가 흔히 사용하는 면접 조사법은 1:1 인터뷰와 FGI(Focus Group Interview)라 하여 대표적인 그룹을 인터뷰하는 방식이 있다.

■ 1:1 인터뷰

인터뷰 대상자를 면 대 면으로 만나서 질의–응답 형태로 진행되는 조사이다. 사전에 질문하고자 하는 내용을 인터뷰 대상자에게 먼저 보내서 충분히 답변을 준비해올 수 있도록 하면 시간을 효율적으로 활용할 수 있다. 인터뷰 조사는 그 응답자가 해당 주제에 대한 전문가일 경우에 주로 활용된다. TV 뉴스나 교양 프로그램에서 종종 볼 수 있는 전문가 인터뷰가 이에 해당한다.

1:1 인터뷰는 조사에 대한 신뢰성을 높이고, 주장하고자 하는 바에 대한 전문가의

의견을 더할 때 많이 활용된다. 예를 들어, 교내 학생식당에서 나오는 음식물 쓰레기의 현황에 대해 알아보고자 할 때는 학교 영양사 선생님을 대상으로 인터뷰할 수 있다. 인터뷰를 진행할 때는 응답이 왜곡되게 전해지지 않도록 메모장에 인터뷰 내용을 꼼꼼하게 기록하여 활용한다. 직접 인용이 필요한 경우에는 인터뷰 대상자에게 사전에 양해를 구하고 녹음을 하는 것도 좋다. 추후 이 인터뷰 내용이 어떻게 활용될 것인가에 대해 사전에 인터뷰 대상자와 꼭 협의하여야 한다.

■ FGI(Focus Group Interview) 대표 그룹 인터뷰

FGI 인터뷰는 조사하고자 하는 집단을 대표할 수 있는 몇몇을 선정하여 그룹으로 인터뷰하는 방식이다. 만약 우리 학교 학생들을 대상으로 환경문제에 대해 우리가 실천할 수 있는 방법에 대해 FGI 인터뷰를 하기로 했다면 우리 학교를 대표할 수 있도록 학년별로, 남녀 각 1명씩을 선정해서 인터뷰를 진행할 수 있겠다. FGI 인터뷰야말로 여러 명의 사람들이 답변하므로, 인터뷰를 기록하는 사람이 2명 정도 배정되어 빠짐없이 기록하거나 사전에 인터뷰 대상자들에게 양해를 구하고 인터뷰 내용을 녹음하는 것이 좋겠다. 인터뷰를 진행하기 전 사전에 질문지를 먼저 제공하면서 이 인터뷰를 수행하는 목적을 명확히 알려야 한다. 그래야 시간을 절약할 수 있고 효율적인 인터뷰를 진행할 수 있다.

❸ 관찰법

관찰법은 어떤 현상이나 사람들의 행동을 관찰, 기록해서 자료를 수집하는 방법이다. 관찰법은 조사자가 관찰을 공개적 혹은 비공개적으로 진행할 수 있으며, 자연스러운 상황을 그대로 관찰하는 경우도 있고, 인위적으로 상황을 만들어놓고 관찰하는 경우도 있다. TV 프로그램 중에 특정인의 집에 카메라를 두고 일상생활을 관찰하는 경우 공개적이면서 자연스럽게 관찰하는 방법을 활용한다고 볼 수 있다. 관찰법으로 자료를 조사할 때는 관찰자가 최대한 공정하고 객관적인 입장에서 관찰을 진행하고자 노력해야 한다.

토의 4.1

온라인에서 간편하게 설문지를 만들고, 메일이나 스마트폰을 통해 설문지를 돌릴 수 있다. 이 경우 응답자들의 설문 결과를 굳이 코딩하지 않아도 자동으로 결과를 보여주기 때문에 결과 분석하는 데 드는 시간과 노력을 아낄 수 있다. 대표적인 온라인 설문지 시스템인 구글과 네이버의 설문지 기능을 활용하면 편리하다.

- **구글 설문지 사이트:** https://docs.google.com/forms
- **네이버 설문지 사이트:** http://office.naver.com/

① 팀 프로젝트 과제 수행에 필요한 설문조사의 주제 및 내용에 대해 논의하시오.
② ①에서 논의한 결과를 토대로 온라인 설문조사 문항을 개발하시오. 이때 문항별 조사 목적을 분명히 하시오.
③ 온라인 설문지 사이트로 들어가서 팀 프로젝트 과제에 필요한 설문지를 만들고, 실제 조사를 진행하시오. 가능한 설문 조사결과를 팀 프로젝트 결과물에 반영하시오.

(2) 2차 자료 조사

2차 자료는 내가 직접 조사한 자료가 아니라 다른 사람이 시간과 노력을 들여 조사한 신뢰성을 가진 자료를 의미한다. 요즘엔 학술 논문도 인터넷 검색이 가능하기 때문에 대부분의 2차 자료는 모두 인터넷을 통해 조사한다고 해도 과언이 아니다. 따라서 인터넷 자료 조사의 방법과 유의점을 숙지하면 된다.

특히 2차 자료를 조사할 때에는 해당 주제에 관한 균형 있는 관점의 자료들을 다양하게 보는 것이 중요하다. 하나의 주제에도 다양한 관점의 기사나 연구 자료들이 있는데, 너무 한쪽으로 편향된 자료만을 찾는다면 그 자료는 객관적이라고 할 수 없다.

예를 들어, 우리 사회의 저출산 문제에 대한 자료를 찾는다고 생각해보자. 이때는 저출산 문제를 인구학적 관점에서, 사회 · 경제학적 관점에서, 젊은 층의 라이프스타일 등 문화적 관점에서 다양하게 바라볼 필요가 있다. 그래야 우리 사회의 저출산 문제의 원인과 그 해결방안을 좀 더 객관적으로 다룰 수 있다. 혹시 내가 원하는 결론을 뒷받침하는 자료만 찾고 있지 않은지 스스로에게 질문하며 최대한 객관화된 자료를 검색해보자.

2차 자료를 조사할 때 또 한 가지 주의할 사항은 개인 블로그나 포털사이트 게시판에 올라온 출처가 불분명한 글을 무작정 긁어오지 말아야 한다는 점이다. 발표에서는 신뢰할 수 있는, 출처가 명확한 자료들만 활용해야 한다. 또 자료를 인용할 때에는 꼭 출처를 밝히도록 한다.

❶ 인터넷 검색

흔히 하는 자료 조사 방법이 바로 인터넷 검색이다. 자신이 주로 방문하는 포털사이트에서 키워드를 검색하면 관련된 뉴스, 블로그, 이미지, 동영상, 사전 등의 다양한 자료를 검색할 수 있다. 특히 뉴스나 지식백과 사전의 자료는 발표 자료로 참조하기에 좋다. 이미 한 번 검증이 끝난 자료이기 때문이다. 하지만 잘못된 사실이거나 오래된 자료일 수도 있으므로 조사한 자료끼리의 2차 검증을 하는 것도 좋은 방법이다.

2차 자료를 활용할 경우, 모든 자료의 출처를 정확히 밝혀야 함을 다시 강조한다. 특히 뉴스나 사전 등의 자료가 아닌 블로그나 카페에 게재된 자료는 출처를 명확히 확인하고, 그 글의 게시자가 직접 작성한 자료가 아닌데도 출처가 없다면 활용하지 않는 것이 안전하다.

❷ 연구 결과 자료

연구 결과 자료는 보통 논문이나 학술 자료를 의미한다. 이러한 연구 결과는 연구자가 연구 절차에 따라 논문을 작성하여 일정 절차를 거쳐 공신력을 획득한 자료이므로 발표 자료로 활용하기에 좋다. 논문이나 학술 자료는 검색을 지원하는 다양한 검색엔진이 있다. 아래의 몇 가지 검색엔진을 활용하여 내가 발표하고자 하는 주제에 대한 다양한 학술 자료를 검색해보자.

■ 학술연구정보서비스 RISS (http://www.riss.kr)

교과부 산하의 연구정보서비스 사이트로 한국교육학술정보원에서 관리하고 있다. 대부분의 학술논문은 여기서 구할 수 있다.

■ **프리즘** (http://www.prism.go.kr)

정부에서 운영하는 정책연구관리 시스템으로 중앙행정기관 및 지방자치단체에서 수행한 정책 연구 정보를 공유하는 사이트로 양질의 자료를 얻을 수 있다.

■ **국회도서관** (http://www.nanet.go.kr)

논문, 단행본, 학술발표회 자료 등을 검색할 수 있다.

■ **구글 스칼라** (https://scholar.google.co.kr)

구글 스칼라는 구글에서 제공하는 학술 자료 검색엔진이다. 한글이나 영문으로 자료를 검색하면 내가 원하는 방식 즉, 연도순, 주제 관련순으로 학술 자료를 검색할 수 있다. 또 해당 자료가 인용되었던 횟수도 확인할 수 있고, 관심 있는 자료를 내 서재에 저장해 놓을 수 있다.

■ **네이버 전문정보** (http://academic.naver.com)

네이버 전문정보 역시 구글 스칼라처럼 네이버에서 제공하는 학술 자료 검색엔진이다. 이 공간에서도 관심 있는 자료를 스크랩하거나 내 도서관에 저장하여 관리할 수 있다.

❸ 이미지 자료

파워포인트로 발표 자료를 준비할 때에는 이미지를 많이 활용하게 된다. 하나의 이미지가 많은 것을 압축해서 설명하는 경우가 많기 때문이다. 파워포인트에서 활용하는 이미지란 디지털 이미지를 말하는 것으로 사진, 일러스트, 픽토그램 등을 모두 의미한다. 좋은 이미지란 자신이 전달하고자 하는 메시지를 최대한 정확하게 표현하는 이미지이다. 이미지 따로 글자 따로 움직이는 경우는 지양하고, 전달하고자 하는 메시지를 가급적 시각적으로 잘 표현할 수 있는 이미지 활용법을 연습해보자. 또 이미지를 활용할 때는 선명도가 높고, 누가 봐도 질이 좋은 이미지를 활용하는 것이 좋다. 이를 위해서는 평소에 질 좋은 이미지가 무엇인지 관심을 가지고, 이미지 사이트를 둘러보는 것도 도움이 된다. 다른 사람들이 발표 자료에서 어떤 이미지를 활용하고 있는지를 보는 것도 좋은 학습 방법이다.

이미지는 대부분 인터넷에서 검색하여 사용하지만, 본인이 직접 사진을 찍거나 이미지를 제작하는 경우도 있다. 직접 만든 이미지를 사용할 때는 상관이 없지만 인터넷에서 이미지를 검색, 다운받아 활용하는 경우는 그 이미지를 무료로 활용해도 되는지 저작권 문제를 꼭 확인해야 한다. 디지털 이미지에 대한 저작권 문제가 날로 심각해지고, 우리가 수행한 과제를 인터넷에 올리는 경우도 종종 있으므로 이때 저작권 문제가 불거질 수 있다는 점을 명심하자.

아래에 무료로 사용해도 되는 이미지를 모아놓은 사이트를 소개한다. 다음 사이트에서 검색하는 이미지는 안심하고 무료로 사용해도 좋다.

▪ pixabay (http://pixabay.com/)

630,000장이 넘는 무료 사진, 일러스트를 검색해서 사용할 수 있다. 회원가입을 하고 이미지를 검색해서 내가 원하는 이미지를 찾아보자. 한글과 영문으로 모두 검색이 가능하다.

출처: https://pixabay.com/

위에서 보는 것처럼 pixabay에서 제공하는 무료 이미지들의 퀄리티는 매우 높다. 분야도 다양해서 찾고자 하는 거의 모든 이미지를 검색할 수 있다.

▪ GRATISOGRAPHY (http://www.gratisography.com/)

이 사이트에서 제공되는 모든 사진도 모두 무료이다. 시각적으로 퀄리티가 매우 높고, 다양하다. 발표 자료를 만들 때 화면 가득 사진 하나로 느낌을 전달하고자 할 때 사용해도 좋을 만큼 사진 작품들이 창의적이고 구도도 좋다. 아래 사진처럼 기발한 아이디어가 담긴 선명한 사진들도 무료로 제공하므로, 발표 자료에 창의적인 아이디어를 더하고 싶을 때 이 사이트를 검색하면 좋을 것이다.

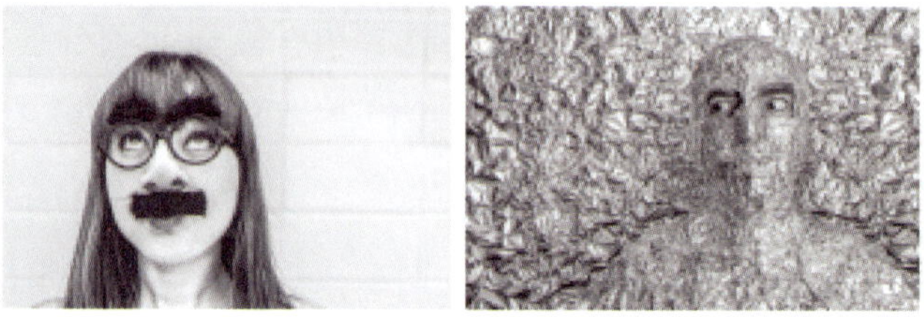

출처: http://www.gratisography.com/

- FLATICON (http://www.flaticon.com/)

이 사이트는 픽토그램을 무료로 다운받을 수 있는 사이트이다. 이 사이트만 활용해도 원하는 모든 픽토그램을 얻을 수 있다. 총 152,263개의 아이콘이 있으며, 2,278개의 패키지가 제공되고 있다. 픽토그램만 효과적으로 활용해도 발표 자료의 디자인적인 완성도를 훨씬 높일 수 있다.

픽토그램은 사물, 시설, 행태, 개념 등을 일반 대중이 쉽게 알아볼 수 있도록 상징적인 그림으로 나타낸 일종의 그림 문자이다. 픽토그램을 일관성 있게 활용하면 발표 자료가 한결 깔끔하고 통일성을 갖춘 것으로 보인다. 아래 그림들은 다양한 픽토그램의 예이다.

출처: http://www.flaticon.com/

이 밖에도 다양하고 퀄리티가 높은 아이콘들을 아래의 사이트를 통해 사용할 수 있다.

〈표 4-3〉 아이콘 사이트 주소

사이트 명	홈페이지 주소	사이트 소개
Flaticon	http://www.flaticon.com/	다양한 아이콘들을 무료로 다운로드 받을 수 있고 심지어 색상과 크기까지 자유롭게 변경이 가능한 소스를 제공
Thenounproject	ttps://thenounproject.com/	흑백으로 깔끔한 아이콘들이 특징
Iconfinder	https://www.iconfinder.com/	free와 No link back으로 설정해야 무료 아이콘을 사용가능
Iconmonstr	http://iconmonstr.com/	하이퀄리티 심플 아이콘 무료 다운로드 사이트
Iconstick	http://www.iconstick.com/	입체적인 아이콘을 제공
Dryicons	http://dryicons.com/free-icons/	다양한 종류의 무료 아이콘 제공

3) 출처 밝히기

프레젠테이션 자료 중 어딘가에서 인용한 자료를 제시할 때에는 아래와 같이 인용한 내용을 밝혀야 자료의 신뢰성을 확보할 수 있다.

(1) 책인 경우

저자명(출판연도), 도서명, 출판사, 해당 페이지.

예) 이재희(2021), 비즈니스커뮤니케이션(4판), 한올, 123.

(2) 학술저널 및 논문인 경우

저자명, "논문명", 『저널명』, 출판사, 출판연도 해당 호, p. 해당 페이지.

예) 서울연구원, "쓰레기 줄이기 · 분리수거 캠페인으로 소각장 폐쇄", 『세계도시동향』, 2015년 제362호, 19.

(3) 신문인 경우

저자가 있는 경우에는 저자명, "제목명", 『신문명』, 일자로 표기하고, 저자가 없는 경우에는 『신문명』, 일자로 표기한다.

예) 『문화일보』, 2016년 4월 15일자.

(4) 인터넷인 경우

누구나 그 인용 부분을 가능한 한 손쉽게 찾을 수 있도록 끝에 html까지 그 페이지 주소창에 뜨는 부분을 모두 적어주는 것이 좋다.

예) https://www.youtube.com/watch?v=89RiELEQdXA

(5) 이미지의 경우

아래와 같이 그림을 사용한 후 아래에 이미지의 출처를 밝힌다.

예) 이미지 출처: https://pixabay.com/ko/양배추-상추-식물-야채-297131/

2. 프레젠테이션 아이디어 모으기

프레젠테이션 과제를 진행하면서 여러 사람의 아이디어를 모아야 할 때가 많다. 이때 아이디어를 모으는 데 효과적으로 활용할 수 있는 브레인스토밍과 마인드맵을 소개한다.

1) 브레인스토밍

뭔가 생각을 끄집어내야 하는 막막한 상황을 앞에 두고 3~4명의 친구들이 모여 있을 때 사용하기 좋은 것으로, 아이디어 도출에 도움이 되는 방법이다. 브레인스토밍(Brain Storming)은 말 그대로 브레인(뇌)+스톰(폭풍)이다. 즉, 생각이 폭풍처럼 쏟아져 나오도록 하는 과정이다.

브레인스토밍은 아주 간단하다. 어떤 주제에 대해 아이디어를 내기로 했다면 그것에 대해 생각나는 대로 계속 이야기하는 것이다. 칠판이나 큰 노트를 가운데 놓고 이야기하는 것을 계속 적어나가면 된다.

(1) 브레인스토밍의 2가지 원리

브레인스토밍을 개발한 알렉스 오스본은 다음과 같이 2가지의 원리와 4가지의 규칙을 이야기했다. 이것을 기억하면서 팀원들과 브레인스토밍을 즐겨보자.

- **판단하지 말 것**

브레인스토밍을 할 때에는 너의 의견이 '옳다 그르다', 혹은 '맞다 틀리다'고 판단하면 안 된다. 모든 사람에게 다 발언권이 있고, 발언한 내용은 모두 기록한다.

- **가능한 한 많은 아이디어를 낼 것**

생각나는 것을 모두 말해서 가능한 한 많은 생각들이 나올 수 있도록 한다.

(2) 브레인스토밍의 4가지 규칙

- **무조건 많은 아이디어를 낸다**

아이디어가 많을수록 더 좋은 아이디어가 나올 확률이 높아진다.

- **상대방의 의견을 비판하거나 비난하지 않는다**

비판적 생각은 뒤로 미루고 일단 브레인스토밍 단계에서는 많은 아이디어를 도출해내는 것을 목표로 한다.

- **엉뚱한 아이디어도 환영한다**

상식적으로 말이 되지 않는다고 생각하는 것도 일단 받아들인다.

■ 아이디어와 아이디어의 결합을 환영한다

다양한 아이디어들을 서로 연결하면 더 나은 아이디어가 나올 수 있다.

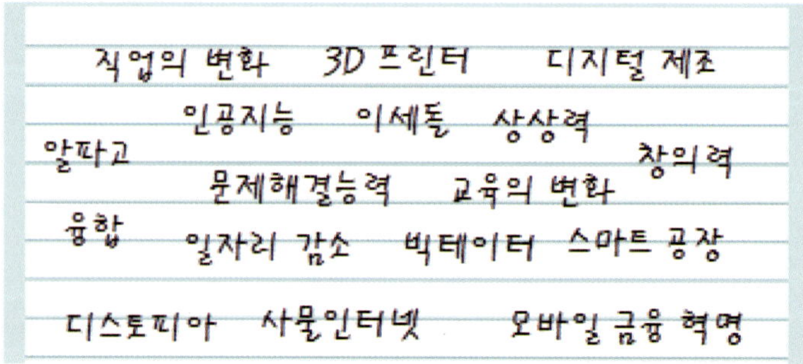

▲ 브레인스토밍

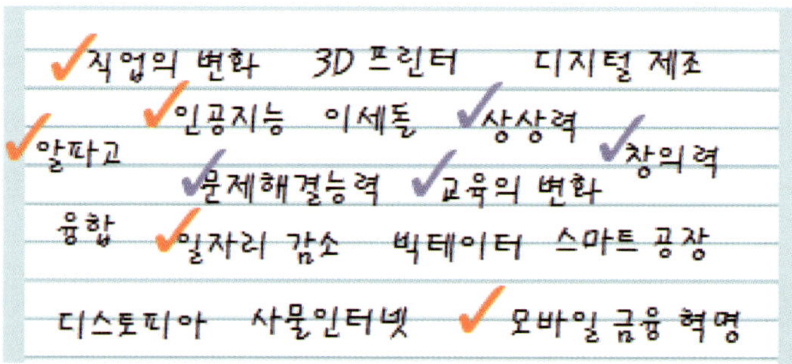

▲ 비슷한 것끼리 묶기

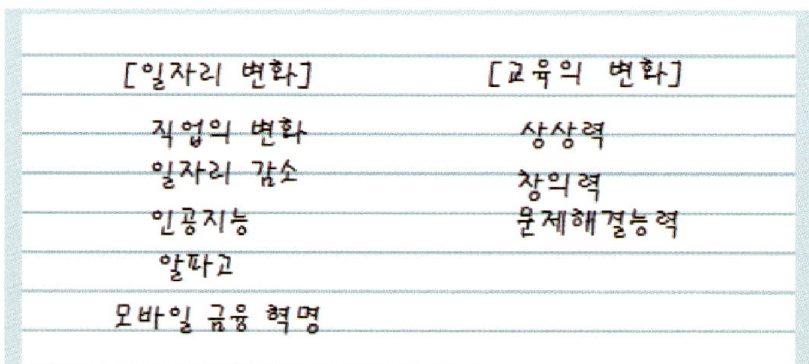

▲ 큰 카테고리로 나누기

[그림 4-1] 브레인스토밍 실행절차

아이디어를 내야 할 때 브레인스토밍만이 정답은 아니다. 예를 들어, 쓰레기 분리수거를 잘하기 위한 방법을 찾을 때에는 브레인스토밍이 좋다. 좀 더 많은 아이디어 중 가장 적합한 아이디어를 찾으면 되기 때문이다. 하지만 "쓰레기를 몇 프로까지 줄일 수 있을 것인가?"에 대해 논의할 때는 브레인스토밍보다 자료 분석을 통해 내용을 정리하는 것이 더 효율적이다.

2) 마인드맵

마인드맵(Mind Map)은 우리 머릿속의 복잡한 생각들을 지도로 그려 생각을 확장 또는 정리하는 것이다. 지도를 그리면 글, 이미지, 컬러 등의 시각적 자극을 사용해 머릿속의 다양한 개념들을 효과적으로 끄집어낼 수 있다. 머릿속의 생각을 좀 더 넓고, 입체적으로 표현할 수 있는 것이다.

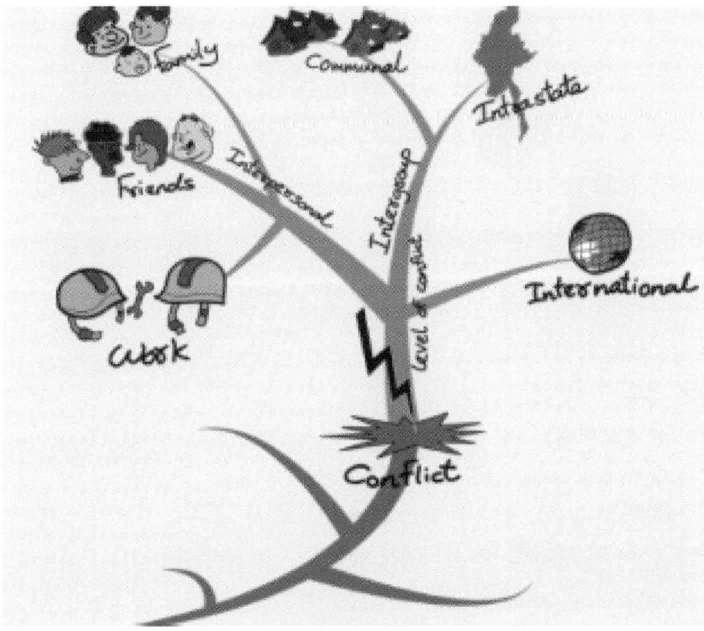

[그림 4-2] 마인드맵

우리의 좌뇌는 논리적인 생각, 숫자, 순서, 분석을 관장하고, 우뇌는 상상, 공상, 색상과 입체적인 부분을 관장한다. 생각을 지도로 그리는 것은 이런 좌뇌와 우뇌를 골고루 활용해서 메모하는 방법이다. 그렇게 하면 우리의 생각을 좀 더 창의적으로 확장할 수 있다는 논리를 기반으로 개발된 것이다. 마인드맵은 하나의 생각을 여러 방향으로 발전 및 확장시켜야 할 때 사용하면 좋다.

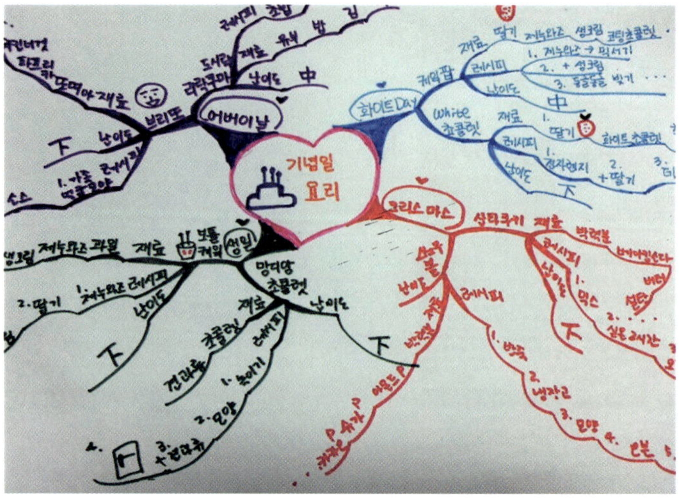

[그림 4-3] 마인드맵 사례

위의 마인드맵은 기념일의 요리라는 중심 테마를 가지고 기념일에 가족이나 친구에게 자신이 직접 만들어서 선물할 수 있는 요리들에 대해 사고를 확장시킨 것이다. 마인드맵을 그리다 보면 내가 알고 있는 것과 아직 모르는 것이 무엇인지를 명확하게 알게 된다. 또 그 중심 주제와 관련된 세부적인 항목을 정리하면서 중심 주제가 좀 더 명확해진다. 마인드맵을 활용하는 방법을 간단히 살펴보자.

〈마인드맵을 그리는 규칙〉

- 중심 이미지는 3가지 이상의 컬러와 이미지를 사용한다.
- 중심 이미지에서 뻗어나간 주 가지들은 굵은 선으로 표시한다.
- 주 가지의 끝에서 부 가지로, 부 가지에서 세부 가지로 뻗어나간다.
- 주 가지에서 뻗어나간 가지들은 같은 컬러를 사용한다.
  (같은 부류의 내용임을 구분해주기 위함이다.)
- 가지 끝이 아닌 곳 위쪽에 단어 또는 이미지를 표시한다.
  (가지가 끊어지지 않아야 생각이 단절되지 않는다.)
- 문장을 사용하지 않고, 최대한 이미지나 단어로 표시한다.
  (문장보다는 단어와 이미지에 훨씬 많은 정보를 포함할 수 있다.)

마인드맵은 이미 가지고 있던 생각을 밖으로 꺼내어 펼칠 때와 외부의 정보를 습득할 때로 구분하여 사용할 수 있다. 기존의 생각을 펼치든, 새로운 정보를 습득하든 모두 우리의 뇌가 뉴런을 통해 활동하는 원리와 유사하므로 생각 정리와 학습 모두가 효율적으로 이루어질 수 있는 방법이다.

토의 4.2

미세먼지는 여러 가지 복합한 성분을 가진 대기 중 부유 물질이다. 대부분 자동차의 배기가스, 도로 주행과정에서 발생하는 먼지에서 발생한다. 입자의 크기와 화학적 조성이 건강 영향을 결정한다. 미세먼지의 노출은 호흡기 및 심혈관계 질환의 발생과 관련이 있으며 사망률도 증가시키는 것으로 보고되고 있다.

출처: http://terms.naver.com/entry.nhn?docId=2108289&cid=51003&categoryId=51020)

① 나날이 증가하는 미세먼지를 줄이기 위한 대책 마련을 위해 팀원들과 '미세먼지 원인'을 주제로 브레인스토밍하시오.

② 미세먼지 원인에 대한 브레인스토밍 결과를 토대로 '미세먼지 대책'을 주제로 한 마인드맵을 작성하시오.

③ 지난 시간에 작성한 팀 프로젝트의 'Why–What–How 시나리오 구조'에 대해 팀원들과 브레인스토밍하시오. 이를 통해 팀 프로젝트에 대한 아이디어를 진전시키시오.

3. 아이디어를 수시로 메모하기

RFP를 확인하고 프레젠테이션을 준비하는 데에는 짧게는 일주일, 길게는 한 달 정도의 시간이 주어진다. 그 기간 내내 프레젠테이션 내용과 방법을 고민하고 있노라면 어느 순간 좋은 아이디어가 반짝 스쳐 지나갈 때가 있다. 아이디어는 순간적으로 나타났다 사라지는 경우가 많다. 그래서 메모를 통해 그 아이디어를 붙잡아두는 것이 중요하다.

TV를 보다가, 책을 보다가 기록해두면 좋을 문구가 있으면 기록해두자. 무엇이든 가슴에 와 닿았을 때 그때그때 메모를 해두면 프레젠테이션 자료를 기획할 때 좋은 재료로 활용할 수 있다.

반짝이는 아이디어는 책상 앞에 앉아 고민할 때보다 일상생활을 하다가 문득 떠오를 때가 더 많다. 프레젠테이션을 잘하는 사람들은 메모를 생활화하고, 메모장을 자신의 아이디어 창고로 활용한다는 공통적인 특징이 있다. 역사적으로 유명한 사람들, 에디슨, 링컨, 정약용, 박지원, 이순신 등 수없이 많은 위인들도 메모를 잘하기로 소문난 사람들이다.

메모를 잘하는 방법 5가지를 소개한다.

- 언제 어디서든 생각날 때마다 메모할 수 있도록 준비한다.
- 메모의 내용을 주제별로 구분해서 필요할 때 바로 꺼내 쓸 수 있도록 한다.
- 정말 중요한 내용은 형광펜을 이용해서 눈에 띄게 한다.
- 주기적으로 메모장을 보면서 오랫동안 가져갈 메모는 별도로 보관한다.
- 나의 아이디어가 아닌 남의 문구를 카피한 경우, 출처를 함께 기록한다.

만약 수첩과 연필로 메모하는 것보다 스마트폰을 이용하는 것이 편하다면 다양한 메모 기능을 가진 앱들을 활용할 수 있다. 아래 그림처럼 스마트폰에서 제공하는 무료 메모 앱이 매우 다양하므로, 한 번씩 사용해보면서 나에게 가장 잘 맞는 것을 골라 메모를 생활화해 보자.

[그림 4-4] 여러 가지 어플

토의 4.3

떠오르는 아이디어를 메모하는 것뿐만 아니라 사진을 찍고, 사진과 함께 메모를 저장하거나, 음성을 녹음해두는 것도 가능한 앱들이 많이 있다. 이러한 도구를 활용하면 살아 있는 풍성한 자료를 나만의 창고에 잘 보관할 수 있을 것이다. 또한 메모하는 데서 그치지 않고, 일정 기간마다 주기적으로 메모한 내용들을 재정리해서 메모의 활용도를 높일 수 있다.

① 아이디어를 기록하는 나만의 방식을 생각해 보고, 팀원들에게 소개해 보시오.
② 위에 소개된 앱 이외에도 아이디어를 메모할 수 있는 다른 앱을 알고 있다면 팀원들에게 소개하시오.
③ 아이디어 발상을 돕는 방식이나 아이디어 발상에 좋은 환경에 대해 각자 알고 있는 내용들을 팀원들과 공유하시오.

수행과제

자료 수집을 위한 첫 단계는 프레젠테이션에 필요한 자료 목록을 만드는 것이다. 팀원들과 팀 프로젝트에 필요한 자료수집계획서를 작성해 보시오.

팀 프로젝트 주제 :

자료수집계획서

필요 자료		자료 수집원	수집 방법	담당
목록	일정			

❶ 자료 조사를 통해 무엇이 알고 싶은지, 팀원들과 논의 후 목록을 작성하시오.

❷ 자료 조사 목록이 작성되었다면, 어떤 자료를 조사할 것인지에 대해 논의 후 자료 수집원을 작성하시오.

❸ 마지막으로 조사하고자 하는 자료의 수집 방법에 대해 논의 후 작성하시오. 누가, 어떤 자료를 수집할 것인가에 대해서도 함께 토의하시오.

학습요약

1. 프레젠테이션을 위한 자료 조사 방법에 대해 설명할 수 있다.

① 1차 자료 조사 : 설문지 조사법, 면접 조사법(인터뷰), 관찰법

② 2차 자료 조사 : 인터넷 검색, 연구 결과 자료, 이미지 자료

2. 아이디어 발상법인 브레인스토밍과 마인드맵에 대해 설명할 수 있다.

① 브레인스토밍 :

〈2가지 원리〉

- 판단하지 말 것
- 가능한 한 많은 아이디어를 낼 것

〈4가지 규칙〉

- 무조건 많은 아이디어를 낸다.
- 상대방의 의견을 비판하거나 비난하지 않는다.
- 엉뚱한 아이디어도 환영한다.
- 아이디어와 아이디어의 결합을 환영한다.

② 마인드맵

〈6가지 규칙〉

- 중심 이미지는 3가지 이상의 컬러와 이미지를 사용한다.
- 중심 이미지에서 삗어나간 주 가시들은 굵은 선으로 표시한다.
- 주 가지의 끝에서 부 가지로, 부 가지에서 세부 가지로 뻗어나간다.
- 주 가지에서 뻗어나간 가지들은 같은 컬러를 사용한다.
- 가지 끝이 아닌 곳 위쪽에 단어 또는 이미지를 표시한다.
- 문장을 사용하지 않고, 최대한 이미지나 단어로 표시한다.

참고자료

박효정 외(2016), 발표의 신, 푸른들녘.

토니부잔 외(2013), 마인드맵 북, 비즈니스맵.

생각 펼치기 & 정리의 도구 – 마인드맵, 호기심연구소(2016).

http://terms.naver.com/entry.nhn?docId=2108289&cid=51003&categoryId=51020)

Chapter

05

프레젠테이션 논리구조와 스토리보드 작성

학습목표

프레젠테이션의 논리구조를 구성하는 방법을 이해하고, 프레젠테이션 자료를 만들기 위한 스토리보드에 대해 학습한다.

1. 프레젠테이션의 논리구조를 설명할 수 있다.
2. 프레젠테이션 자료의 네비게이션인 스토리보드를 작성할 수 있다.

1. 프레젠테이션 논리구조 만들기

프레젠테이션은 일반적으로 '서론–본론–결론'의 세 단계로 전개되며, 각 단계별 주요 내용은 그림과 같다.

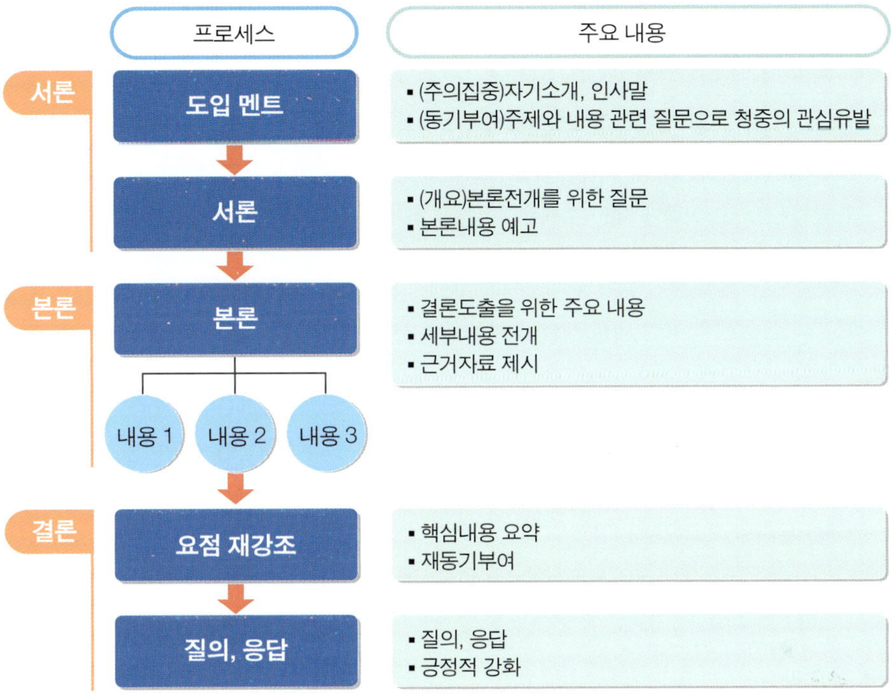

[그림 5–1] 프레젠테이션 실행 프로세스와 주요 내용

1) 서론의 개발

서론은 프레젠테이션의 주제를 도입하며, 본론의 내용을 예고하는 기능을 수행한다. 서론은 주의집중, 동기유발 및 개요 제시의 세 가지 요소로 구성된다. 전체 프레젠테이션 시간의 5~10% 정도를 할애한다.

(1) 주의집중

발표자는 청중의 주의를 집중시킬 수 있는 참신한 인사말을 준비한다. 또한 자신의 권위와 전문성을 자연스럽게 표현할 수 있는 자기소개 자료도 준비한다. 이 단계에서는 권위효과와 호감효과를 활용하는 것이 도움이 된다.

- 인사말과 자기소개를 통해 청중의 흥미와 관심을 유발한다.
- 프레젠테이션 주제를 제시한다.

> (인사말) 안녕하십니까, 미래전략연구소의 서수석 대표입니다. 먼저 하이테크 그룹의 경영진을 모시고 이렇게 제안 프레젠테이션을 하게 되어 깊은 감사의 말씀을 드립니다.
>
> (주제 제시) 오늘 제가 말씀드릴 주제는 21세기 직장인의 필수 역량이라 할 수 있는 '프레젠테이션 전문가 육성 과정 개발' 프로젝트의 건입니다.
>
> (호감효과) 여기 김명환 본부장께서 계시지만 설명드리자면 저는 (권위효과) 하이테크 그룹과 2015년 이후부터 현재에 이르기까지 조직문화 혁신 컨설팅을 포함하여 임직원의 역량증진을 위한 리더십 과정개발, 그리고 다양한 강의 등을 통해 지속적으로 우호적인 관계를 유지해 오고 있습니다.

■ **권위효과**

사람은 상황에 따라 권위에 맹목적으로 복종하기도 하는데, 이를 잘 나타내 주는 것으로 밀그램 실험이 있다. 밀그램 실험은 1961년 예일대학교의 심리학과 조교수 스탠리 밀그램(Stanley Milgram)이 실시한 실험이다. 그는 '징벌에 의한 학습 효과'에 대한 실험에 참가할 지원자를 신문공고를 통해 모집했다. 지원자들은 실험에 참가하는 대가로 4달러를 지급받았다. 밀그램은 먼저 지원자들을 각각 교사와 학생 역할로 나누었다. 그리고 교사 역할과 학생 역할의 피실험자를 각각 1명씩 그룹을 지어 실험을 실시했다. 교사 역할을 맡은 사람에게 학생 역할을 맡은 사람들을 테스트하게 한 후 학생이 한 문제를 틀릴 때마다 15볼트부터 시작하여 450볼트까지 한번에 15볼트씩높여가며 전기충격을 가하라고 지시했다. 그러나 학생 역할의 피실험자는 배우였으며, 전기충격 장치도 가짜였다.

사실 이 실험의 목적은 '징벌에 의한 학습 효과'가 아닌 '권위에 대한 복종'과 관련된 실험이었다. 먼저 밀그램이 주시했던 것은 "교사 역할을 맡은 사람들이 전압을 높여가는 과정에서 어떤 태도를 보이는가"였다. 밀그램은 고작 4달러의 대가로 그들이 과연 15볼트에서 450볼트까지 전압을 높일 것인지에 대해 관찰했다. 실험자는 흰색 가운을 입고 전압을 올릴지 말지 고민하는 교사집단에게 "실험의 모든 책임은 내가 진다"며 전압을 올릴 것을 강요했다.

실험을 시작하기 전 밀그램은 4달러의 대가로 피실험자들이 450볼트까지 전압을 올릴 것이라고는 생각하지 않았다. 밀그램은 단지 1~2% 정도의 사람들이 450볼트까지 전압을 올릴 것이라고 생각했다. 그러나 실험의 결과는 충격적이었다. 무려 65%의 피실험자가 450볼트까지 전압을 올렸다. 이 실험 결과를 보면 사람들이 권위자의 명령에 대해 얼마나 맹목적적으로 복종하는가를 알 수 있다. 바로 권위에 대한 맹종이 실재한다는 사실을 보여주는 실험이다. 프레젠테이션에서도 이와 같은 권위효과를 활용할 수 있다. 프레젠테이션 할 때는 권위 있는 기관의 자료나 저명인사의 말을 인용함으로써 권위효과를 활용할 수 있다. 또한 소속기관이나 복장, 용모 등이 권위효과에 영향을 미치기도 한다.

■ 호감효과

사람들은 친근한 것, 자신에게 호의적인 사람에게 더 호감을 느끼는 경향이 있다. 국내 한 대학교수가 보험회사 판매원의 영업실적을 조사한 결과에서 잠재고객이 영업 사원과 나이, 종교 등의 유사성이 높을수록 보험 가입율이 높은 것으로 나타났다. 청중을 설득하기 위해 당신이 어떤 점에서 그들과 일치하는가를 보여주는 것이 필요하다.

러시아 상트페테르부르크에서 열린 한-러 경제공동위원회에 참석한 윤증현 전 장관이 러시아의 대문호 푸시킨의 시 '삶이 그대를 속일지라도'를 암송해 회의장의 많은 참석자들로부터 박수를 받았다고 한다. 회의에 참석한 러시아 장관은 "러시아 문학에 대한 윤 전 장관의 식견에 놀랐다."며 한국에 흔쾌히 협력하겠다는 뜻을 전했다고 한다. 호감효과를 활용한 '감성화법'의 좋은 사례이다.

같은 입장에 있다든지, 같은 업종에 종사하고 있다든지, 같은 생각을 하고 있다든지, 또는 같은 학교, 동향이라든지 뭔가 청중과 일치되는 면이 있는지를 잘 살펴 이를 프레젠테이션에 활용한다. 청중과의 공통점을 파악하여 활용하면 발표자에 대한 호감효과를 높일 수 있다.

(2) 동기유발

동기유발을 위해 발표자는 청중에게 프레젠테이션을 적극적으로 듣는 것이 얼마나 중요하고, 또 필요한지를 설득하는 것이 중요하다. 따라서 발표자는 중요성과 필요성을 설득시킬 수 있는 사례나 예시, 일화, 경험담 등의 자료를 개발해야 한다. 이 단계에서는 선택적 인식 현상을 고려한다.

- 프레젠테이션 주제나 내용과 관련된 질문, 예시, 일화, 유머, 경험담 등을 활용해 청중들의 관심을 유발한다.
- 프레젠테이션이 청중에게 가져다 줄 도움이나 혜택 등을 밝혀 프레젠테이션의 중요성과 필요성을 부각하여 경청 욕구를 자극한다.

(질문) 먼저 김명환 본부장께 질문을 하나 드리도록 하겠습니다. "본부장님, 혹시 하이테크 전략기획본부에 계시면서 가장 안타까웠던 일이나 경험은 무엇인지요?"

(답변을 들은 후) "예, 답변에 감사드립니다. 저도 하이테크그룹과 함께 프로젝트를 수행해 오면서 많은 좋은 추억들이 있습니다. (경험) 그런데 딱 한 가지 아쉬운 경험이 있다면 지난 해 6월 저와 전략기획본부에서 많은 공을 들여 준비했던 지식경제부 주관의 '비전2020 프로젝트' 공모전에서 본선 탈락했던 것이 개인적으로 가장 아픈 기억으로 남아 있습니다. 콘테스트 종료 이후 여러 가지 측면에서 본선 탈락의 요인을 분석해 보았습니다. 여기 계신 본부장님 이하 그때 콘테스트에 참가했던 팀원들과 토의한 결과 '발표 내용의 체계성' 그리고 '다양한 매체 활용'의 측면에서 경쟁기관에 비해 뒤졌다는 결론에 이르렀습니다.

(필요성) 그래서 전략기획본부와 협의하여 전사적으로 임직원의 프레젠테이션 역량 개발이 필요하다는 점에 인식을 같이하고 본 '프레젠테이션 전문가 육성 과정 개발' 프로젝트를 추진키로 했습니다. (선택적 인식) 제 개인적으로는 이 과정을 통해 프레젠테이션 역량을 개발하고 그 결과로 금년에 지경부 주관의 콘테스트에 다시 참가하여 꼭 본선에서 입상하는 것을 목표로 삼고 있습니다. 그리고 그렇게 될 수 있다고 확신합니다.

■ 선택적 인식

인간은 주어진 정보를 최대한 사용하여 모든 가능성을 검증하기보다는, 제한된 정보를 이용해 자신이 원하는 결론을 내리거나 이미 가지고 있는 결론을 강화하려는 심리적 경향이 있다. 이러한 편향성은 특히 자신의 이해관계와 깊이 관련되어 있을수록 강하게 나타나는데, 이때 자신에게 유리한 정보만을 취사선택하려는 경향성을 보인다.

이와 같은 편향성은 자신이 좋아하는 사람의 이야기에 귀를 기울이고, 그 내용 또한 자기 좋을 때로 해석하는 경향으로 나타난다. 다시 말해, 청중은 어떠한 사물이나 현상을 카메라 렌즈처럼 있는 그대로 정확하게 인식하는 것이 아니라 개인의 가치관이나 신념, 욕구, 경험 등에 따라 선택적으로 인식하는 경향이 있다. 프레젠테이션을 할 때에는 청중이 관심 있는 내용을 다루어야 한다. 또한 청중이 당신이 주장하는 것을 그대로 실행한다면 어떤 이익을 얻을 수 있는가에 대해서도 명확히 제시한다. 아울러 그들과 관련이 있는 자료나 사례, 경험 등을 제시함으로써 청중의 이해를 돕는다. 청중의 목적과 특성을 파악하여, 청중의 욕구에 초점을 맞추는 것이 중요하다.

(3) 프레젠테이션 개요

핵심주제를 중심으로 프레젠테이션 개요를 제시하여 발표할 내용을 예고한다. 이를 위해 프레젠테이션의 진행순서와 주제별 시간안배 등에 대한 소개 자료를 준비한다.

(개요) 그럼 오늘 말씀드릴 내용에 대해서 간략히 소개토록 하겠습니다. (진행순서) 슬라이드에서 보시는 바와 같이 먼저 프레젠테이션 전문가 육성 과정의 목적과 목표에 대해 제시한 후 차별화 포인트, 과정 설계의 기본방향, 과정 개발 체계 및 방법, 프로젝트 단계별 주요 활동, 프로젝트 결과물, 프로젝트 조직기구와 인원구성, 그리고 소요예산의 순서로 말씀드리겠습니다. (시간) 발표에 걸리는 전체 시간은 약 20분으로 예상하고 있습니다.

2) 본론 내용의 구조화

내용을 구조화할 때 제일 먼저 해야 할 일은 소주제들 사이의 체계를 결정하는 일이다. 소주제는 프레젠테이션에서 언급하고자 하는 중요한 포인트로서 프레젠테이션의 전체 체계를 이룬다.

따라서 이들 사이의 조직이 먼저 결정되어야 프레젠테이션의 기본 틀이 완성된다. 소주제의 조직이 끝나면 이들 각각에 대한 세부 내용들 사이의 체계를 결정한다. 세부 내용이란 소주제를 뒷받침하는 근거 자료나 구체적인 사례들을 가리킨다. 하나의 소주제는 여러 가지 세부 내용들을 갖게 되므로, 이들이 잘 조직되어야 핵심 포인트의 의미가 명확해진다. 프레젠테이션의 본론을 구성할 때 참고할 수 있는 몇 가지 구조화 원리를 살펴보자.

(1) PREST 프레임

모든 비즈니스 커뮤니케이션은 기본적으로 'PREST 프레임'을 기본으로 한다. 여기서 PREST는 Point(결론), Reason(근거), Example(예), Solution(방법)과 Summary(요약), 그리고 Thanks(감사.다짐)의 첫 글자를 조합한 것으로, 모든 비즈니스 커뮤니케이션에서 포함되어야 할 기본사항들을 제시하고 있다.

프레젠테이션도 비즈니스 커뮤니케이션의 한 종류이므로, 프레젠테이션 내용을 구성할 때는 기본적으로 이 프레임을 기반으로 개발한다. 이 PREST 프레임을 그림으로 표현하면 다음과 같이 마름모형으로 표시된다.

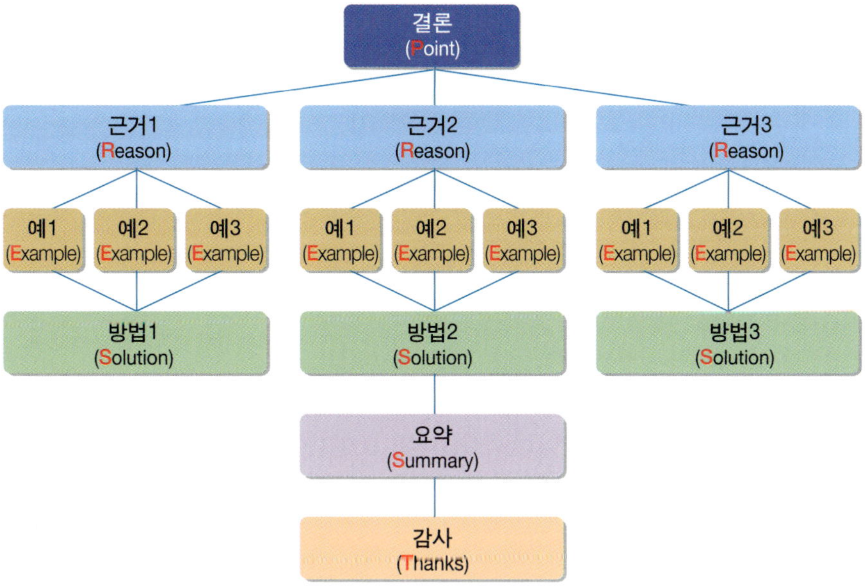

[그림 5-2] PREST 프레임

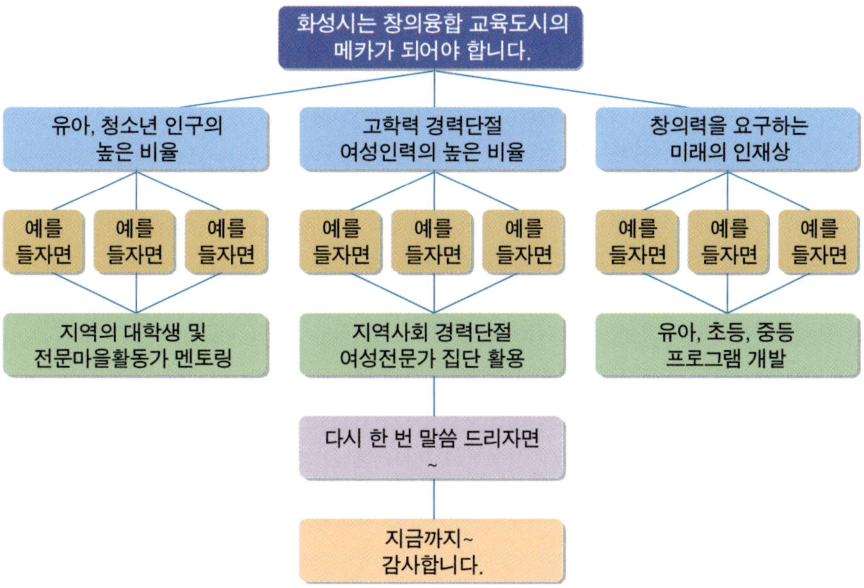

[그림 5-3] PREST 프레임 활용 예시

(2) 결근예방한다

PREST 프레임을 한글 두음자를 이용하여 다시 정의하면 '결근예방한다' 프레임이 된다. 즉, "결론, 근거, 예, 방법, 한마디로 요약, 다짐과 감사"의 첫 글자를 조합한 프레임이다.

- 결론 : 결론(주장, 문제)은 ○○○입니다.
- 근거 : 그 이유는 ○○측면에서 판단할 수 있습니다.
- 예 : 구체적인 예를 들면 다음과 같습니다.
- 방법 : 문제를 해결하기 위한 방법들은 다음과 같습니다.
- 요약 : 지금까지의 내용을 한마디로 요약하면 ○○○입니다.
- 감사 : 경청에 감사드립니다. 열심히 하겠습니다(잘 해 봅시다).

이 '결근예방한다' 구조에 따른 바람직한 비즈니스 커뮤니케이션에 대해 설명한다. 물론 커뮤니케이션의 주제와 내용, 그리고 자료의 정도에 따라 생략되거나 축소되는 사항이 있겠지만 기본적으로 이 구조를 머리 속에 두고 대화한다.

- 결론(Point) : 결론이나 주장을 명확히 제시한다.
- 근거(Reason) : 결론과 주장에 대한 근거를 제기한다. 하나의 주장에는 가능한 3범주의 근거를 제기한다(결론, 주장의 내용에 따라 달라지지만 근거의 범주는 5개 이내로 제한한다).
- 예(Example) : 각 범주별로 3개 정도의 구체적인 예를 제시한다(역시 근거의 내용에 따라 달라지지만 근거로 드는 예는 5개 이내로 제한한다).
- 방법(Solution) : 문제해결을 위한 커뮤니케이션일 경우 각각의 원인(근거)을 해결할 수 있는 방법을 제시한다(정보공유를 목적으로 한 대화에서는 이 단계를 생략할 수 있다).
- 요약(Summary) : 지금까지의 내용을 한마디(한 문장)로 요약하여 재강조한다.
- 감사(Thanks) : 상대방의 경청에 대해 감사를 표시하고, 앞으로 열정을 다해 제시된 이슈들을 실행하겠다는 다짐을 한다.

(3) 시간적 순서

주요 내용들이 시간적 속성을 가지고 있을 때는 시간적 순서에 따른다. 즉, 프레젠테이션 내용이 역사적 전개과정, 대상의 발전과정, 사건의 진행과정 또는 일의 수행 절차 등을 나타내는 경우에는 이들을 시간의 흐름에 따라 전후 관계로 배열하는 것이 효과적이다. 프로세스형 조직화라고 할 수 있다. 예를 들어, '안전사고 대책'에 대한 브리핑의 경우 "문제 규명, 안전사고 현황, 원인분석, 해결책, 그리고 사후관리"의 순으로 구조화한다.

(4) 공간적 순서

주요 내용들이 공간적 속성을 가지고 있을 때는 지리적 분포에 따라 정리한다. 가장 중요한 지역을 먼저 제시한 후 인접 지역으로 이동한다. 예를 들어, '전국 지점별 영업실적'에 대해 브리핑할 경우 가장 매출규모가 큰 서울지역을 중심으로 경기지역, 부산경남지역, 대전 충청지역, 광주호남지역 등의 순으로 구조화할 수 있다.

(5) 논리적 순서

프레젠테이션이 현상의 원인과 결과를 분석하고 진단하는 경우에는 연역적 순서(대전제, 소전제, 결론)에 따르거나 귀납적 순서(증거, 결과)에 따른다. 이는 청중의 프레젠테이션 테마에 대한 태도에 따라 달라진다.

일반적으로 호의적인 청중의 경우에는 연역적 접근(결론 선행형)이 효과적이다. 즉 결론을 먼저 이야기하고, 이에 대한 원인이나 구체적 예를 나중에 제시하는 것이다. 청중들은 프레젠테이션에 대해 심리적 거부감이 없는 상태이므로, 청중에게 큰 문제만 아니라면 발표자의 결론이나 주장을 수용할 가능성이 높기 때문이다.

반면, 비호의적 청중의 경우에는 현상에 대한 원인이나 구체적인 예들을 열거한 후 "따라서 ○○입니다."라고 결론을 제시하는 귀납적 접근법(결론 후행형)이 효과적이다. 발표자가 처음부터 결론을 제시하면 반대 의사를 표시하거나 반발할 가능성이

크므로, 구체적인 원인이나 예를 들어 발표자의 주장에 대한 청중의 심리적 저항감을 누그러뜨린 다음 결론을 제시하는 것이 효과적이다.

(6) 비교적 순서

내용을 구조화할 때 가장 많이 사용하는 방법은 비교적 순서에 따르는 것이다. 이는 결론에 미치는 영향이 큰 순서대로, 즉 자료의 중요성에 따라 내용을 배열하는 것이다. 예를 들어, '하반기 경영성과'에 대한 보고를 할 때 경영자가 가장 관심 있어 하는 순으로 구조화할 수 있다. 즉 재무 성과(매출, 비용, 이윤), 생산성 성과(작업효율, 로스타임), 그리고 품질 성과(불량률, 제품반품율) 등의 순으로 구조화할 수 있다.

구조화의 일반원칙

이 외의 경우에는 다음의 원칙에 따라 프레젠테이션 내용을 배열한다.

- 단순한 내용에서 복잡한 내용순으로 배열한다.
- 쉬운 내용에서 어려운 내용순으로 배열한다.
- 친숙한 내용에서 생소한 내용순으로 배열한다.
- 구체적인 것에서 추상적인 것으로 배열한다.
- 긍정적인 것에서 부정적인 것으로 배열한다.

3) 결론의 개발

결론 단계에서는 본론에서 제시한 내용을 요약 · 정리하고, 프레젠테이션 내용과 관련된 질의 · 답변시간을 갖도록 한다. 또한 내용의 중요성과 현장적용 및 실행의 필요성에 대하여 재차 강조한다. 마지막으로 인상적인 인사말로 프레젠테이션을 마무리한다. 결론은 전체 시간의 10~15% 정도를 할애한다.

(1) 요약 및 재동기부여

프레젠테이션의 내용을 요약하여 핵심 아이디어를 재강조하고, 발표자가 궁극적으로 내세우고자 하는 주장을 제시할 필요가 있다. 이때는 부연설명은 피하고, 꼭 강조하고 싶은 아이디어들만을 언급하는 것으로 끝내야 한다.

> (요약) 지금까지 '프레젠테이션 전문가 과정 개발' 프로젝트의 목적과 기대효과, 프로젝트 수행 결과물, 프로젝트의 추진단계 및 주요 활동 등에 대해 말씀드렸습니다.
>
> (재강조) 이제, 본 프로젝트의 핵심 특징에 대해 간단히 요약하여 다시 한 번 말씀드리겠습니다.
>
> 먼저, 교육 과정에 참여한 모든 임직원의 프레젠테이션 역량을 20% 이상 증진토록 하겠습니다. 이를 위해 교육 참가 전후의 테스트를 통해 프레젠테이션 역량 향상도를 측정 · 평가하여 보고토록 하겠습니다.
>
> 둘째, 프레젠테이션 내용 개발 부분은 실 사례 중심의 사례연구로 진행하고, 스킬 개발 부분은 실습 · 피드백 중심으로 운영하여 프레젠테이션 역량 강화에 실질적으로 기여하는 참여식 교수법을 적용하겠습니다.
>
> 셋째, 전략기획본부와 협의하여 사내 인트라넷의 학습동아리 계열에 '리비지트(Revisit) 학습공간'을 만들어 교육과정의 모든 학습 자료와 결과물들을 공유하겠습니다. 이를 통해 원하는 직원은 누구나, 언제 어디서나 시간에 구애됨이 없이 다시 방문하여 재학습할 수 있는 "Anyone, Anytime, Anywhere"의 유비쿼터스 학습환경을 구축토록 하겠습니다.
>
> 마지막으로 프로젝트 종료 후 연말에 사내 프레젠테이션 콘테스트를 열어 프레젠테이션에 대한 직원들의 관심을 불러일으키고, 콘테스트 입상자에 대해서는 가능한 범위 내에서 포상하는 방안을 마련토록 하겠습니다.
>
> (질의 · 응답) 자, 지금부터는 본 프로젝트와 관련된 질의 · 응답시간을 갖도록 하겠습니다. 제가 말씀드린 내용 중 의문이 남거나 기타 궁금하신 점이 있으면 자유롭게 말씀해 주시기 바랍니다. 또 건의사항도 환영합니다.

(2) 결언

결언에서는 고사성어나 의미 있는 표현을 통해 지금까지 논의했던 내용들이 의미를 갖도록 하는 것이 좋다. 또는 청중에 대한 바람이나 결의를 표현하는 것도 좋다.

무엇보다 중요한 것은 긍정적이고 강화된 메시지로 끝을 맺는 것이다. 이를 통해 청중의 마음 속에 강렬한 여운이 남도록 한다. 그리고 의미 있는 인사말로 마무리한다. 특히 결론에서 중요한 것은 주어진 시간 안에 프레젠테이션을 끝내는 것이다.

(고사성어) 노자의 도덕경 제8장 이성(易性) '상선약수(上善若水)'편에 '수선리만물이부쟁(水善利萬物而不爭)'이라는 글귀가 있습니다. 이것은 잘 아시는 바와 같이 "이 세상에서 가장 좋은 것은 물과 같다. 물은 이 세상의 온갖 만물을 이롭게 하나 다투지 않는다"라는 뜻입니다. 여기서 "다투지 않는다."는 것은 "싸우지 않는다."는 뜻보다는 "갈등이나 문제를 합리적으로 현명하게 해결한다."는 뜻입니다.

(바램) 본 프로젝트 수행을 통해 제 인생에 많은 의미와 도움을 주어 온 하이테크그룹의 미래경쟁력 강화에 도움이 되고 싶습니다. (결의) 끝까지 여러분과 함께하고 싶습니다. 꼭 그렇게 하고 싶습니다. (긍정적 강화) 그리고 지금까지 그래왔던 것처럼 이번에도 본 프로젝트를 성공적으로 마칠 수 있을 것이라 확신합니다. 제가 못하면 대한민국 누구도 못합니다. 좋은 결과를 기대합니다. (마무리) 이제 마무리하도록 하겠습니다. 지금까지 경청해 주신 모든 임원분들께 다시 한 번 감사의 말씀을 드리며 여기 계신 모든 분들께서 앞으로 지금보다 더 행복하게, 더 건강하게 생활하시기를 기원합니다. 감사합니다.

토의 5.1

기자들은 복잡한 내용을 간략하게 요점만 정리하는 훈련을 받는다. 미국에서 가장 많이 팔리는 일간지 〈USA 투데이〉를 읽어보면 대부분의 기사가 서너 가지 요점으로 정리되어 있다. 에드 베이그는 최신기술 제품에 대한 논평을 〈USA 투데이〉에 싣는다. 그는 마이크로소프트의 최신 운영체제인 윈도우 7의 베타버전을 테스트한 후 세 가지 장점을 제시했다. 베이그를 비롯해 뛰어난 기자들은 이와 같이 기사를 내용별로 구분해서 읽기 쉽게 작성한다.

- 편의성 : 작업 줄의 아이콘이 크고, 원하는 방식으로 아이콘을 정렬할 수 있어 작업 편의성이 뛰어나다.
- 보안성 : 윈도우 7은 프로그램을 열거나 설정을 바꿀 때마다 짜증나는 보안 관련 메시지를 띄우지 않는다.
- 호환성 : 윈도우 7은 베타버전임에도 불구하고 프린터와 디지털 카메라를 바로 인식했다.

최근 3년 중 가장 강한 농도의 미세먼지가 한반도를 덮쳤던 올봄, 어린 자녀를 둔 엄마 · 아빠의 속은 타들어갔다. 어른들도 목이 아파 외출을 꺼리는 날, 아이들은 공원에 오종종 모여 '현장학습'을 했다. 운동장에 나가 공을 찼다. 어린이의 호흡량은 어른의 3배. 어른이 심각하다고 느낄 수준이면 아이에겐 '재난'에 가깝다.

정부는 거의 손을 놓고 있었다. 환경부는 초미세먼지 · 미세먼지주의보 때 교육현장에서 야외수업이 '자제'될 것이라고 했지만 수업 조정 판단은 어린이집 · 유치원 원장과 학교장 재량이다. 게다가 한국은 미세먼지 기준이 느슨해 '고농도'에 신음해도 주의보는 쉽게 발령되지 않는다. 원성이 높아지자 올 1월 환경부는 '건강취약계층 대책'을 내놨다. 정부는 각 지자체에 '주의보'보다 더 엄격한 '예비주의보'를 만들게 해 교육현장 관리를 강화하겠다고 했다. 그러나 지금 전국 지자체 가운데 예비주의보가 시행되는 곳은 없다.

환경부는 17일 교육부와 함께 한번 더 아이들을 위한 대책을 내놨다. 그런데 이번엔 서울시교육청과 엇박자다. 이날 정부는 '야외수업 자제' 기준을 기존 '예비주의보' 이상 단계에서 그 이전 단계인 '나쁨'으로 낮추겠다고 했다. 하지만 지난 10일 서울시교육청은 '보통' 일 때도 야외수업을 자제시키겠다고 했다. 서울시교육청은 이날 "기준 조정을 검토해 다시 발표하겠다"고 했다. 애초 서로 충분히 논의했다면 생기지 않았을 혼란이다.

환경부가 다음달 8일까지 실시하겠다고 밝힌 미세먼지 담당자 대응교육도 이상하다. 전국 유치원 · 학교 담당자만 대상이다. 주의를 더 기울여야 할 어린이집이 빠졌다. 복지부는 "어린이집안전공제회에서 어린이집 교사들을 대상으로 미세먼지 내용을 포함한 안전교육을 하고 있어서."라고 했다. 하지만 의무적으로 받아야 하는 교육도, '미세먼지 담당자' 대상의 교육도 아니다. 대응교육조차 따로따로다.

지난 겨울과 이른 봄, 아이들이 최악의 미세먼지 속에서 '각자도생'한 후에야 내놓은 대책이다. 적어도 각 주체가 '딴소리' 내는 일은 없어야 하지 않을까. 아이들에게 조금이라도 미안한 마음이 있다면 말이다.

출처: 경향신문(http://news.khan.co.kr/kh_news/khan_art_view.html?artid=201704172159025&code=990105#csidx9086ba7239a78ef816251642c90c7e5)

① 위의 기사를 PREST 논리 프레임을 적용하여 구조화해 보시오.

② 위 기사의 주요 내용을 3~4가지로 요약하시오.

③ 이 기사를 통해 기자가 주장하는 바를 한 줄로 표현해 보시오.

2. 프레젠테이션의 네비게이션 '스토리보드' 만들기

프레젠테이션의 논리적 구상이 완료되었다면 청중에게 전달할 포인트인 핵심 콘셉트와 메시지를 정해야 한다. 그리고 다음은 자료를 만들 차례다. 이때 바로 파워포인트를 사용해 자료를 만들 수도 있지만, 발표 자료를 전문적으로 만드는 세계적인 전문가들도 바로 PC를 켜지 않고, 일반 노트에 스토리보드라는 것을 쓴다. 본격적인 파워포인트 작업을 하기 전에 화면마다 어떤 내용을 넣을지, 이미지와 글자를 배치하고 전체 프레젠테이션 자료의 흐름을 직접 손으로 만들어보는 것이다.

1) 핵심 콘셉트와 핵심메시지 전달하기

(1) 핵심 콘셉트

핵심 콘셉트는 청중에게 전달할 메시지를 한마디로 요약한 철학적이며 추상적인 개념, 또는 특성으로서 청중 설득을 위한 핵심 포인트라 할 수 있다. '참이슬'과 '처음처럼'을 예로 들어 보자. 참이슬의 핵심 콘셉트는 깨끗함이다. '참眞이슬露'이라는 브랜드는 '이른 새벽 아침, 시리도록 푸르른 잎새에 아롱아롱 매달려 있는 진짜 이슬처럼 깨끗한 소주'라는 개념을 소비자 설득을 위한 핵심 포인트로 설정하였다. 또 '처음처럼'의 핵심 콘셉트는 '향수'가 아닐까 생각된다. 첫사랑, 첫월급, 첫직장, 첫경험 등 우리 모두가 가지는 이 '처음'에 대한 애틋함과 그 잊지 못할 아련함에 대한 '향수'이다.

또 다른 예를 들어 보자. 어느 해인가, 학교에서 강의를 마치고 나와 정류장에서 차를 기다리고 있는데, 무심코 정류장 전봇대에 붙어있는 광고 문구를 보게 되었다.

"나도 모르게 '엄마~'라고 불렀다. 하숙집 ○○○을 엄마라고 불렀다."

여러분은 ○○○에 무슨 말이 있을 거라고 생각하는가? 바로 '아줌마'이다. 나는 이 광고 문구가 잠재고객에게 소구할 핵심 콘셉트를 잘 표현하고 있다고 생각했다. 잠재고객인 학생들이 하숙집을 선택할 때 가장 원하는 서비스 또는 가치가 무엇일까?

아마도 고향집에 계신 어머님의 편안함과 안락함이 아닐까 생각한다. 바로 이 하숙집 광고의 핵심 콘셉트는 '아늑함'이라고 본다.

차량광고에서도 핵심 콘셉트를 쉽게 찾아볼 수 있다. 몇 가지 예를 들어보자. 대형세단인 제네시스 G80 광고의 경우에는 웅장한 음악과 함께 삶의 특별함을 발견한 인물들이 등장한다. 이후 검은색 세단이 묵직하게 등장한다. '특별함'과 제네시스는 같다는 것을 보여주기 위함이다. 이 광고의 핵심 콘셉트는 '일상 속 특별함'이다.

반면 소형차 더 뉴 레이는 밝은 분위기의 음악과 함께 취미를 즐기는 인물들이 등장한다. 이후 이들은 흰색 레이를 통해 실용적인 수납능력을 보여준다. 이 광고의 핵심 콘셉트는 '실용성'이다.

전기차인 아이오닉6 광고의 경우 몽환적인 음악과 미래지향적인 디자인의 차가 빠르게 달리는 장면을 보여준다. 이 광고의 콘셉트는 '새로운 영역으로의 한 걸음'으로 볼 수 있다.

(2) 핵심 메시지

좋은 프레젠테이션은 핵심 메시지가 기억나는 프레젠테이션이다. 핵심 메시지는 매우 간결하면서도 마음에 와서 콕 박히고, 잘 기억되는 것이어야 한다. 프레젠테이션에서 핵심 메시지가 잘 만들어지면 그것만으로도 청중의 관심도를 높일 수 있다.

핵심 메시지를 잘 만들려면 평소 잘 만들어진 핵심 메시지를 연구해야 한다. 신문이나 잡지의 헤드라인 문구, 광고의 카피 문구는 대표적인 핵심 메시지다. 사람들은 내용을 샅샅이 보기보다 헤드라인만 보고 넘어가는 경우가 많기 때문에, 기획자들은 함축적이면서도 흥미 있는 헤드라인 문구를 만드는 데 많은 에너지를 쏟을 수밖에 없다. 단 한 줄의 헤드라인, 한 줄의 카피를 위해 많은 사람들이 수많은 밤을 새운다.

핵심 메시지를 뽑아내는 법을 훈련하려면 전문가들이 만든 헤드라인과 광고 카피를 연구하고 따라 써보면서 감각을 키워야 한다. 자신이 자주 가는 포털사이트에서 매일 신문의 헤드라인을 모아 볼 수 있는 방법이 있으니 자신만의 훈련 방법을 찾아보자.

토의 5.2

단 한 장의 지면에 전달하고자 하는 핵심 콘셉트와 핵심 메시지를 효과적으로 전달해야 하는 대표적 사례로 대통령 선거 후보들의 선거벽보를 들 수 있다. 다음은 2022년 대선후보들의 선거벽보이다.

대선후보 선거벽보 분석

<table>
<tr><td></td><td></td><td></td><td></td><td></td></tr>
<tr><td>핵심
콘셉트</td><td></td><td></td><td></td><td></td></tr>
<tr><td>핵심
메시지</td><td></td><td></td><td></td><td></td></tr>
</table>

① 각 대선후보가 유권자에게 전달하고자 하는 핵심 콘셉트와 핵심 메시지는 무엇인지 논의해 보시오.

② 네 대선후보의 선거벽보에서 보여지는 차별화된 콘셉트와 메시지는 무엇인지 논의해 보시오.

③ 여러분이 대한민국 대통령 선거 후보로 출마를 한다면 대한민국 대통령으로서 갖추어야 할 철학과 덕목은 무엇이라고 생각하는가? 국민들의 마음을 가장 잘 움직일 수 있는 콘셉트와 메시지는 무엇이라고 생각하는가? 이런 내용을 바탕으로 자신이 대선에 나갈 경우의 대통령 선거 벽보를 PPT로 제작해 보시오.

2) 스토리보드 만들기

스토리보드는 프레젠테이션 자료를 만들 때뿐만 아니라, 영화 · 만화 · 다양한 영상 콘텐츠 등을 만들 때 실제 제작에 들어가기 전에 제작 후의 모습을 상상하며 전체 흐름을 그림과 글로 표현하는 문서이다. 상대방에게 보여주는 화면을 먼저 손으로 드로잉하면서 구성해 보고, 그 화면을 만들 때 어떤 부분을 고려해야 하는지 화면 설명도 함께 넣는 것이다. 따라서 스토리보드는 프레젠테이션 자료의 네비게이션이라고 할 수 있다.

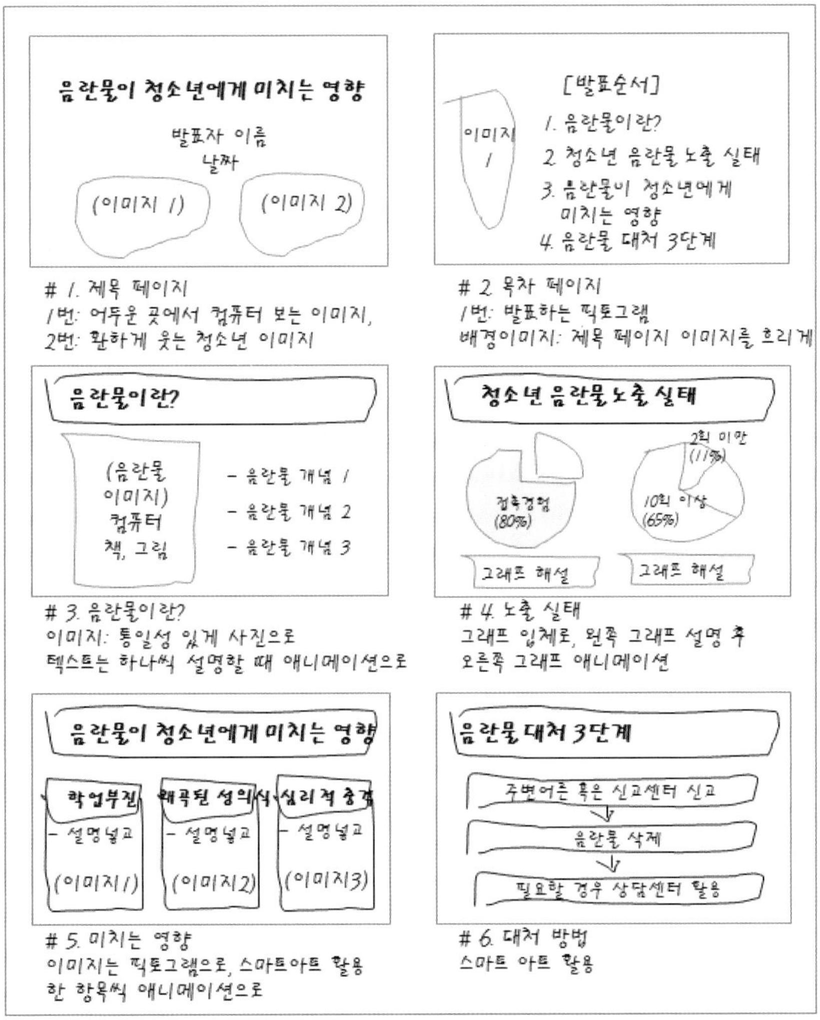

[그림 5-4] 스토리보드

[그림 5-4]에서 보는 것처럼, 스토리보드를 종이에 펜으로는 작성하고 그것을 기반으로 파워포인트 자료를 만드는 작업이 이뤄진다. 세계적인 프레젠테이션 디자인 전문가인 낸시 두아르떼는 펜과 연필, 크레용 같은 것으로 아이디어를 그려내는 것이 본인의 작업의 기초이고, 또 이 작업을 통해서 많은 아이디어들을 걸러내고 정리할 수 있다고 했다.

스토리보드를 작성할 때는 A4 용지, 연필, 지우개, 색연필 정도만 있으면 충분히 원하는 발표 자료의 스케치를 할 수 있다. 이렇게 작성된 스토리보드를 친구들과 보면서 전체 흐름을 이야기로 표현해보고, 어색한 부분은 다시 수정한다. 수정을 여러 차례 반복할수록 좋은 발표 자료를 만들 수 있다.

스토리보드를 가지고 소리를 내어 전체 흐름을 이야기할 때에는 다음과 같은 접속사를 활용해서 슬라이드에서 슬라이드로의 연결이 물 흐르듯 자연스러운지 확인해 보자.

- 결과 : 따라서, 결국, 그래서, ~때문에
- 원인 : 왜냐하면, 그러한 배경에는…
- 추가 : 그리고, 또한, 아울러, 더욱이, 뿐만 아니라…
- 강조 : 특히, 그중…
- 반대 : 그러나, 그렇지만, 반대로, ~에도 불구하고
- 예외 : 다만, 단지, 단…
- 요약 · 정리 : 요약하면~, 결론적으로 말해서~, 이와 같이…
- 부연 · 반복 : 즉, 다시 말해, 물론…

[팁] 스토리보드 작성 양식

스토리보드를 처음 쓸 때는 A4 사이즈 종이에 포스트잇을 붙여서 포스트잇 한 장을 파워포인트 슬라이드 1장이라고 생각하고, 아이디어를 정리해보는 것이 좋다. 그렇게 정리하면 생각이 달라질 때 해당 포스트잇을 떼고 새로운 것을 붙여서 다시 정리하면 되고, 또 화면별로 순서를 변화시키고 싶을 때 이동하기도 쉽다.

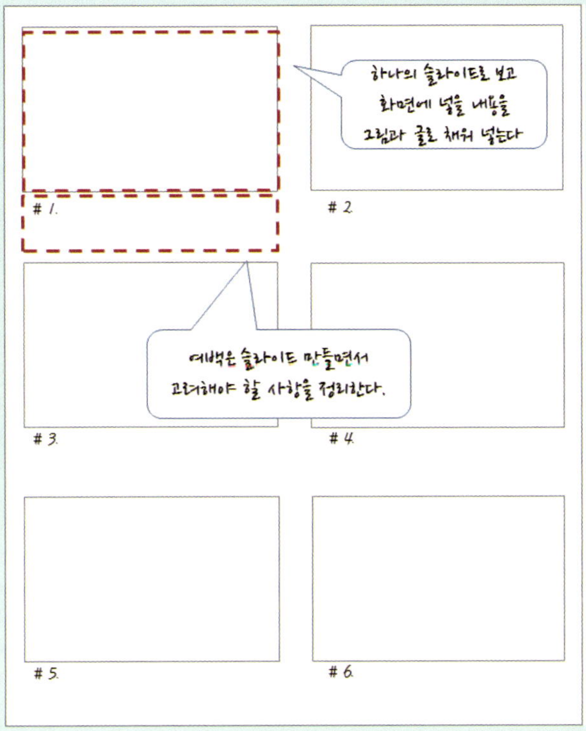

토의 5.3

팀원들과의 토의를 통해 팀 프로젝트 결과 보고서를 작성하기 위한 스토리보드를 스케치해 보시오. 이때 팀 프로젝트 수행 정보에 실린 '셀프웨딩 트렌드 맞춤형 온라인 쇼핑몰 런칭 제안' 자료를 참조하시오.

① 팀 프로젝트의 Why 파트를 무슨 내용으로 어떻게 제시할 것인가?
② 팀 프로젝트의 What 파트를 무슨 내용으로 어떻게 제시할 것인가?
③ 팀 프로젝트의 How 파트를 무슨 내용으로 어떻게 제시할 것인가?

수행과제

스티브 잡스는 거의 모든 제품에 대해 한 줄짜리 헤드라인을 만든다. 이 헤드라인은 프레젠테이션, 보도자료, 마케팅 도구를 준비하기 훨씬 전에 계획 단계에서 만들어진다. 대부분의 발표자들은 회사나 제품을 한 문장으로 설명하지 못한다. 계획 단계에서부터 미리 만들어놓은 헤드라인이 없으면 일관된 메시지를 전달하기가 거의 불가능하다. 프레젠테이션도 헤드라인에 해당하는 핵심 콘셉트와 메시지를 중심으로 전개되어야 한다. 다음은 잡스의 헤드라인 활용 사례이다.

헤드라인	출처
"맥북 에어는 무엇일까요? 한 문장으로 표현하자면 세상에서 가장 얇은 노트북입니다."	기조연설
"세상에서 가장 얇은 노트북"	프레젠테이션 슬라이드
"이것이 맥북 에어입니다. 세상에서 가장 얇은 노트북이지요."	CNBC 인터뷰
"우리는 세상에서 가장 얇은 노트북을 만들기로 결정했습니다."	CNBC 인터뷰
"맥북 에어 : 세상에서 가장 얇은 노트북"	애플 홈페이지
"애플이 세상에서 가장 얇은 노트북, 맥북 에어를 출시하다."	보도자료
"우리가 세상에서 가장 얇은 노트북을 만들었습니다."	보도자료

❶ 팀원들과 팀 프로젝트 과제의 핵심 콘셉트와 메시지를 개발하시오.
❷ 팀 프로젝트의 핵심 콘셉트와 메시지를 담은 한 줄의 문장(헤드라인)을 만들어 보시오.
❸ 팀에서 개발한 헤드라인에 프로젝트 팀의 철학과 의미를 부여해 보시오.

학습요약

1. 프레젠테이션은 일반적으로 서론, 본론, 결론의 세 단계로 전개된다.

- 프레젠테이션 실행 프로세스
  - 서론 : 도입 멘트, 개요와 본론 전개를 위한 예시

– 본론 : 결론 도출을 위한 주요내용, 세부내용, 근거자료 제시

– 결론 : 요점 재강조, 질의, 응답

- PREST 프레임

  Point(결론), Reason(근거), Example(예), Solution(방법), Summary(요약), Thanks(감사)

2. 스토리보드는 프레젠테이션 자료의 네비게이션으로서 본격적인 파워포인트 작업을 하기 전에 화면마다 어떤 내용을 넣을지 이미지와 글자를 배치하고, 전체 프레젠테이션 자료의 흐름을 직접 손으로 만들어 보는 것이다.

참고자료

박효정 외(2016), 발표의 신, 푸른들녘.

카마인 갈로, 김태훈 옮김(2010), 스티브 잡스 프레젠테이션의 비밀, 랜덤하우스, 90.

http://news.khan.co.kr/kh_news/khan_art_view.html?artid=201704172159025&code=990105#csidx9086ba7239a78ef816251642c90c7e5.

https://www.youtube.com/watch?v=ccv-BNd167c

https://www.youtube.com/watch?v=mmUpxjDt4aE

https://www.youtube.com/watch?v=0RShAnR-NX0

Chapter

06

비즈니스 문서작성의 원리와 표현 방법

학습목표

비즈니스 문서작성의 기본원리, 문서의 기본체제와 문장 표현 방법, 그리고 문서작성 단계별 활동과 체크리스트에 대해 학습한다.

1. 비즈니스 문서작성의 기본원리를 설명할 수 있다.
2. 비즈니스 문서의 기본체제와 표현 방법을 적용할 수 있다.
3. 문서작성 단계별 활동과 체크리스트를 적용할 수 있다.

1. 비즈니스 문서작성의 기본원리

정보통신기술의 발달에 따라 업무와 연관된 많은 부분의 의사소통이 전자결재시스템이나 이메일, 메신저 등과 같은 디지털 매체를 통해 이뤄지고 있다. 디지털 매체를 통한 의사소통은 글로 표현되어 이루어진다. 글을 통한 의사전달이 예전보다 빈번하게 이루어짐에 따라 비즈니스 글쓰기의 중요성이 더 커졌다. 글을 통한 의사소통, 즉 문서를 통한 의사소통의 효과를 높이기 위한 비즈니스 글쓰기의 기본원리에 대해 살펴본다.

1) 관계자들의 요구에 초점

비즈니스 글쓰기의 출발은 "이 문서를 승인하려면 무엇을 명확히 해야 하는가?"를 상대방의 입장에서 생각하는 것이다. 또한 문서의 내용을 실행함에 따라 영향을 받는 이해관계자들은 "이 문서의 실행을 지지할 것인가?"에 대해서도 함께 고려한다.

특히 의사결정권자나 이해관계자들이 비판할 가능성이 있는 문제점을 예상하여 이를 최소화하거나 상대를 이해시킬 수 있는 논리와 객관적 자료를 준비하는 것이 중요하다.

문서의 실행에 영향을 미치는 의사결정자와 이해관계자들이 "무엇을 원하는지, 무엇을 회피(제거)하고자 하는지"를 파악하고, 그들의 니즈(needs)에 적합하도록 문서를 작성한다. 상대방의 욕구를 파악하기 위해 다음의 양식을 활용하는 것이 도움이 된다.

〈표 6-1〉 문서 작성과 관련된 사람에 대한 요구 분석

구분	특성	요구/회피하는 것	대응방안
의사결정자			
문서를 읽는 담당자			
이해관계자 (우호세력)			
이해관계자 (반발세력)			

일반적으로 문서를 읽는 의사결정권자나 이해관계자는 문서를 통해 다음과 같은 의문점을 해소하고 한다.

첫째, 결론이 무엇인가?

- 문서의 목적과 목표는 무엇인가?
- 문서대로 실행한다면 어떤 혜택(이익)이 있는가?
- 문제가 무엇인가? 문제의 핵심 원인은 무엇인가?

둘째, 무엇을 해야 하는가?

- 우리는 무슨 일을 해야 하는가?
- (국내외 사례) 다른 데서는 어떻게 하는가?
- 다른 방안은 없는가?

셋째, 어떻게 할 것인가?

- 단계별로 무슨 일을 누가 할 것인가?
- 예산은 얼마나 드는가?
- 언제까지 완료할 수 있나?

넷째, 현실성이 있는가?

- 이 프로젝트로 혜택이나 불이익을 받는 부서(사람)는 누구인가?
- 일의 진행 상황을 판단할 수 있는 피드백 시스템은 무엇인가?
- 리스크는 무엇인가?
- 리스크 대책은 무엇인가?

다섯째, 정말 할 수 있는가?

- 예전에 이와 유사한 일을 해 본 경험이 있는가?
- 지원이 필요한 사항은 무엇인가?
- 당신이 의사결정권자라면 제안서의 실행을 승인하겠는가?

2) 명확한 결론과 근거의 제시

문서의 내용은 전후 관계가 비약됨이 없이 '결론과 근거' 사이의 일관성을 유지하는 것이 중요하다. 이를 실천하는 구체적 기법으로 'So What/Why So? 기법'이 있다. 'So What/Why So?'는 문서의 결론과 핵심주장에 대한 근거를 명확히 하여 문서내용의 논리적 타당성을 검토하는 것이다.

- 결론(So What?) : 이는 현재의 정보와 자료를 바탕으로 핵심결론을 도출하는 것이다. 즉, "결론이 무엇인가?, 주장하는 핵심이 무엇인가?"에 대한 답변을 제시하는 것이다.
- 근거(Why So?) : 이는 'So What?', 즉 결론이나 핵심주장에 대해 "왜 그렇게 말할 수 있지?"라는 질문을 받았을 때 "현재의 정보와 자료로 명백히 설명할 수 있어야 한다."는 것이다. 결론의 타당성을 입증하는 근거로는 사실, 사례, 자료, 증언 등이 있다.

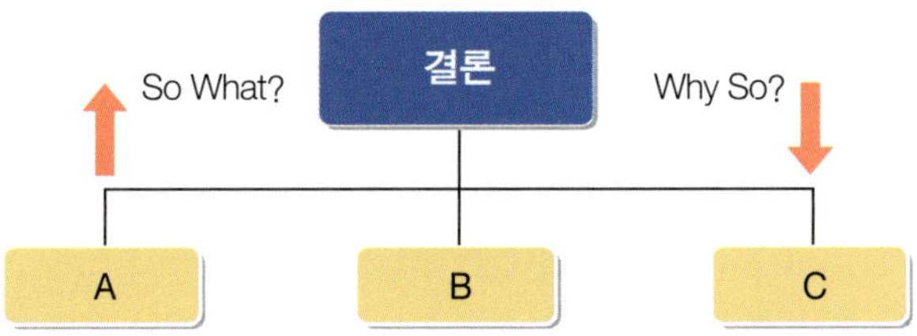

[그림 6-1] So What/Why So?

문서에는 의뢰자의 욕구를 충족시킬 수 있는 명확한 결론(주장, 제안, 방법)이 제시되어야 한다. 그리고 결론이 타당하다는 것을 증명하는 객관적 근거 자료가 함께 제시되어야 한다.

'So what? Why so?' 매트릭스를 활용하면 결론과 근거를 명확히 이해하는 데 도움이 되며, 근거가 불충분하다고 생각되면 이를 보완할 수 있는 방안을 모색하는 계기를 제공한다.

〈표 6-2〉 'So what? Why so?' 매트릭스

결론 (So what?)	근거 (Why so?)	보완사항

3) 우선순위에 따른 내용 배열

문서를 작성할 때는 문서의 목적 달성이나 결론에 영향을 미치는 정도에 따라 정보를 평가하여 중요사항을 중심으로 표현해야 한다. 즉, 중요도에 의한 우선순위를 정하고, 이에 따라 문서내용을 배열하고 제시하는 내용의 수를 제한한다. 이때 문서에 많은 내용을 제시하기보다 핵심적인 내용을 중심으로 5개 이내로 제한한다.

문서작성자는 중요한 내용과 필요한 내용을 구분할 수 있어야 한다. 문서에는 중요사항을 중심으로 내용을 전개하고, 알고 있으면 좋은 그저 필요한 사항은 첨부자료화 하거나 삭제한다.

토의 6.1

심리학자인 엘리자베스 뉴톤은 한 가지 재미있는 실험을 했다. 사람들을 두드리는 사람과 듣는 사람의 두 그룹으로 나누어, 두드리는 사람에게는 120곡의 아주 쉽고 유명한 노래 리스트를 주었다. 그리고 자기에게 가장 익숙한 노래를 테이블에 손가락으로 리듬을 두드리게 했다. 실험은 듣는 사람이 두드리는 사람의 리듬을 듣고 노래 제목을 맞추는 것이었다.

듣는 사람은 상대방의 리듬을 듣고 얼마나 많은 노래의 제목을 맞추었을까? 실험 연구자는 노래가 매우 유명하고 쉬워서 50% 이상은 맞출 것으로 예상했다. 그러나 실험 결과, 듣는 사람들은 120곡 중 단지 3곡의 노래 제목만을 맞췄다. "왜, 그 쉬운 노래들을 듣는 사람들이 대부분 못 맞추었을까?"

실험에 대한 글을 읽고 다음 질문사항에 대해 각자 생각한 후 자신의 의견을 다른 사람과 공유하시오.

① 위 실험의 결과는 무엇인가? 이 실험의 결과가 시사하는 바는 무엇인가?
② 비즈니스 문서작성과 프레젠테이션 측면에서 볼 때, 이 실험의 결과가 주는 시사점은 무엇인가?
③ 팀원들과 수행 중인 팀 프로젝트의 주제와 주장, 내용을 이 실험의 결과가 시사하는 점을 고려하여 분석해 보시오.

2. 비즈니스 문서작성 준비

문서작성을 위한 준비과정은 문서의 기본방향과 전체 구조를 구상하고 초안을 작성하는 단계로 이루어진다.

1) 기본방향과 전체 구조 구상

문서작성의 첫 단계는 문서를 통해 최종적으로 무엇을 도출해낼 것인지 구상하는 것이다. 선정된 이슈에 대한 문제를 명확히 하고 기대하는 결과에 대한 구체적인 아웃풋 이미지(output image)를 결정한 다음 문서작성에 착수하면 효과적이다.

두 번째는 문서의 전체 구조에 대해 구상한다. 문서의 성격에 따라 체제와 접근방법이 달라지므로 문서의 성격에 적합한 체제를 그려본다. 전체 체계에 대한 설계가 완료되면 이를 바탕으로 각 단계별로 필요한 자료수집계획서를 작성한다.

끝으로 지금까지의 내용을 토대로 앞으로의 전체적인 일정계획을 수립한다. 여기에는 자료수집에 소요되는 시간뿐 아니라 수집된 자료를 분석하고 가공하는 시간, 초고를 작성하는 시간, 서너 차례의 문서 재검토 및 보완시간, 교정 · 검토시간, 그리고 최종 문서작성 시간을 모두 고려한다.

스케줄은 마감시간을 기준으로 세부 단계별 소요시간을 산정해 역으로 추정하여 안배를 한다. 이와 같은 방법으로 두세 차례 반복하면 문서의 체계를 점검하는 효과도 거둘 수 있다. 스케쥴을 결정할 때는 여유시간을 고려한다. 이와 같이 나온 스케줄을 토대로 시작일로부터 종료일까지의 추진단계별 세부과제를 일정에 따라 정리를 한 후 가능한 간트 차트로 작성한다. 이상의 내용을 정리하면 다음과 같다.

- 아웃풋 이미지를 그린다.
- 문서의 전체 구조를 설계한다.
- 자료수집계획서를 작성한다.
- 일정계획을 수립한다(간트 차트).

2) 초안 작성

컴퓨터 폴더나 파일목록에 있는 자료 분석 결과를 토대로 제안체제에 맞추어 문서 초안을 작성한다. 이 단계에서는 글의 형식이나 문체에 너무 신경을 쓸 필요는 없다. 문서 초안이 작성되면 논리적 타당성을 고려하면서 초안의 처음부터 끝까지 읽어 본다. 이때 자료를 보완해야 할 부분이나 불필요한 부분 등을 체크한다. 전문가의 도움이 필요한 부분은 없는지도 점검한다. 가능하면 제안 테마의 실행에 따라 직 · 간접적으로 영향을 받게 되는 이해관계자들의 의견을 들어보는 것도 좋다. 초안 검토 과정이 끝나면 이를 토대로 문서의 체제를 변경하거나 내용을 보완하고 불필요한 부분을 제거하면서 단계별로 문서를 작성한다. 1차 초안 작성 단계에서는 수집된 자료를 문서 체제에 맞추어 단순히 배열(Display)하는 수준이다.

- 자료를 논리적 순서나 중요도에 따라 배열 한다. 불필요한 자료는 삭제한다.
- 선정된 자료를 문서 체제에 따라 나열하여 초안을 작성한다.
- 초안의 처음부터 끝까지 읽는다.
- 보완할 부분과 추가 자료를 체크한다.

3. 비즈니스 문서의 기본체제와 표현 방법

1) 비즈니스 문서의 기본체제

문서의 초안을 토대로 문서의 체제에 따라 1차 문서를 작성한다. 문서의 체제는 기본적으로 제목, 배경, 목적과 목표, 현상, 결론 및 실행 등의 6개 부문으로 이루어진다.

- 제목은 문서 전체의 내용을 대표하며, 부제를 활용해 문서의 내용을 명확히 한다.
- 배경은 현상과 자료의 객관적 근거를 통해 문서를 통해 실행코자 하는 내용의 중요성과 필요성을 인식시킨다.
- 목적과 목표는 문서의 궁극적인 지향점과 달성과제 및 수준, 기한을 구체적으로 밝혀 프로젝트 실행 결과의 성공·실패를 판단하는 기준을 제시한다.
- 현상은 문서의 내용과 관련된 외부환경과 내부역량, 그리고 구체적 일의 흐름 및 현재 상황을 자료 분석 결과를 토대로 논리적, 체계적, 객관적 관점에서 제시한다.
- 결론은 문서작성자의 문제해결을 위한 방법이나 아이디어, 건의사항을 명시한다.
- 실행은 프로젝트와 관련된 일의 단계, 과업, 일정, 업무분장, 비용을 명시한다.

그리고 문서작성자가 의사결정자에게 요청하는 사항을 명시한다.

(1) 제목

제목은 문서의 전체 내용을 함축하여 한 줄로 요약하는 것이다. 제목은 읽는 이에게 문서의 성격과 내용을 간단명료하게 인식시키는 역할을 한다.

부제목을 활용하여 제목을 보강하기도 한다. 부제목은 제목을 좀 더 세부적으로 설명하는 간결문으로, 2차적 정보와 설명을 덧붙여 문서의 범위를 명확히 밝히고 읽는 사람의 호기심을 유발하는 역할을 한다. 제목 작성을 위한 포인트를 살펴본다.

- 제목에 핵심 메시지를 표현한다. 이를 위해 제목에 목적과 범위를 포함시킨다. 또는 제목의 끝에 문서의 성격을 표시한다. 제목은 최대한 간단하게 표현한다. 가능한 본문내용을 15자 내로 압축하여 표현한다.

> **[예시]**
> GSM 단말기 상품제안 → 중국시장 진출을 위한 GSM 단말기 상품제안
> 문서작성 교육의 건 → 문서작성 교육 시행을 위한 참석 요청
> ㅇㅇㅇ회의록, ㅇㅇㅇ조사제안서, ㅇㅇㅇ보고서, ㅇㅇㅇ제안서

- 고사성어, 유행어 등 기억하기 쉬운 단어를 선택하여 내용과 연결시킨다.

> **[예시]** 時時 Call Call 걸어주세요

공공기관의 소비자상담실 홍보를 위한 광고포스터의 헤드라인으로, '시시콜콜'이라는 의미와 '24시간 아무 때나 걸어주세요.'라는 메시지가 잘 표현된 제목이다.

- 읽는 이의 관심과 흥미를 유도한다. 역으로 표현한다.

> **[예시]** "기자 하지 마라"

동아미디어그룹 수습기자 모집을 위한 광고의 헤드라인이다. 제목과 전달하고자 하는 메시지를 역설적으로 표현하여 잠재고객의 관심과 흥미를 유도한 사례이다. 다음은 실제 광고기사 내용이다.

> 기자 하지 마라. 동아일보에 갓 입사한 수습기자들이 꼭 듣는 말입니다. 고민합니다. '수백 대 1의 경쟁을 뚫고 바라고 바라던 기자가 됐는데 이건 뭐야?' 불을 지른 선배는 설명도 안 합니다. 곧 스스로 깨닫습니다. 현장과 회사에서 보내는 시간이 대부분입니다. 일 터지면 자다가도 달려갑니다. 변명이나 '대충'은 결코 통하지 않습니다. 무한책임을 집니다. '아! 이래서 기자하지 말라는 거구나!' 하지만 어느 한순간 느낍니다. 내 기사 한 줄이 세상을 바꾸고 상처받은 이들을 달래줄 수 있다는 것을. 그러면서 진짜 기자가 되어 갑니다. "정말 자신 있으신가요? 조금이라도 회의가 든다면 기자 하지 마세요."

- 유익한 점이나 혜택을 표현한다.

> **[예시]** 영재교육법 → 우리 아이도 영재가 될 수 있다.

- 숫자를 이용한다.

> **[예시]** 서울대에 가는 비법 → 서울대에 가는 7가지 비법

- 질문을 이용한다.

> **[예시]** 박진호 선발 등판 → 박진호, 20승의 벽을 넘을 것인가?

- 영어나 숫자를 활용한다.

> **[예시]** mom대로 키워라.
> **[예시]** 보고 · 10 · 다.

- 부제목을 활용한다. 부제목은 제목 아래 그보다 작은 글씨로 중앙배열해 쓴다.

> **[예시]** 센트럴 시티(Central City) 개발계획
> – 숙박 · 교통 · 레저의 복합 주거공간 창출 –

(2) 배경

이 부분에서는 문서의 실행이 왜 중요하고 필요한지에 대해 현상 분석이나 미래 예측 결과를 토대로, 논리적이며 객관적으로 설명해야 한다. 읽는 사람의 의문점을 예상하고, 이에 대한 답변을 미리 제시함으로써 지원을 이끌어 내는 역할을 한다. 배경에서는 몇 문장으로 다음 사항을 충족시켜야 한다.

- 읽는 사람의 관심을 끌 수 있어야 한다.
- 제안의 중요성을 뒷받침할 수 있는 객관적 근거(통계자료, 사례 등)와 상황을 제시한다.

(3) 목적과 목표

목적과 목표는 문서의 의도를 밝히는 부분으로, 문서내용을 실행함으로써 달성하고자 하는 바를 명확하게 표현한 부분이다. 이때 중요한 것은 문서작성자와 상대방(의사결정자와 이해관계자)의 욕구를 충족시키는 것이다.

여기서 목적은 문서 내용의 실행을 통해 궁극적으로 달성하고자 하는 지향점으로 가치지향적이고 개념적 성격을 나타낸다. 목표는 목적에 이르기 위한 구체적인 항목과 수준, 기한 등을 명시한다. 따라서 목적과 목표는 직접적인 연관성이 있어야 한다. 목표의 수는 가능한 다섯 가지 이내로 제한한다. 다음과 같은 의사결정자의 질문에 대한 답변이 목적과 목표에 해당한다.

- 한마디로 무엇을 하겠다는 것입니까?
- 구체적으로 무슨 일을 언제까지 어느 수준으로 하겠다는 겁니까?

[예시]

(목적) 한국 여성인력의 경제활동 참가율을 높여 국가경쟁력을 세계 10위권으로 끌어올리기 위함

(목표)

- 대졸 여성의 경제활동 참가율을 ○○년까지 70% 수준으로 높임
- 30대 여성의 신규 고용증가율을 ○○년 이후 매년 5%p 증가시킴
- 여성 경제정책을 ○○년까지 10개 부문 100개 방안을 개발하여 우선순위를 결정함

(4) 현상

이 부분은 문서 테마와 관련된 외부환경과 내부역량, 그리고 현재 상황을 관찰과 조사 결과를 토대로 정확하고 객관적으로 파악하여 의사결정자가 올바른 판단을 할 수 있도록 하기 위한 부분이다. 현상을 중복됨이 없이, 누락됨이 없이 체계적으로 분석한다. 특히 현상에 내재하는 여러 가지 가능성과 관계들을 통합적으로 분석하는 지혜가 필요한 부분이다. 여기서는 문서의 실행과정에서 발생할 수 있는 부정적 상황이나 논쟁의 대상이 될 수 있는 부분에 대해서도 명시하여 미래의 리스크를 최소화한다. 구체적으로는 다음과 같은 질문에 대답하는 단계이다.

- 문서 테마와 관련된 외부환경에는 어떤 것이 있는가? 이런 현상은 향후 어떤 영향을 미칠 것으로 판단하는가?
- 국내외 사례는 없는가?
- 우리의 현재 상황은 어떤가?
- 프로젝트의 어떤 사항들이 이미 실행되었는가?
- 프로젝트를 추진함으로써 영향을 받는 이해관계자들은 누구인가?
- 이해관계자들은 어떤 반응을 보일 것으로 예상하는가?
- 프로젝트를 진행하는 과정에서 예상되는 장애요인은 무엇인가?

(5) 결론과 제안

이 부분은 현상분석 결과를 토대로 문서작성자의 의견과 건의사항을 제안하는 곳이다. 여기서는 근거와 논리를 가지고 문서작성자의 주장을 뒷받침하면서, 작성자의 제안이 성사된다면 어떤 결과가 실현되는지, 왜 그런 결과가 발생되리라 확신하는지, 왜 의사결정자가 승인해야 하는지에 대하여 설명한다.

(6) 실행

이 부분은 프로젝트 추진에 따르는 일정과 예산, 인력에 대한 내용을 상세히 밝히는 곳이다. 프로젝트 추진단계 및 단계별 세부업무를 기술하고 시작일과 종료일을 명시한다. 특히 각 단계별 프로젝트 수행결과물을 명확히 제시한다.

프로젝트 추진에 따르는 소요 경비를 산출하고 어떻게 자금을 조달할 것인지에 대한 의견을 제시한다. 또한 프로젝트 추진조직, 인원계획 및 업무분장 등에 대해서도 명시한다. 특히 비용과 관련한 부분은 사실 그대로를 정확하게 명기하는 것이 중요하다. 마지막으로 의사결정자에게 요구하는 사항이나 지원사항을 밝힌다.

토의 6.2

팀 프로젝트를 수행하면서 우리는 'Why-What-How'에 따라 팀 프로젝트의 방향과 내용에 대해 기획을 하였고, 필요한 자료를 수집하였다. 또한 전체적 논리 흐름을 잡기 위한 스토리보드도 완성하였다. 지금까지의 팀 활동을 토대로 이제 우리는 팀 프로젝트 결과물을 완성하기 위한 보고서와 시각자료를 작성해야 한다. 이를 위해 지금까지의 팀 활동을 통해 이루어진 결과들을 바탕으로 다음 사항들에 대해 토의하시오.

① 이미 작성한 스토리보드를 소리 내어 읽어보면서 전체 내용의 전개순서가 자연스러운지 체크하시오. 내용 전개가 부자연스럽거나 끊어지는 느낌이 있으면 전체 구조를 바꾸거나, 전개순서를 재배열하시오.
② 스토리보드의 Why, What, How의 각 단계별로 내용을 검토하면서, 첨가해야 할 자료나 삭제해야 할 자료, 보강해야 할 자료 등을 체크하시오.
③ 향후 남은 팀 프로젝트의 추진 일정에 대해 논의하고, 그 결과를 간트 차트로 완성하시오.

2) 비즈니스 문서의 표현방법

비즈니스 문서는 간단명료하게 작성한다. 이를 KISS의 법칙이라고 하는데, 이는 'Keep It Short and Simple'의 머리글자를 의미한다. 문장을 깔끔하게 작성하기 위한 몇 가지 원칙에 대해 살펴본다.

(1) 문서작성 가이드라인을 결정한다

주제, 내용, 세부항목 등 구성단위별로 글자체, 폰트사이즈, 줄 간격, 여백 등 문서 작성을 위한 세부 가이드라인을 설정하여 문서의 일관성을 유지한다.

(2) 중요한 내용과 필요한 내용을 구분한다

문서를 읽으면서 상대방(의사결정자와 이해관계자)을 설득하는데 중요한 정보가 아니면 삭제한다. 문서의 목적, 범위, 내용과 직접적 관계를 가진 중요사항을 중심으로 문서를 간결하게 작성한다. 관계가 조금이라도 있는 자료(필요한 자료)를 많이 모아도 부피만 늘린 문서는 거절당한다.

(3) 한 문장, 한 의미 원칙을 지킨다

한 문장에 많은 내용을 담으려 하지 말고 한 가지 내용만 표현한다는 생각으로 짧게 쓴다. 길거나 복잡하면 두세 문장으로 나눠 쓴다. 한 문장은 일반적으로 30~50자가 적당하며, 최대 60자를 넘지 않도록 한다. 다만 짧은 문장이 계속 이어지면 단조롭고 딱딱한 느낌을 줄 수 있으므로 긴 문장과 짧은 문장을 적당히 섞어 쓰는 것이 좋다.

(4) 같은 성격의 단어나 구·절을 나열한다

단어를 나열할 경우 동일한 성격을 지니게 한다. 구와 절을 나열할 경우도 이와 같다. 이때 동일한 성격의 단어는 가운뎃점으로 연결하고, 구 또는 절의 나열은 쉼표로 한다. 이때 접속사의 사용을 자제한다.

> **[예문]** 한국 드라마가 일본, 중국, 하노이 등에서 인기를 끌면서 한류 열풍이 일고 있다.
> **[수정]** 한국 드라마가 일본 · 중국 · 베트남 등에서 인기를 끌면서 한류 열풍이 일고 있다.
> **[예문]** 어제 밤에 너무 아파 음식을 먹을 수도 잠도 잘 수 없었다.
> **[수정]** 어제 밤에 너무 아파 음식을 먹을 수도, 잠을 잘 수도 없었다.

(5) 긍정형 문장을 쓴다

부정형 문장보다는 긍정형 문장을 쓴다. 긍정적인 어조로 문장을 쓰면 상대방도 긍정적인 반응을 보일 가능성이 크다.

> **[예문]** 우리가 목표를 달성하지 못하면 회사는 아무 것도 할 수 없다.
> **[수정]** 우리가 목표를 달성하면 회사는 많은 것을 할 수 있다.

(6) 능동형 문장을 쓴다

수동형 문장은 강한 인상을 주기 어렵다. 가능한 능동형 문장으로 쓴다.

> **[예문]** 시장 상황에 따라 재고 수준이 적절하게 조절되어야 한다.
> **[수정]** 시장 상황에 따라 재고 수준을 적절하게 조절해야 한다.

(7) 같은 단어나 구(句)와 절(節)의 반복을 피한다

한 문장에서 같은 단어나 구와 절이 여러 번 나오기도 하고, 형태는 다르지만 같은 뜻이 반복되기도 한다. 이 경우, 의미상 차이가 나지 않는 다른 낱말이나 표현으로 바꾸어 주거나 생략하여 중복을 피한다.

(8) 동의어의 반복을 피한다

형태는 다르지만 같은 뜻이 반복되는 경우가 있다. 한자와 우리말이 어울리면서 생긴 겹말도 있다. 이 경우 한쪽을 생략한다.

> **[예문]** 우리는 경제전쟁에서 생존하기 위해 죽기를 각오하고 결사적으로 싸웠다.
> **[수정]** 우리는 경제전쟁에서 생존하기 위해 결사적으로 싸웠다.

(9) 형용사, 부사와 같은 수식어를 없앤다

강조를 하기 위해 '아주', '상당히'와 같은 수식어를 남용하는 경향이 있다. 꼭 필요한 수식어만 남기고 군더더기를 없애야 깔끔한 문장이 된다.

(10) 전문용어와 약자(略字)의 사용을 제한한다

전문 분야나 업계에서만 통용되는 단어는 가능한 사용하지 않는다. 어려운 용어나 약자도 사용하지 않는 것이 좋다. 어쩔 수 없는 경우에는 주석을 달거나 철자를 모두 적는다. Inc., Ltd. 같은 상용 약자나 일반적으로 쓰이는 약자(CEO, FTA, WHO 등)의 경우는 약자를 사용해도 된다.

토의 6.3

비즈니스 문서는 사회생활에서의 주요 의사소통 수단으로, 문서의 질적 수준은 문서작성자에 대한 평판을 형성하는 데 결정적 역할을 한다. 문서의 성격에 따라 적합한 체제를 적용하고, 문서의 내용을 가늠할 수 있는 제목과 부제목을 정하는 것이 중요하다. 또한 비즈니스 문서 작성원리에 따라 문장을 간단명료하게 다듬는 연습을 해야 한다.

① 비즈니스 문서의 체제는 문서의 성격에 따라 다르다. 위에서 제시한 문서체제(제목, 배경, 목적과 목표, 현상, 결론 및 실행 등의 6개 부문) 외에 어떤 문서 체제(기본 구조)가 있는지 조사하시오.

② 대중매체 광고나 각종 팸플릿 등에서 메시지를 잘 표현한 '확 끌리는' 제목이나 슬로건 사례를 드시오.

③ 다음 문장들을 간단명료하게 고치시오. 각각의 예문은 비즈니스 문서 표현방법의 어떤 원칙을 적용하기 위한 연습인가?

※ 다듬은 문장을 팀원끼리 서로 평가하고 보완한다.

[예문a] 우리는 중국, 미국에 대한 수출입 의존도가 각각 56%, 60%에 달하고 있어 중미 양국 간에 분쟁이 발생하면 우리의 경제 환경이 급격히 악화될 수밖에 없는 취약한 경제구조를 가진 나라이다.

[예문b] 거시지표상으로 볼 때 현 경제상황을 위기라 할 수 없지만 투자와 소비 위축으로 볼 때는 심각한 상황임이 분명하다.

[예문c] 편견에 빠진 사람은 자신의 가치와 신념이 세상의 다른 어떤 누구보다 옳다고 느끼며, 자신이 하는 행동 · 말 등 모든 것에 대해 정말로 강한 확신을 가진다.

[예문d] 우리 회사는 이 지역에서 역사와 전통이 가장 오래된 회사이며, 훌륭한 인재를 많이 배출한 회사이다.

3) 문서작성 단계별 활동과 체크리스트

작성된 문서를 검토하고 수정(보강, 삭제, 교체, 축약, 재배열)하는 과정을 최종 문서가 완성될 때까지 3~4회 반복한다. 초안까지 포함하면 이와 같은 과정을 5회 정도 반복하는 셈이다. 이와 같은 반복 과정에서 수시로 생각나는 아이디어를 포스트잇에 적고, 이를 활용하는 것은 하나의 습관처럼 몸에 베어야 한다.

(1) 1차 문서작성

1차 문서작성 단계는 자료의 보강이 중심이 되며, 자료의 질적 측면보다는 양적 개념을 우선시한다.

- 온 · 오프라인 자료를 추가하여 초안을 보강한다.
- 분석 프레임을 활용하여 자료를 일차로 분석한다.
- 문서 체제의 논리적 타당성을 검토한다.
- SME(내용전문가)와 여러 루트를 통해 협조를 요청한다.
- 너무 많은 보강 자료에 욕심내지 않는다.

(2) 2차 문서작성

문서체제의 논리성과 자료의 중요성을 기준으로 내용과 내용 간의 위계를 결정하여 배열한다. 또한 문서실행 목적을 달성하기 위한 자료를 보강한다. 여기서는 오프라인 자료를 중심으로 자료를 보강하고 자료의 질적 개념을 중요시한다. 자료의 출처를 명확히 한다.

- 2차 문서를 출력하여 처음부터 끝까지 읽어보며 내용에 대해 연필로 메모한다.
- 분석 프레임을 활용하여 자료를 이차로 분석한다.
- 2차 문서를 수정 · 보강한다.
- 자료의 출처를 명확히 한다.
- 주로 오프라인 자료를 활용한다.
- 논리성과 중요성에 따라 내용(소주제와 항목, 세부내용) 간의 위계를 결정하여 배열한다.
- 부문 간의 자연스러운 연결문장을 작성한다.

(3) 3차 문서작성

자료에 담긴 의미를 해석하고, 핵심내용을 결정한다. 이를 토대로 'So what?'에 대한 답을 찾고 의견을 제시한다.

- 문서의 차별화 포인트를 결정한다.
- 목적에 중요한 내용 위주로 축약한다.
- 자료에 담긴 의미를 파악한다.
- 자료의 의미 부여에 많은 시간을 할애한다.
- 핵심 포인트를 결정한다.
- 'So what?'에 대한 답을 찾는다.

(4) 최종 문서작성

꼼꼼하게 교정을 보면서 단어와 문장의 간결성, 명료성을 체크한다. 최종 문서에 대한 의사결정자와 이해관계자(클라이언트)의 저항(반발)요인을 예상하고 이에 대한 근거 자료를 준비한다. 최종 문서를 1쪽 요약서로 만든 후 1분 스피치를 해 본다. 모든 것이 명료해지면 최종 문서로 확정한다.

- 최종 문서를 작성하기 2, 3일 전에는 상사의 의견을 듣고, 마무리 작업에 들어간다.
- 교정을 보며 간결, 명확한 문장과 용어로 바꾼다.
- 예상 질문과 저항(반발) 요인을 예측한다.
- 1쪽 요약서를 작성하고 1분 스피치를 한다.
- 최종 문서를 작성한다.

최종 문서점검 단계에서의 체크포인트는 다음과 같다.

❶ 정확히 무엇을 하려는 것인가?

문서를 통해 달성하고자 하는 바가 무엇인지 한마디로 요약해 본다. 그리고 달성하려고 하는 것을 다섯 가지 이내로 명확하게 답해 본다.

❷ 핵심사항이 무엇인가?

문서내용 중 기존의 것과 차별화되고 참신하며 보다 나은 점이 무엇인지를 자문자답해 본다. 그렇다고 핵심사항을 차별화하기 위해 논리적 비약을 해서는 안 된다.

❸ 논리적으로 타당한가?

결론과 주장은 사실, 자료, 사례와 같은 객관적 근거를 가지고 있는지 판단한다. 설득력 없는 주장은 없는지 확인한다.

❹ 틀린 곳은 없는가?

근거자료의 정확성과 신뢰성을 다시 한 번 점검한다. 특히 비용부분의 근거와 계산상의 오류가 없는지를 체크한다. 오탈자도 점검한다.

❺ 흐름이 자연스러운가?

문서의 전체적인 구조나 문장, 단어의 배열이 부자연스러운 경우가 있다. 이럴 때는 다시 한 번 읽어보면서 글의 전체 흐름에 따라 재배치한다.

❻ 빠진 것은 없는가?

문서를 작성한 후 다시 읽어보면 빠뜨린 부분이 있게 마련이다. 문서의 내용이 미흡하지 않은지, 누락된 부분은 없는지 살펴 추가할 내용이 있으면 보완한다.

❼ 불필요한 것은 없는가?

내용이 중복되거나 문장이 복잡해 이해하기 어려운 부분이 있으면 불필요한 문장이나 단어를 삭제하여 간결하게 고친다. 특히 미사여구를 너무 많이 쓰지 않았는지 확인하고 알맞게 수정한다.

수행과제

다음 내용은 문서를 작성해 보고할 때 상사로부터 가장 많이 듣는 불평의 소리이다. 문서를 작성할 때는 이와 같은 불만의 소리를 듣지 않도록 한다.

"내가 이런 걸 시켰어? 소설을 써라. 소설을 써."

이것은 상사(상대방)의 의도나 지시사항을 확인하지 않고, 엉뚱한 문서를 작성했을 때 듣는 핀잔이다.

"도대체 하고 싶은 말이 뭐야?

이것은 문서의 내용에서 결론이나 핵심 메시지가 무엇인지 명확히 알 수 없을 때 듣는 핀잔이다.

"진짜 그래?"

이는 결론에 대한 충분한 근거 자료가 뒷받침되지 않거나, 근거 자료의 신뢰성이 확보되지 않았을 경우 듣는 핀잔이다.

"이거 왜 하자는 건데?"

이는 문서의 목적과 배경이 불분명할 때 듣는 핀잔이다.

"그래서 어쩌라고?"

이것은 문서에 문제해결을 위한 구체적인 방법이나 일정 등 실행계획이 제시되지 않았을 때 듣는 핀잔이다.

"뭐가 이렇게 복잡해?"

이는 문장이 깔끔하지 않을 때 듣는 핀잔이다.

"한 눈에 들어 오게 좀 못써?"

이것은 문서가 지나치게 텍스트 위주로 되어 있을 때 듣는 핀잔이다. 그래프나 차트 등을 이용해서 문서의 내용을 시각적으로 표현하라는 요구이다.

다음은 의류시장에서 매출 1, 2, 3위를 기록하고 있는 주요 경쟁사의 제품 현황을 정리한 자료이다. 각 회사의 경영 자료를 토대로 경쟁사들의 경영전략을 분석하시오.

미래의류㈜는 '클래식' 콘셉트의 정통신사복인 고가의 A제품을 40, 50대의 중 · 장년층을 타겟마켓(target market)으로 하여 백화점을 중심으로 최근 3년간 꾸준히 매출을 증가시켜 온 결과 현재 동종 업계에서 매출 선두를 유지하고 있다.

제일스포츠웨어㈜는 '현대적 감각'의 아웃도어 활동복인 중저가의 B제품이 20대의 신세대를 중심으로 매출이 증가하며 시장의 새로운 강자로 떠오르고 있다. B제품은 분당, 일산, 평촌 등 주요 신도시와 주요 위성도시의 대형 할인마트를 중심으로 시장점유율을 높이며 업계 매출 2위로 급부상하였다.

글로리㈜는 '세미 클래식' 스타일의 고급여성복인 중고가의 C제품을 30대 직장여성을 타겟마켓(target market)으로 하여 전문여성복 매장인 '글로리아 뷰티샵' 체인망을 확대하여 꾸준히 시장점유율을 높여 가고 있으며, 현재 업계 매출 3위를 기록하고 있다.

❶ 이 사례에서 상사의 요구사항(needs)은 무엇인가? 상사의 요구사항에 대한 대답, 즉 결론은 무엇인가?
❷ 결론을 뒷받침하는 근거는 무엇인가? 결론의 근거를 표를 이용하여 표현하시오.
❸ 이 사례를 비즈니스 문서 형식에 따라 A4 한 장의 One page 보고서로 간단명료하게 작성하시오. 보고서는 상사의 불만을 듣지 않도록 작성되었는가? 스스로 평가해 보시오.

학습요약

1. 비즈니스 문서작성의 기본원리는 관계자들의 요구(needs)에 초점, 명확한 결론과 근거의 제시, 우선순위에 따른 내용 배열의 세 가지가 기본이다.
2. 문서작성을 위한 준비 과정은 문서의 기본방향과 전체 구조를 구상하고 초안을 작성하는 단계로 이루어진다.
3. 비즈니스 문서의 기본체제는 제목, 배경, 목적과 목표, 현상, 결론 및 실행 등의 6개 부문으로 구성된다. 문서의 표현 방법은 KISS, 즉 Keep it short & simple의 법칙에 따른다.
4. 작성된 문서를 검토하고 수정(보강, 삭제, 교체, 축약, 재배열)하는 과정을 3~4회 반복하여 최종 문서를 완성한다.

참고자료

배상복(2009), 글쓰기 정석, 경향미디어, 114-126.
이재희, 최인희(2016), 비즈니스 커뮤니케이션, 한올.
테루야 하나코.오카다 케이코, 김영철 옮김(2002), 로지컬 씽킹, 일빛, 114-115.
패트릭 G. 라일리, 안진환 옮김(2003), THE ONE PAGE PROPOSAL, 을유문화사, 53-101.

Chapter

07

제안서 작성과 프레젠테이션 자료 개발

학습목표

제안서의 의미와 기본형식, 제안서 작성절차와 방법에 대해 학습한다.
프레젠테이션 자료 작성을 위한 파워포인트 활용방법에 대해 학습한다.

1. 제안서의 기본형식과 작성 방법을 적용할 수 있다.
2. 프레젠테이션의 전체 구조와 디자인 콘셉트를 정하고, 파워포인트를 활용하여 프레젠테이션 자료를 작성할 수 있다.

1. 제안서 작성하기

1) 제안서의 의미와 기본 형식

제안서는 자신의 의견이나 원하는 바를 서면으로 제시하여 다른 사람을 설득함으로써 일을 수행할 수 있도록 하는 문서이다. 제안서의 기본 형식은 다음과 같다. 그러나 제안의 성격이나 RFP에 따라 다른 형식을 사용할 수도 있고, 순서를 바꿀 수도 있다.

〈표 7-1〉 제안서의 기본 형식

서론	표지	제목, 부제, 제안일자, 제안자(조직명, 또는 개인이름)
	목차	대주제 + 소주제
	제안배경	제안 목적, 고객의 니즈
본론	제안내용	• 고객의 니즈를 충족시킬 수 있는 솔루션(결론과 근거) • 경쟁사와의 차별화된 특성 • 고객에게 돌아가는 혜택
	비용	• 인건비, 사업비 등 계정과목별 예산 • 경쟁업체와 비교
	상세정보	• 제안기관 소개 • 제안내용과 연계된 실적 자료 • 프로젝트 참여 조직도와 프로젝트 팀 멤버 프로필
결론	요약 · 정리	• 주요 합의사항 • 제안자의 연락처(표지에 적기도 한다)
첨부		제안내용의 보강을 위한 관련 자료

2) 제안서 작성 도구

제안서를 작성할 때 어떤 프로그램을 활용할 것인지는 대부분 고객사에서 요구한다. 정부기관의 입찰 시에는 한컴 오피스, 기업의 경우는 Power Point가 대부분이며, 글로벌 제안의 경우 MS-word를 요청하기도 한다. 어떠한 프로그램을 쓰는 것이 중요한 것이 아니라, 각 프로그램의 강 · 약점을 파악하고 자신의 제안서를 더욱 부각시키기 위한 노력이 중요하다.

(1) Power-Point

가장 일반적인 제안서 작성 도구이다. Power-Point는 이미지를 손쉽게 제작하고 표현할 수 있다는 장점이 있다. 그러나 상세한 내용 전달이 필요한 경우에는 취약하다. 파워포인트로 제안서를 작성할 때는 대부분의 내용을 도식화하여 작성하기 때문에 비교적 짧은 시간에 전체적인 내용을 파악하기 쉽고, 이미지화로 인해 가독성이 높다.

(2) 한컴 오피스

공공기관의 경우 한컴 오피스을 많이 활용한다. 사업 혹은 제품에 대한 보다 구체적인 설명과 적절한 이미지를 선호하기 때문이다. 한컴 오피스는 파워포인트와 달리 이미지 작업에 있어 취약한 프로그램이다. 이러한 부분은 파워포인트, 포토샵 등의 다른 작업 Tool을 활용하여 보완할 필요가 있다. 또한 한컴 오피스는 텍스트 위주로 제안서가 작성되기 때문에 텍스트의 문구에 대한 점검이 반드시 이뤄져야 한다. 문법 · 어휘가 올바른지도 확인해야 한다.

(3) MS-word

MS-word 유형과 한컴 오피스 유형은 크게 차이점이 없다. 다만, 국외사업에 많이 적용되는 유형이다. MS-word를 통해 제안서를 작성할 때에는 한컴 오피스의 고려사항을 주의할 필요가 있다.

3) 제안서 작성 프로세스

제안서를 작성할 때 그 프로세스에 대해 이해할 필요가 있다. 대부분의 제안서는 혼자 작성하기보다는 여러 명이 팀을 구성하여 작성하는 경우가 많기 때문에, 명확한 프로세스를 설정하여 팀원들과 작업의 진도와 수준을 맞출 필요가 있다. 제안서 작성의 프로세스는 다음과 같다.

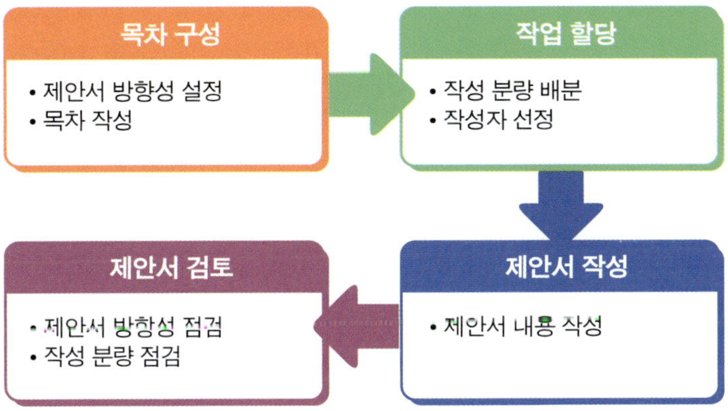

[그림 7-1] 제안서 작성 프로세스

(1) 목차 구성

목차 구성은 제안서 작성의 첫 단추라고 할 수 있다. 목차는 제안서의 전체적인 뼈대가 되며, 방향성을 제시해주는 역할을 한다. 제안내용의 목차를 가능한 한 구체적이고 상세하게 작성하고 시작하면 제안서 작성 과정 중에 발생할 수 있는 오류를 최소화할 수 있다.

(2) 작업 할당

목차를 작성한 후에는 각 목차별로 누가, 얼마만큼의 분량을 작성할 것인지를 할당한다. 이 단계는 전체 제안서 내용의 누락을 예방하는 효과가 있으며, 제안서를 작성하는 구성원의 장단점에 비추어 할당함으로써 제안서 작성의 효율성을 높일 수 있다. 다만 팀원들 간의 소통 없이 각자 할당된 분량만 작업하는 것은 지양한다.

(3) 제안서 작성

제안서를 작성하다보면 밤을 새며 작업하는 경우가 빈번하다. 이렇게 고생하여 제안서를 작성하지만 막상 점검을 할 때면 실망을 하는 경우가 많다. 자신의 노력에 비해 부족해 보이는 내용이 많이 느껴진다. 이때 다음 사항을 적용하여 제안서의 질을 높일 수 있다.

■ **Know-how보다 Know-where가 중요하다**

자신이 전문적으로 알고 있는 분야에서 제안을 하는 경우도 있으나 생소한 분야의 제안서를 작성하는 경우도 많다. 그러면 그 분야에 대해 학습을 먼저 해야 할까? 아니다. 대부분의 제안서는 학습할 시간적 여건을 주지 않는다. 그 분야에 대한 기본적인 학습은 당연히 필요하겠지만, 근본적으로는 제안서 내용에 들어갈 수 있는 정보가 어디에 있는지를 알아내는 것이 더 중요하다. 그래서 주변에 관련 분야에 종사하는 지인을 찾아보기도 하고, 인터넷을 통해 자료를 검색하기도 하며, 그 분야의 학술지 · 저널 등을 찾아보기도 한다.

■ **제안서의 차별화 포인트를 부각하라**

제안서 점검을 하다 보면 나쁘지는 않은데 2% 부족하다는 것을 많이 느낀다. 대개 제안 요구사항에 대한 파악이 부족한 경우에 이러한 현상이 나타난다. 제안 요구사항은 대부분 한 둘이 아니라 5개 이상일 경우가 많다. 제안 요구사항에 대해 빠짐없이 솔루션을 제공하는 것도 중요하나, 핵심 요구사항을 파악하여 차별적인 솔루션을 제공하는 것이 더 중요하다. 경쟁사에서는 솔루션을 제시하기 어려운 고객의 요구사항에 대해 우리만이 해결대안을 제시할 수 있다면, 제안 경쟁에서 이길 수 있는 확률은 높아진다. "고객은 왜 나(우리)와 프로젝트를 해야 하는가?"에 대한 설득력 있는 답변을 준비한다.

■ **철저한 자기방어 논리를 준비하라**

제안서를 작성하고 나면 제안서가 소중하게 여겨지는 경우가 많다. 그래서 제안서를 검토할 때 누군가가 제안 내용에 대해 문제점을 제기할 경우 논리적인 답변이 아니라 감정적으로 대응하는 경우가 있다. 그러나 이러한 태도는 제안 경쟁에서 전혀 도움이 되지 않는다. 문장 하나, 단어 하나하나에 왜 이를 사용했는지에 대한 제안서 작성자로서의 명확한 논리가 필요하다. 제안서를 리뷰할 때는 제안 분야에 대한 전문지식을 갖고 있는 사람뿐만 아니라, 제안 분야와 관련이 없는 사람 등 전문가와 비전문가 양쪽의 사람 모두로부터 검토의견을 받아 볼 필요가 있다.

■ 제안서 작성 가이드라인을 준용하라

실질적으로 제안서를 작성할 때는 제안 요구사항(RFP) 및 환경 분석을 반복적으로 확인하며, 제안서 작성 가이드라인에 따라 제안내용을 개발한다.

〈표 7-2〉 제안서 작성 가이드라인

- 제안서의 메인 컬러는 가능한 고객사(제안 요청자)의 고유색을 적용한다.
- 이미지 자료는 제안 의뢰업체의 홈페이지에서 캡처해 활용한다.
- 글자체는 제목이나 주제는 HY견고딕, 내용은 맑은 고딕체를 사용하는 것이 깔끔하다.
- 프로젝트 분야와 관련된 전문용어를 사용한다. 영어도 적정하게 사용한다.
- 제 4차 산업혁명, 바이럴 마케팅(viral marketing), 워라벨과 같은 트렌디(trendy)한 용어를 사용한다. 이때 주제와의 연관성을 고려한다.
- 주장을 부풀리지 않는다. '최상의, 최고의, 최초의, 완벽한, 유일한' 등과 같은 수식어를 사용하지 않는다. 전체 내용의 신뢰성을 떨어뜨릴 수도 있으며, 나중에 법률적 문제로 비화할 수도 있다. 모든 제안 내용은 사실에 기반해야 한다.
- 질과 양은 비례한다. 제안서의 내용은 가능한 상세히 기록하여 과도하지 않은 범위 내에서 부피를 키운다. 제안서의 내용을 보강할 수 있는 자료를 별도 자료로 만들어 함께 제출할 수도 있다.
- 프로젝트 추진 프로세스는 표준화된 일반적 절차에 따르되 차별화를 위해 변용할 수 있다. 플로우 차트를 이용해 가능한 자세하게 기술한다.
- 프로젝트 추진 단계별 주요 활동 내용을 기본 방향과 특징(강점)을 중심으로 상세하게 기술한다. 이때 각 단계별 산출물을 명확히 제시한다.
- 기관 소개 및 실적에서는 기관의 신뢰성을 높일 수 있는 자료를 중심으로 구성하고, 특히 실적은 최근의 것을 중심으로 제안내용과 관련성이 깊은 프로젝트 성과를 제시한다.
- 투입 인력의 프로필을 제시한다. 제안내용과 관련성이 깊은 프로젝트 수행경험을 제시한다. 경쟁 프레젠테이션의 경우 소요 예산은 업계의 평균을 고려하여 제시한다. 제안 담당자의 연락처를 제시한다.
- 다른 기관에 제출했던 제안서에 고객 명칭과 날짜만 바꿔서 제출하지 않는다.
- 평소 잘 작성된 제안서를 보고 구성 체제, 제안서 내용, 디자인, 색감, 문장 및 용어 등을 연구하고, 그 연구 결과를 글로 써본다. 프로젝트와 관련된 프로세스, 방법, 기법, 문장, 전문용어, 이미지 자료에서 도움이 될 만한 것들을 별도로 기록하여 관리한다.

(4) 제안서 검토

제안서가 어느 정도 작성되면 제안서의 내용이 올바르게 작성되고 있는지 점검을 해야 한다. 제안의 목차에 기반을 두어 작성 분량을 맞추었는지, 전체적인 제안서의 방향성과 같은지를 점검한다. 이러한 과정에서 경쟁사와의 차별화 포인트나 자사의 강점을 부각할 수 있는 포인트를 도출 할 수 있다.

토의 7.1

팀 프로젝트 수행 정보 부문에 제시된 '셀프웨딩 트렌드 맞춤형 온라인 쇼핑몰 런칭 제안' 사례를 분석한 후, 다음 질문에 대한 의견을 정리하시오. 정리된 의견을 팀원들과 토의하시오.

① 프레젠테이션 제목과 목차구성에 대해 어떻게 생각하는가? 보다 참신한 제목이나 체계적인 목차구성 방법에는 무엇이 있는가?
② 프레젠테이션의 전개 흐름과 내용 측면에서 잘된 점과 보완할 점은 무엇인가?
③ 프레젠테이션 자료의 비주얼(visual) 측면에서 잘된 점과 보완할 점은 무엇인가?

2. 프레젠테이션 자료 만들기

프레젠테이션 자료는 대개 PPT를 이용하여 만드는데, 다양한 페이지 구성은 물론, 소리와 영상까지 넣을 수 있으므로 만드는 법을 잘 익혀두면 요긴하게 활용할 수 있다. PPT는 Power Point의 약자로 발표, 프레젠테이션에서 유용하게 사용되는 프로그램이다. 프레젠테이션용으로 만들어진 프로그램이기 때문에 회사에서 회의할 때나 학교에서 과제를 발표할 때 외에도 면접에서 자기소개를 할 때, 심지어 애인에게 프러포즈를 할 때도 PPT를 사용하는 사람이 많다. PPT라는 프로그램이 다른 사람에게 무엇을 설명하거나 설득하고 싶을 때, 그 내용을 잘 전달할 수 있는 여러 가지 유용한 기능을 가지고 있기 때문이다.

PPT 슬라이드에는 글씨를 쓸 수도 있고 사진이나 그림을 넣는 것도 쉽다. 도표나 그래프를 그릴 수도 있고 동영상과 연결시킬 수도 있다. 이런 시각적 자료를 사용하면 자신의 이야기를 더 쉽게 정확하게 전달할 수 있다.

1) 탬플릿 정하기

탬플릿이란 원래 도형자를 말한다. 초등학교 수학 시간에 썼던 각종 세모, 네모, 원 모양으로 구멍이 뚫려 있는 플라스틱 자가 바로 탬플릿이다. 파워포인트에서 탬플릿이란 작업하는 전체 슬라이드 화면의 배경을 미리 지정해놓아 일관성 있게 작업할 수 있도록 하는 서식을 가리킨다. 탬플릿을 활용하게 되면 자료를 통일성 있게 만들 수 있어 파워포인트 작업을 하는 대부분의 사람들은 이것을 활용한다.

탬플릿은 말하자면 자료에 어떤 옷을 입히느냐를 결정하는 것이라고 할 수 있다. 어떤 스타일로 옷을 입느냐, 즉 심플하고 단정하게 입느냐 화사하고 부드러운 느낌으로 입느냐 하는 차이 같은 것이다. PT 자료의 전체적인 색깔과 디자인을 탬플릿에서 결정하게 되는데, 이미 만들어진 탬플릿이 많기 때문에 무료로 제공하는 것을 이용하면 편리하다. 탬플릿을 결정할 때는 무엇보다 내가 발표하고자 하는 내용이 무엇인지부터 생각한다. 배경은 내용과 어울려야 하기 때문이다. 예를 들어, 환경과 관련된 발표라면 아래와 같이 전체 이미지를 녹색으로 해도 좋을 것이다.

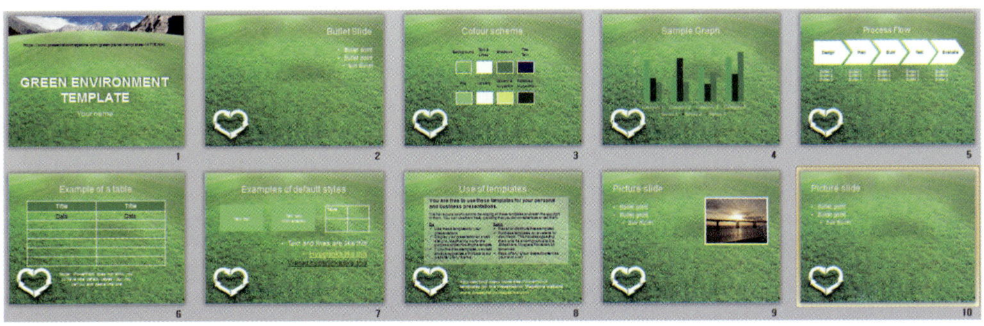

[그림 7-2] 환경친화적 탬플릿

*출처: http://www.presentationmagazine.com/에서 Green & Environment 카테고리

아래와 같이 도형을 활용한 블루(blue)계열의 탬플릿을 활용하면 전달하는 내용을 좀 더 논리적이고 체계적으로 어필할 수 있다.

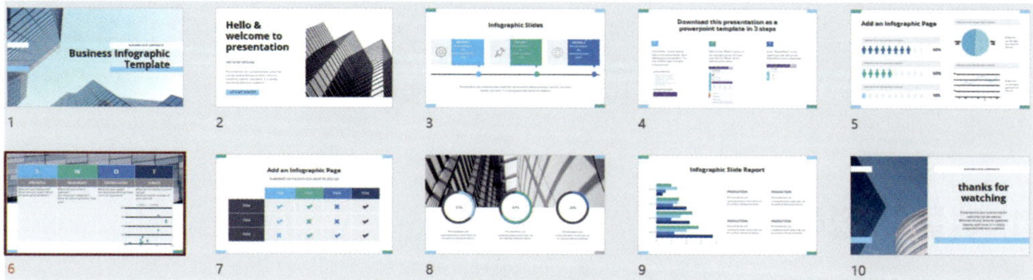

[그림 7-3] 논리적 탬플릿

*출처: https://www.slidescarnival.com/business-infographic-presentation/19319

감성적인 내용을 주제로 하는 프레젠테이션을 하게 됐다면 [그림 7-4]와 같이 부드러운 느낌의 콘셉트로 제공한 탬플릿을 활용해 보자.

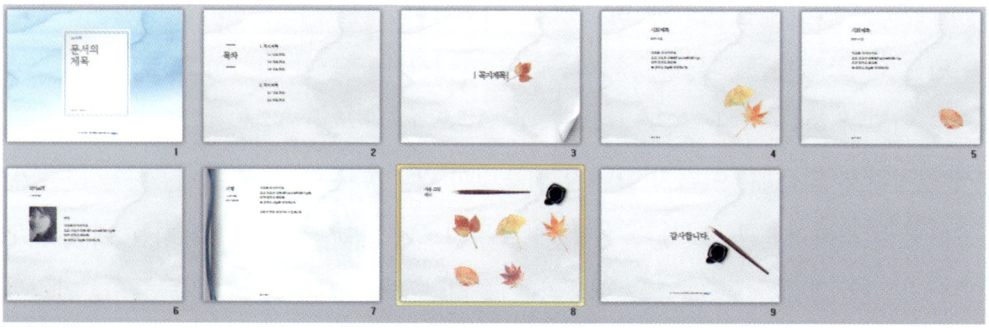

[그림 7-4] 감성적 탬플릿

*출처: http://hangeul.naver.com/document 프레젠테이션 카테고리에서 제공하는 하늘수채 제목의 템플릿

탬플릿 자체보다 내용이 더 중요하다는 것은 두말할 필요가 없을 것이다. 그 사람이 입은 옷보다 사람 자체가 중요한 것과 마찬가지다. 화려한 탬플릿보다 바탕화면이 하얀색 배경인 단순한 탬플릿이 훨씬 보기 좋은 경우도 많다. 탬플릿이 너무 화려하면 내용이 묻히고 자칫 촌스러워질 수도 있다.

탬플릿을 고르는 것도 센스다. 이 센스는 다른 사람들이 잘 만든 발표 자료를 계속

보면서 감각을 키워나가면 자연스럽게 개발될 것이다. 탬플릿은 파워포인트 프로그램 내 디자인이라는 메뉴 안에서 다양하게 골라 사용할 수 있다. 그 외에 무료로 탬플릿을 제공하는 곳도 많다. 무료로 탬플릿을 제공하는 사이트 몇 군데를 소개한다.

(1) 네이버 한글 문서(http://hangeul.naver.com/document)

네이버에서 제공하는 사이트이다. 메뉴 중에서 프레젠테이션 메뉴를 클릭하면 파워포인트 발표 자료의 탬플릿을 무료로 다운로드 받아 활용할 수 있다. 디자인 면에서 우수한 탬플릿이 많아서 활용을 권장한다. 파워포인트 탬플릿 외에도 워드, 한글, 엑셀 등을 제공하기 때문에 다른 과제를 할 때에도 활용하면 좋다.

(2) Presentation Magazine(http://www.presentationmagazine.com)

현재 69,500여 개의 무료 PPT 탬플릿과 배경을 제공하고 있다. 무료로 제공하는 탬플릿도 테마별로 제공하고 있다. 워낙 방대한 양이기 때문에 잘만 찾는다면 완성도 있는 PPT를 제작할 수 있다.

(3) SlideShare(http://slideshare.net)

전 세계 각국의 PPT 탬플릿 파일들을 볼 수 있다. 주제별로 볼 수도 있기 때문에 내가 제작하고자 하는 분야의 디자인을 참고할 수 있다. 회원가입 후 다운로드할 수 있다.

2) 제목과 목차 정하기

(1) 꽂히는 제목 정하기

제목은 제품으로 치면 물건의 이름이다. 가게로 치면 입구에 달아놓은 간판이다. '락앤락'은 밀폐 용기인데 이름만 들어도 절대 샐 염려가 없을 것만 같다. 식당가에 걸려 있는 '면사무소'라는 간판은 이곳이 국수 종류를 파는 가게라는 걸 알려준다. 『영어공부 절대로 하지 마라』는 제목의 책은 이제까지의 영어공부 방식이 잘못되었다는 내용을 담고 있다. 이 책이 베스트셀러가 되는 데는 제목이 큰 역할을 했다.

프레젠테이션에서 제목은 최초의 정보이다. 그렇기 때문에 명확하게 무슨 이야기를 하려는 것인지 제목에서 알려주어야 한다. 그렇다고 제목에다 발표내용을 주저리 주저리 길게 다 쓸 수는 없다. 한 단어, 한 문장으로 내용을 축약하는, 한마디로 딱 꽂히는 제목을 정해야 한다.

제목을 정할 때 또 하나 중요한 것은 호기심을 불러일으켜야 한다는 점이다. 제목만 들어봐도 재미있을지 지루할지 느낌이 오는 탓이다. 그러므로 무엇에 대한 내용인지 명확하면서도 흥미를 끄는 제목이 잘 지은 제목일 것이다. 다음에 소개하는 제목은 유튜브에서 서비스되고 있는 영상들의 제목이다.

> "책만 사고 읽지 않는 당신이 반드시 들어야 할 대답"
> "발표만 하면 긴장해서 망치는 당신이 반드시 들어야 할 대답"
> "창의적이지 못해 고민하는 당신이 반드시 들어야 할 대답"

어떤가? 이 제목을 보는 순간 나도 모르게 클릭해서 그 영상을 보게 되는 사람들이 많을 것 같지 않은가? 실제 조회 수도 평균 3만이다. 만약 이 영상의 제목이 책을 읽는 방법, 발표를 잘 하는 방법, 창의력을 키울 수 있는 방법이라고 되어 있다면 과연 얼마나 많은 사람들이 이 영상을 클릭했을까?

(2) 한눈에 쏙 들어오는 목차 만들기

목차는 앞으로 이야기할 것들을 개괄적으로 소개하는 것이다. 10분이 넘는 프레젠테이션을 할 때는 이런 목차 페이지가 있어야 한다. 청중은 앞으로 들을 내용에 대한 기대도 할 수 있고 프레젠테이션의 내용을 이해하기도 더 쉽다. 여행할 때 미리 지도를 보는 것과 마찬가지다. 간혹 프레젠테이션 자료를 보면 목차 페이지가 빠진 경우가 있는데, 5분 이내의 아주 짧은 발표가 아니라면 목차는 필수라고 생각하고 정리하자.

목차에는 발표의 각 소주제를 넣으면 된다. 소주제 역시 제목과 마찬가지로 명확해야 하고 호기심을 자아내야 한다. 전체 흐름이 매끄럽게 연결되도록 하는 것도 목차의 역할이다.

토의 7.2

아래의 두 가지 목차를 비교해보자.

수정 전	수정 후
1. 핀란드의 교육 제도 2. 핀란드 학교 방문 3. 방과 후 프로그램	1. 과제가 없는 핀란드 아이들 2. 프로젝트 중심의 커리큘럼 • 과목별 수업 관찰 • 스스로 하는 프로젝트 활동 3. 문화, 예술, 스포츠 중심의 방과 후 활동 4. 우리 교육에 주는 시사점

핀란드의 교육 제도를 살펴보기 위해 핀란드 학교를 방문한 후 발표 자료를 기획한 목차이다. 왼쪽의 목차는 소제목이 너무 일반적이어서 듣는 사람의 호기심을 자극하기에 부족하다. 이 목차를 개선해서 오른쪽 목차로 수정했다. 각 소주제별로 다루고자 하는 핵심 키워드를 살리고, 전체 흐름을 보여줄 수 있도록 수정한 것이다. 목차만 보더라도 전체 발표에서 이야기하고자 하는 것이 무엇인지 그 흐름을 파악할 수 있도록 한다.

① 이미 작성한 스토리보드의 내용을 토대로 팀 프로젝트의 목차를 작성하시오.
② ①의 목차를 핵심 키워드를 살려서 청중의 관심을 끌어들일 수 있는 목차로 수정해 보시오.
③ 수정 전과 후의 목차를 팀원들과 공유하시오. 팀원들과 협의하여 팀 프로젝트의 목차를 정하시오.

수정 전 목차	수정 후

3) 레이아웃과 글자 디자인하기

(1) PT의 쉼표, 간지 페이지

여러 장의 슬라이드를 이용해 발표할 때는 잠시 쉼표도 필요하다. 휴식의 의미가 아니라, 지금까지 어떤 이야기를 했는지 한마디로 정리하고 다음 이야기를 이어가는 다리 역할을 하는 페이지가 필요하다는 뜻이다. 청중의 주의를 환기시키는 의미에서 간지 페이지를 열어놓고 중간정리를 한 번 해 준다.

"지금까지 우리는 셀프웨딩 비즈니스의 시장성에 대해 알아보았습니다. 다음에는 셀프웨딩 의류 온라인 쇼핑몰 런칭 제안사항에 대해 말씀드리겠습니다." 이렇게 중간정리가 한 번 되면 듣는 사람들도 다음 단계로 넘어갈 때 생각정리가 잘 되면서 이야기에 몰입하게 된다.

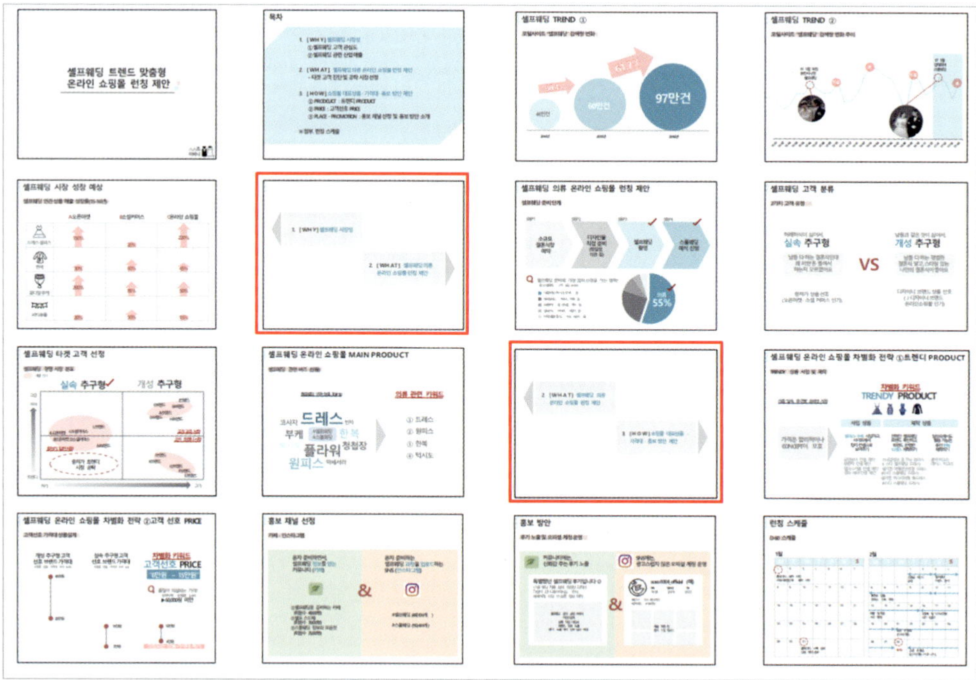

총 14장의 슬라이드를 발표하면서 3개의 목차에 따라 2개의 간지 화면을 사용했다.

[그림 7-5] 간지 페이지

(2) 깔끔하고 보기 편한 레이아웃

레이아웃은 배열, 배치라는 뜻이다. 그림이나 글을 어떤 공간에 어떻게 놓아야 가장 효과적이고 아름답게 보일까 고민하는 것이 레이아웃이다. 방에 침대와 책상과 서랍장을 어떻게 놓을까 하는 것, 자기 책상 위에 책꽂이와 컴퓨터와 스탠드를 어떻게 놓을까 하는 것도 레이아웃에 해당한다.

무엇이든 보기에 깔끔하고 쓰기에 편하게 놓는 것이 당연하다. 프레젠테이션 자료를 만들 때도 마찬가지다. 한 페이지에 넣을 내용이 정해졌다면 그 내용을 어떤 식으로 구성하고 배치하느냐가 중요하다. 보기에 너무 복잡하고 어지러우면 잘못 배치한 것이다.

레이아웃을 잡을 때는 일단 내용을 먼저 생각한다. 한 페이지에 포인트가 몇 개인지 보고 레이아웃을 정한다. 페이지를 만들 때마다 매번 레이아웃을 다시 할 것이 아니라, 몇 가지를 정해놓고 거기에 맞추어 쓰면 된다. 이때 한 화면에 가급적 세 가지 이상의 내용을 배치하지 않는다는 점을 기억하자. 세 가지 이상의 항목이 나오게 되면 발표를 듣는 사람들 머릿속에 남기 힘들다.

▲ 이미지와 중요 메시지가 하나일 경우:
중요한 메시지를 가운데 두고, 눈에 확 띄게 한다.

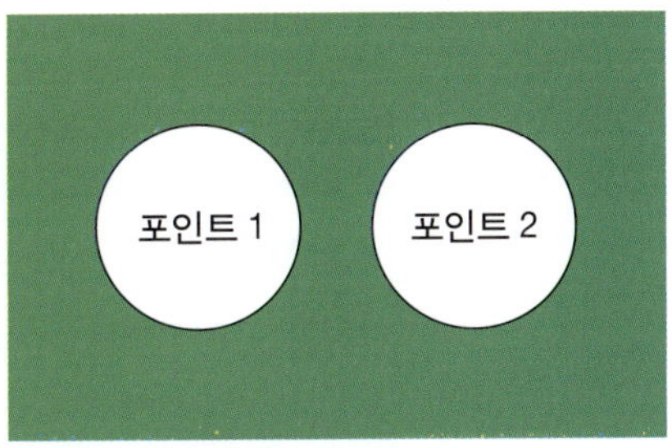

▲ 포인트가 두 가지이거나 비교나 대조를 할 경우:
두 가지 포인트를 동일한 크기로 나란히 배열한다. 비교나 대조를 할 때는 가운데 vs를 넣기도 한다.

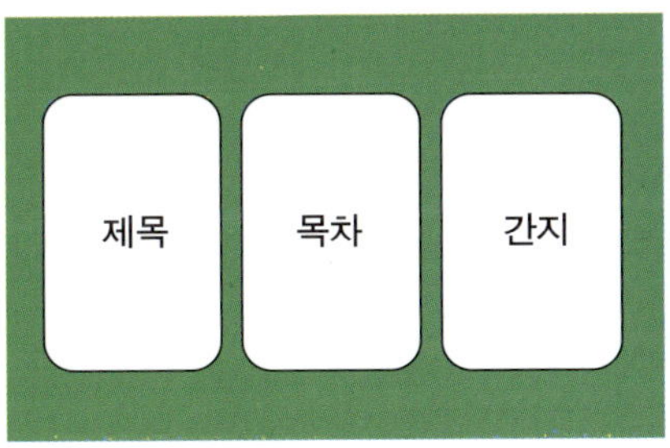

▲ 포인트가 여러 개일 경우 1:
세 개를 나란히 정중앙에 간격을 동일하게 유지하면서 배치해 본다.

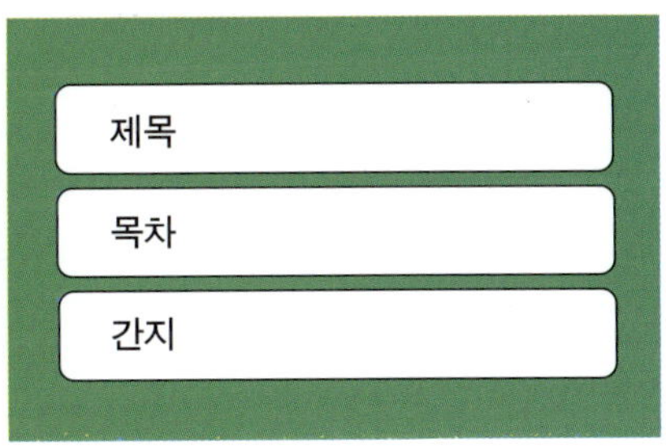

▲ 포인트가 여러 개일 경우 2:
세 개를 세트로 나란히 정 중앙에 간격을 동일하게 유지하면서 제시하기도 한다.

[그림 7-6] 레이아웃 설계

포인트를 제시할 때 파워포인트에서 편하게 도형 이미지와 차트를 골라 선택할 수 있는 기능이 있다. 제9장에서 다룰 '스마트 아트'와 '차트'라는 메뉴를 활용하면 도형과 그래프 활용에 대한 고민을 줄일 수 있다.

(3) 글자 크기와 색깔 선택

폰트만 잘 골라 써도 메시지를 강조할 수 있다. 우리가 참고서를 볼 때 굵은 고딕체가 등장하면 그것이 중요 포인트라고 느끼는 것과 마찬가지다. 폰트의 종류는 수십 가지가 넘지만 PPT로 만든 자료에 글자를 넣을 때는 고딕체를 쓸 것을 권장한다. 특히 HY견고딕, 나눔고딕, 맑은고딕, 헤드라인M 폰트를 사용하면 발표 자료가 깔끔해 보인다. 이때 무엇보다 중요한 것은 폰트를 이것저것 섞어 쓰지 않는 것이다. 한두 개의 폰트만 사용하면서 메시지의 중요도에 따라 굵고 가는 정도를 변경하는 것이 보기에 편하다. 글씨의 색깔 역시 2~3가지로 한정하는 것이 좋다.

발표 자료에 적합한 폰트 사용 TIP

파워포인트 사용에 적합한 폰트		
HY견고딕	나눔고딕	맑은 고딕
HY헤드라인M	Arial	Vrinda

파워포인트 사용에 적합하지 않은 폰트		
HY견명조	HY궁서	HY신명조

- **나눔고딕 폰트를 다운받을 수 있는 방법**

  나눔고딕 폰트는 네이버에서 제공하는 무료 폰트이다.
  http://hangeul.naver.com/2016/nanum 이 주소로 들어가서 나눔고딕 폰트를 다운 받아 내 PC에 설치하면 무료로 편리하게 사용할 수 있다.

토의 7.3

우리는 제5장에서 프레젠테이션의 논리구조를 만들기 위한 서론 · 본론 · 결론의 단계별 프레젠테이션 실행 프로세스에 대해 알아보았다.

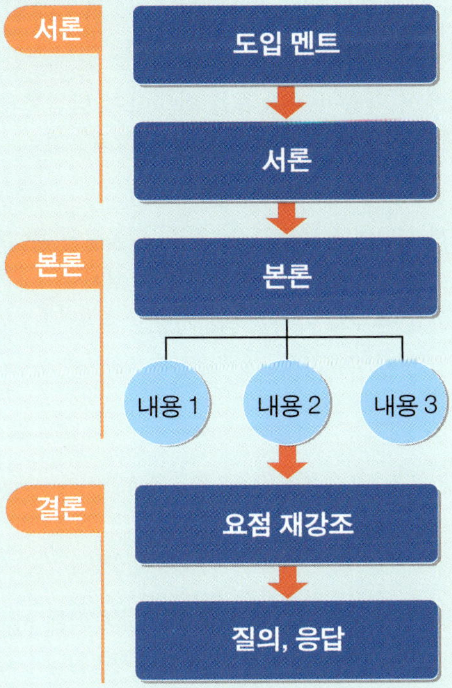

프레젠테이션 실행 프로세스

① 프레젠테이션 실행 프로세스에 따라 팀 프레젠테이션의 서론 · 본론 · 결론 부분을 어떻게 준비할지 토의하시오.

② 파워포인트의 슬라이드 마스터 기능을 활용하여 팀 프로젝트의 주제와 내용에 가장 적합한 배경 템플릿을 만들어 보시오. 적합한 배경 템플릿이 없을 경우 팀원과 토의하여 기본 배경 화면을 디자인하시오.

③ 팀 프로젝트의 주제와 내용에 적합한 글자 폰트와 크기를 정하시오.

수행과제

프레젠테이션 자료를 만들 때, 내용적 측면에서 청자(듣는 사람)를 설득하기 위한 논리 구상은 매우 중요하다. 하지만 아무리 탄탄한 논리적 흐름의 내용일지라도 전체적 분위기에 맞지 않는 디자인과 콘셉트로 프레젠테이션의 집중도를 떨어뜨린다면 프레젠테이션 실패의 원인이 될 수 있다. 앞에서 학습한 내용들을 반영하여 팀원들과 지금까지 진행된 팀 프로젝트 과제의 자료를 파워포인트를 이용하여 직접 만들어보시오.

❶ 팀 프로젝트 프레젠테이션 자료의 전체적인 디자인과 템플릿의 콘셉트를 정하시오.

❷ 토의 7.2에서 만든 팀 프로젝트의 목차 페이지를 만들어 보시오.

❸ 대표적인 레이아웃을 정하고, 폰트의 규칙을 정하시오.

학습요약

1. 제안서는 자신의 의견이나 원하는 바를 서면으로 제시하여 다른 사람을 설득함으로써 일을 수행할 수 있도록 하는 문서이다. 제안서는 '목차 구성→작업할당→제안서 작성→제안서 검토'의 4단계 절차에 따라 작성한다.
2. 프레젠테이션을 위한 자료의 템플릿은 내가 발표하고자 하는 내용을 고려하여 결정한다.
   〈무료 템플릿 제공사이트〉
   - 네이버 한글 문서(http://hangeul.naver.com/document)
   - Presentation Magazine(http://www.presentationmagazine.com/)
   - SlideShare(http://slideshare.net)

참고자료

김홍진(2014), 입찰 전쟁에서 승리하는 제안의 기술, 프리렉, 8-18.
클라우스 슈밥 외 26인(2016), 4차 산업혁명의 충격, 흐름출판, 178-179.
페트릭 포사시스, 이진원 옮김(2010), 읽고 싶은 보고서 · 제안서, 비즈니스맵, 117-181.

Chapter

08

비주얼 자료 개발

학습목표

프레젠테이션 자료 작성을 위한 비주얼 자료 작성원리를 학습한 후, 데이터와 텍스트로 된 자료를 시각화하는 방법에 대해 탐구한다.

1. 비주얼 자료 작성원리를 설명할 수 있다.
2. 수치 데이터를 표와 그래프로 작성할 수 있다.
3. 텍스트로 된 자료를 도형관계로 표현할 수 있다.

1. 비주얼 자료 작성원리

사람들은 문자나 숫자로 된 정보보다는 도형이나 이미지로 된 정보를 더 쉽게 이해하며 오래 기억한다. 비주얼 자료는 단순화, 일관성, 이미지화, 컬러화의 원리에 따라 작성한다.

1) 단순화의 원리

스탠퍼드대 경영대학원의 교수인 칩 히스와 댄 히스는 『스틱』이라는 책에서 사람들에게 자신의 아이디어를 착 달라붙게 하는 6가지 기본 원리를 이야기했다. 그 원리 중 가장 첫 번째로 꼽은 것이 바로 단순성이다.

듣는 사람은 단순하면서도 강한 메시지를 원한다. 이것저것 주절주절 설명해도 듣는 사람 머릿속에는 한두 가지만 기억에 남을 뿐이다. 따라서 내가 전달하고자 하는 핵심 내용이 무엇인지를 계속 생각하면서 포인트만을 강조하는 것이 중요하다. 그러기 위해서 우리가 처음부터 끝까지 가져가야 하는 질문은 “내가 이 발표를 왜 하지?”, “무엇을 이야기하려고 하지?” 그리고 “그것을 어떻게 하자는 거지?”라는 “Why–What–How”이다.

주요 뼈대와 상관없는 부가적인 이야기는 아깝지만 도려내고, 핵심내용을 잘 전달할 수 있는 것에만 집중한다. 프레젠테이션 자료를 작성할 때도 꼭 필요한 내용만 중점적으로 넣어 자료에서 핵심 키워드가 보는 사람들 눈에 잘 들어올 수 있도록 한다.

2) 일관성의 원리

동일 주제의 프레젠테이션에 대한 시각 자료는 모양 · 크기 · 색깔 · 글꼴, 폰트 사이즈 등에 있어 일관성을 유지하는 것이 효과적이다. 이를 위해 가능한 탬플릿을 사용하고 슬라이드 마스터 기능을 활용한다.

3) 이미지화의 원리

비주얼 자료는 프레젠테이션 내용과 연관된 그림이나 표, 그래프, 도형, 차트 등을 이용하여 이미지화한다. 이미지를 사용할 때는 다음의 3가지를 꼭 기억하자.

- 전달하고자 하는 내용을 설명할 수 있는 이미지일 것
- 선명도가 좋은 이미지를 사용할 것
- 사용해도 되는 이미지인지 저작권 문제를 확인할 것

우리가 과제용으로 인터넷에 있는 이미지를 다운받아 활용할 때에는 저작권의 문제를 크게 신경 쓰지 않아도 되지만 이미지의 출처만큼은 정확하게 밝혀야 한다. 또한 과제를 간혹 인터넷상에 올릴 때가 있는데, 이때에는 저작권자가 사용해도 된다는 허락을 한 이미지만 사용해야 한다.

4) 컬러화 원리

색은 사람의 심리를 직접 움직이게 하며 장소에 따라 사용해서는 안 되는 색깔도 있다. 또한 신호등이나 길 표지판처럼 과학적 근거에 의해 색을 사용하는 경우도 있다. 프레젠테이션을 하기 위한 비주얼 자료를 제작하고자 할 때에는 컬러 선택 시 다음과 같은 점을 고려해야 한다.

- 청중의 시선을 끌 수 있는 색
- 주제와 부합되는 색
- 대비가 잘 되는 색
- 쉽게 피로를 느끼지 않는 색
- 장시간 보아도 싫증이 나지 않는 색

한 슬라이드에는 세 개 정도의 색으로 제한하여 사용하는 것이 좋다. 여러 개의 색을 꼭 사용해야 하는 경우에는 색의 채도나 명도를 달리하여 사용하는 것이 좋다.

토의 8.1

한동안 애플의 스티브 잡스와 마이크로소프트사의 빌 게이츠의 발표 장면을 비교하는 기사를 많이 접할 수 있었다. 기사의 주요 내용은 이미지 하나로 모든 것을 표현하는 스티브 잡스와 글자와 그래프가 빽빽히게 제시된 화면을 앞에 두고 이야기하는 빌 게이츠의 모습을 비교하는 것이었다. 대중은 발표 장면에서만큼은 스티브 잡스를 선호했다. 영상과 이미지가 넘쳐나는 요즘에는 긴 글보다 이미지 하나로도 많은 것을 이야기해줄 수 있는 발표를 선호하기 때문이다. 다음에 제시된 스티브 잡스와 빌 게이츠의 프레젠테이션 영상을 보고 다음 각 질문에 대한 의견을 정리하고, 팀원들과 토의하시오

〈Steve jobs : iphone presentation〉
 https://www.youtube.com/watch?v=EEEPkThgKM4
〈Bill Gates : The next outbreak? We are not ready〉
 https://www.ted.com/talks/bill_gates_the_next_disaster_we_re_not_ready

① 스티브 잡스와 빌 게이츠의 프레젠테이션은 어떤 차이를 보이는가? 두 사람의 프레젠테이션 장단점에 대해 분석하시오.
② 스티브 잡스와 빌 게이츠의 프레젠테이션 자료는 어떤 차이를 보이는가? 두 사람의 프레젠테이션 자료상의 장단점에 대해 분석하시오.
③ 팀 프레젠테이션의 비주얼(visual) 자료를 어떻게 작성할 것인지 기본방향(레이아웃, 기본 컬러 등)에 대해 논의하시오.

프레젠테이션에 활용되는 시각자료의 유형은 표, 그래프, 도형이다. 보통 수치로 된 정량적 데이터는 표나 그래프로 작성한다. 텍스트로 된 정성적 데이터는 도형 관계로 표현한다. 보다 강한 임팩트를 주고자 할 때 그림이나 동영상을 활용하기도 한다.

[그림 8-1] 비주얼 도안의 유형

2. 수치 데이터의 시각화

1) 표 만들기

표의 종류에는 3가지가 있다. 정량적 표현이 가능한 숫자형 표와 정성적 표현이 가능한 정보형 표, 그리고 체크형 표이다.

(1) 숫자형 표 만들기

숫자의 의미를 쉽게 보여주는 방법은 그래프가 가장 좋다. 표는 그래프 작성의 기초 데이터이기도 하지만 경우에 따라 그 자체가 비주얼 도안으로 활용된다. 표를 만들 때는 다음 사항을 고려사항이 있다.

- 횡축에는 가급적 시간적인 배열이나 순서를 넣는다.
- 종축에는 항목이나 아이템 등을 넣는다.
- 항목은 논리적인 순서에 따라 나열한다.
- 중요한 행, 열, 셀에는 시각적 효과를 위해 색깔을 연하게 넣어 강조한다.

〈표 8-1〉 산업별 · 연도별 ○○현황

구분	20△△	20△△	20△△	20△△
A 산업	87	93	102	113
B 산업	23	39	57	83
C 산업	63	52	34	12
계	173	184	193	208

(2) 정보형 표 만들기

표는 정성적인 내용 또한 쉽게 정리하여 보여줄 수 있다. 각 셀에 들어가는 표현은 압축하여 세련되게 표현한다. 수식어는 가능한 생략하고 개조식 문장(명사형 종지법)으로 간결하게 작성한다.

〈표 8-2〉 사업영역별 주요 역량

영역	주요 역량
사업기획	• 전문가 확보 • 산업교육 훈련 역량 • 이러닝 운영 역량
개발	• 기술분야 이러닝 개발 프로젝트 실적 • 방송 전문 역량 • 최고 수준의 시설과 인프라
확산 · 보급	• 산업현장교수 중심 훈련교수 보유 • 산업기관 단체 제휴 역량 • ICS 협력

(3) 체크형 표 만들기

셀 안에 숫자나 텍스트가 아닌 기호를 넣은 체크형 표를 통해 메시지를 전달할 수도 있다.

〈표 8-3〉 요일별 학생 상담센터 근무자 현황

구분	월	화	수	목	금
김경진	●		●		
박연희		●		●	
서미숙			●		●

2) 그래프 만들기

발표 자료에서 통계 데이터를 제시할 때 대부분 그래프를 사용한다. 그래프는 수치를 비교하거나 그 수치의 변화 추이를 한눈에 보여준다.

(1) 그래프 작성 프로세스

그래프는 4단계의 작성 프로세스를 거쳐 완성한다.

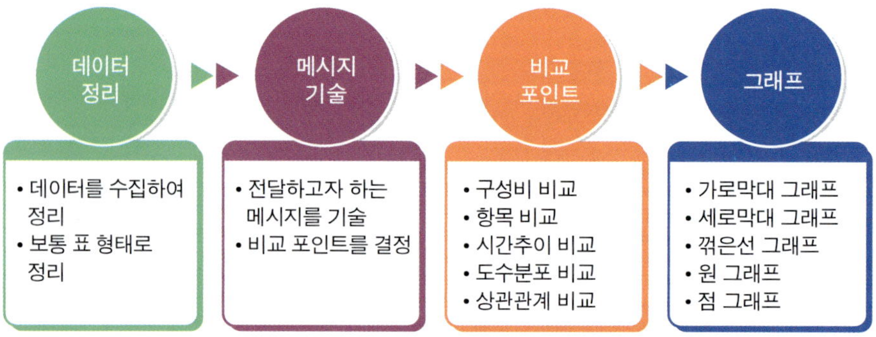

[그림 8-2] 그래프 작성 프로세스

❶ 데이터 정리

수집된 데이터는 보통 표로 정리하여 제시한다.

❷ 메시지 기술

데이터를 분석하여 의사결정에 활용할 의미 있는 정보, 즉 메시지를 추출하는 단계이다. 이를 통해 어떤 부분을 비교 · 설명할지, 전달 메시지를 무엇으로 할 것인지를 결정한다. 산업별 · 연도별 매출 현황을 나타내는 〈표 8-4〉를 통해 메시지를 분석해 본다.

- 전체 산업의 매출 규모가 성장하고 있다,
- B 산업의 매출 규모가 급격한 성장세를 보이고 있다.
- C 산업의 매출 규모가 급속히 낮아지고 있다.

위의 메시지 외에 〈표 8-4〉를 통해 다른 어떤 메시지 추출이 가능한가?

〈표 8-4〉 산업별 · 연도별 매출 현황　(단위: 천 억, %)

구분	20△△	20△△	20△△	20△△
A 산업	87	93 (6.9)	102 (9.7)	113 (10.8)
B 산업	23	39 (69.6)	57 (46.2)	83 (45.6)
C 산업	63	52 (▼17.5)	34 (▼34.6)	12 (▼64.7)
계	173	184 (6.4)	193 (4.9)	208 (7.8)

❸ 비교 포인트

메시지는 구성비 비교, 항목 비교, 시간추이 비교, 도수분포 비교, 상관관계 비교로 집약된다.

〈표 8-5〉 비교 포인트 유형

비교 유형	메시지 내용
구성비 비교	비율, 전체 백분율, ○○%를 차지하는 등의 표현
항목 비교	'~보다 많은, ~보다 적은'과 같이 항목 간의 크기 비교
시간추이 비교	'성장한다, 증가한다, 하락한다, 변동한다' 등의 추세 분석
도수분포 비교	분포, 범위, 팀, 계층, 집중 등의 표현
상관관계 비교	'~에 관련하다, ~에 따라 증가한다, ~에 따라 변화한다, ~와 관계가 있다' 등의 상호 관련성 분석

❹ 그래프 작성

비교 유형에 따라 적합한 그래프가 있다. 가장 쓰임새가 많은 그래프는 가로막대 그래프이고, 세로막대 그래프, 꺾은선 그래프순으로 활용도가 높다. 원 그래프는 구성비 이외에는 활용도가 적으며, 점 그래프도 상관 비교 이외에서는 거의 활용하지 않는다.

■ 가로막대 그래프

가로막대 그래프는 항목 간의 크기(순위) 비교에 효과적이다. 이때는 큰 것부터 순서대로 배치한다. 상관 비교, 구성비 비교에도 적합하다.

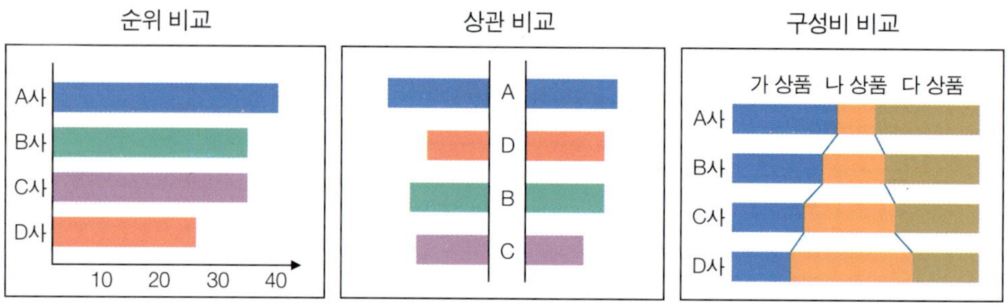

[그림 8-3] 가로막대 그래프

■ 세로막대 그래프

세로막대 그래프는 항목의 크기 비교와 시간추이 비교, 구성비 비교에 모두 적합하다.

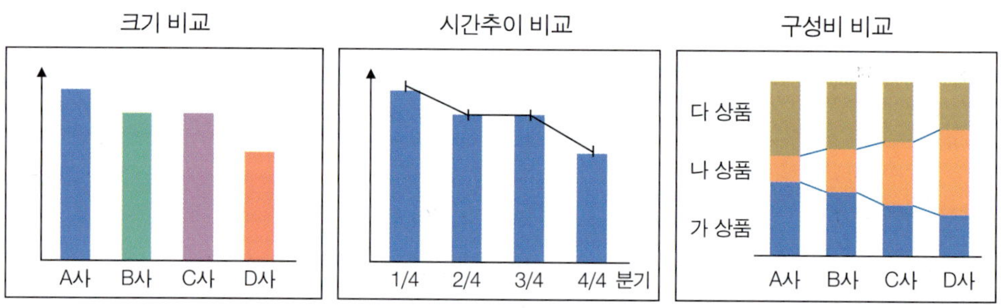

[그림 8-4] 세로막대 그래프

■ 꺾은선 그래프

꺾은선 그래프는 시간 흐름에 따른 수치의 변화, 또는 추세를 표현할 때 효과적이다. 또한 반대되는 요소 간의 합성을 통해서 그 차이를 분명하게 표현할 수도 있다.

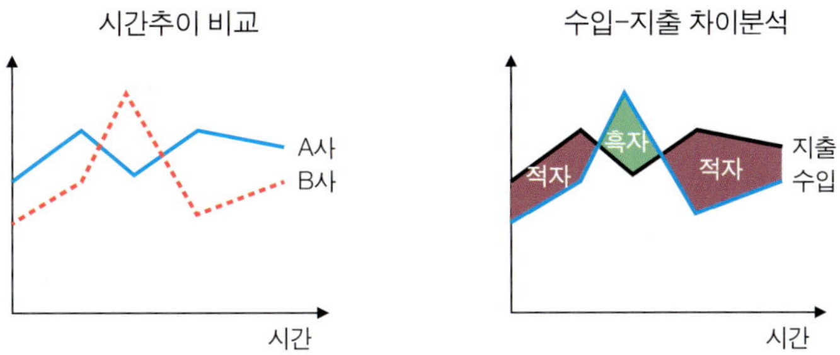

[그림 8-5] 꺾은선 그래프

■ **원 그래프**

원 그래프는 구성요소별 비율을 나타낼 때 유용하다. 일반적으로 시장점유율, 지지율 등을 표현할 때 많이 쓴다.

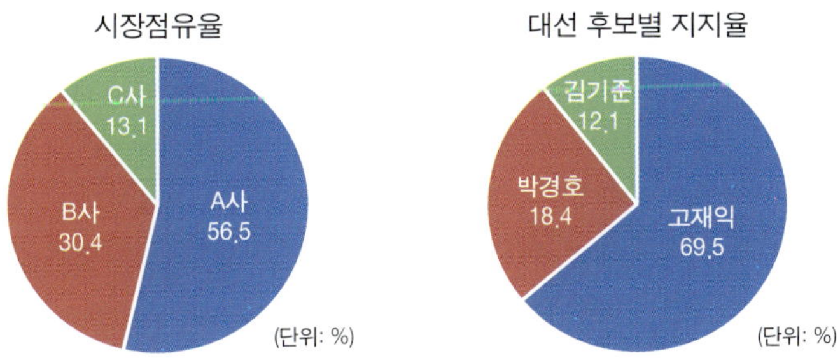

[그림 8-6] 원 그래프

■ **점 그래프**

점 그래프는 두 데이터 상호 간의 관계성을 분석할 때 사용한다. [그림 8-7]의 그래프는 가격할인-판매량의 상관관계를 통해 상품의 가격 탄력성을 분석하는 그래프이다. 예시의 상품은 가격을 낮추자 판매량이 증가하므로 가격탄력성이 높은 제품이다.

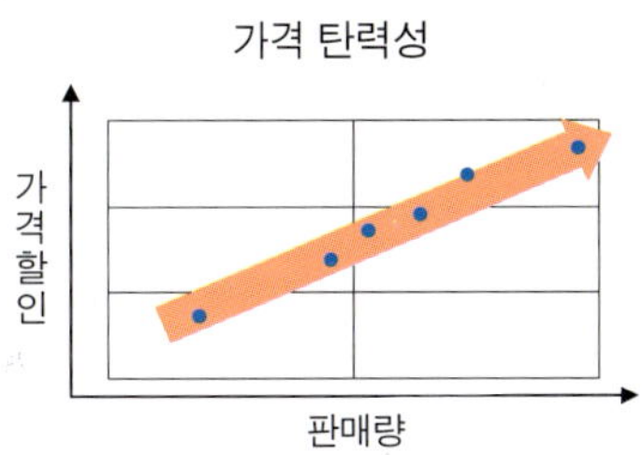

[그림 8-7] 섬 그래프

토의 8.2

다음의 정보를 표와 그래프를 사용하여 시각화해 보시오.

한국의 여성들은 불안정한 취업 환경에 놓여 있다. 남성 취업자의 경우 2%만이 무급 가족 종사자인 데 반해 여성 취업자의 경우 무려 22%가 무급 종사자로 일하고 있다. 임금 근로자의 경우 남성은 63%, 여성은 58%를 나타내고 있으나, 여성 근로자 중 매우 높은 비율이 비정규직인 임시 · 일용직에 머물러 있다. 고용주이거나 자영업자는 남성이 35%, 여성이 20%를 나타내고 있다.

① 텍스트로 된 자료를 표로 작성하시오.
② 이 자료(표)를 통해 추정할 수 있는 메시지는 무엇인가? 이 메시지들을 종합적으로 판단하면 어떤 결론을 내릴 수 있는가?
③ 메시지를 효과적으로 전달하기 위하여 어떤 그래프를 활용해야 하는가? 정보를 그래프로 표현하시오.

3. 정성 데이터의 시각화

1) 도식화 하기

도식화는 사물의 구조 · 관계 · 상태 · 변화 등을 그림이나 양식으로 표현하는 것이다. 도식화의 목적은 텍스트 정보를 한눈에 알아볼 수 있도록 하는 것이다. 도식화는 전달하고자 하는 정보나 주장을 '핵심용어화' 하고, 이를 구조화 · 시각화하여 완성한다.

[그림 8-8] 도식화 프로세스

(1) 핵심용어화

PPT의 페이지마다 자료의 중요성과 양에 차이가 있을 수 있으나, 각각의 페이지는 전달하고자 하는 메시지나 주장이 반드시 존재한다. 핵심용어화는 해당 페이지의 텍스트 정보를 통해 전달하고자 하는 메시지나 주장에 가장 적합한 핵심용어를 선정하는 것이다. [그림 8-9]의 사례를 보면 이해가 쉽다.

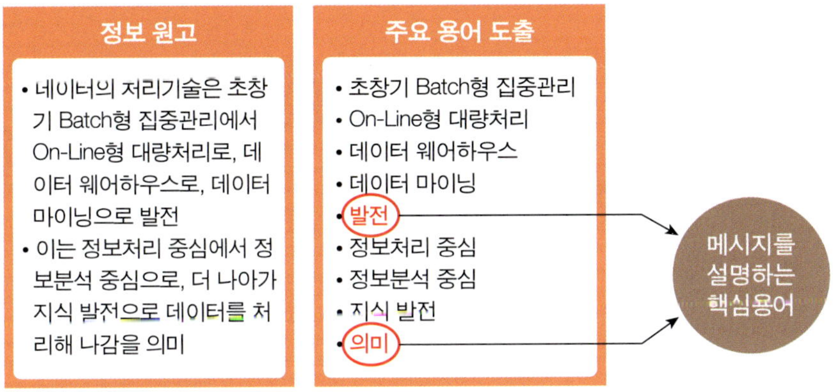

[그림 8-9] 핵심용어 도출

(2) 구조화

핵심용어 도출을 마치면 용어 간의 관계를 파악한다. 도형이나 선으로 용어 간의 관계를 쉽게 이해할 수 있도록 표현한다. [그림 8-10]의 사례를 통해 구조화를 이해해보자.

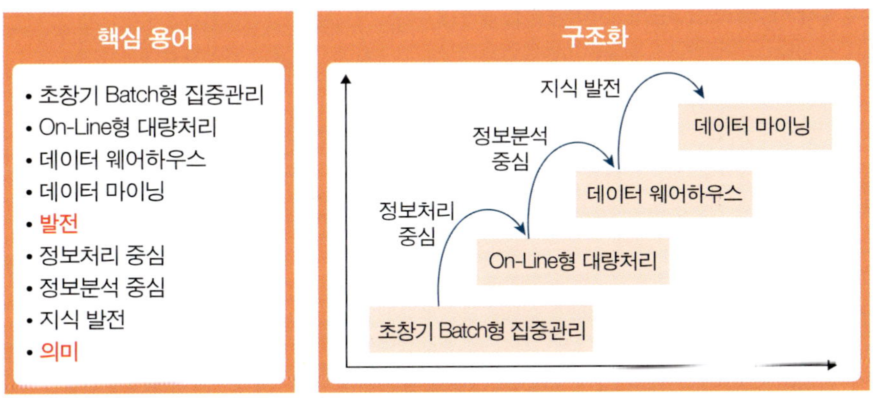

[그림 8-10] 구조화

(3) 시각화

시각화는 구조화된 내용을 보다 이해하기 쉽고 메시지를 강조하기 위해 디자인을 다듬는 작업이다. 도형이나 선에 변화를 주거나 음영을 주어 표현의 강약을 줄 수 있다. 시선의 흐름과 균형을 고려하여 도형 · 이미지 · 표 등을 활용해 전체적인 구성을 완성한다. 시각화 작업은 인터넷에 있는 다이어그램을 찾아 활용하면 좋다.

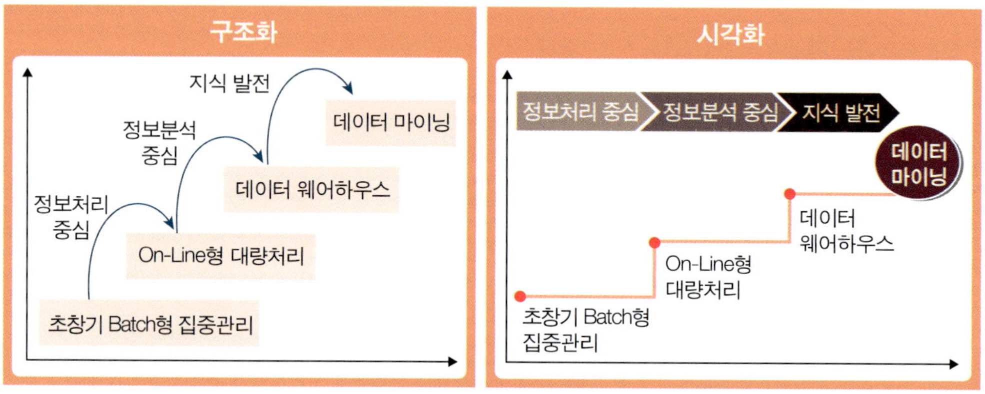

[그림 8-11] 시각화

2) 도형 만들기

도형 만들기는 사각형, 삼각형 등의 도형을 직선, 화살표 등으로 연결하여 상호 연관성을 나타내는 데 활용된다. 도형 간의 연속관계나 원인과 결과의 패턴을 나타내는 데 효과적으로 활용된다. 도형의 구조에는 써클형, 트리형, 프로세스형, 매트릭스형의 4가지 구조가 주로 사용된다.

(1) 써클형 구조

써클형 구조는 구성요소를 추출하여 원으로 그리고 선으로 관계를 나타내는 것이다. 인터넷에서 다이어그램이라는 키워드로 검색을 하면 기존에 만들어진 도형들을 다운로드 받아 사용할 수 있다.

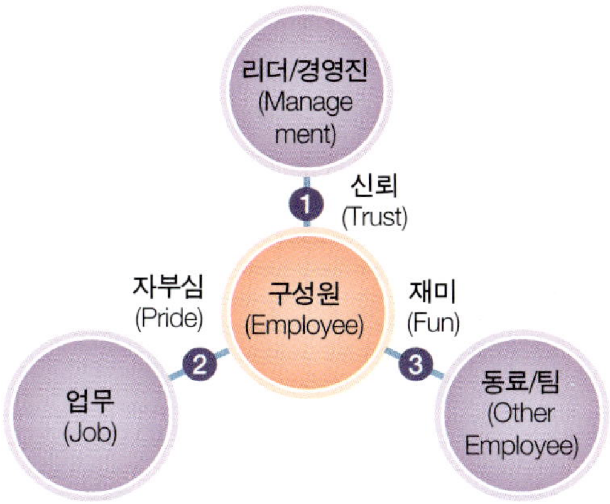

[그림 8-12] 써클형 구조

(2) 트리형 구조

트리형은 가장 설득력이 높은 논리 구조이다. 제안서나 발표 자료를 작성하기 위해 조사한 수많은 사료와 이를 통해 도출된 많은 아이디어들은 단지 나열하는 것으로는 의미가 없다. 수집한 자료와 아이디어를 특성이나 관계에 따라 분류하고, 이를 위계에 따라 정리하는 것이 트리형 구조의 핵심이다.

이익 극대화 아이디어	
가공비 절감	판매촉진
매출 확대	외주비 절감
재료비 절감	광고선전
설비투자 축소	인건비 절감
변동비 절감	우대조건 제시
재구매고객 확보	광열비 절감
비용 절감	고정비 절감
고가품화	기존고객 매출 증대
할인율 인하	신규고객 매출 창출

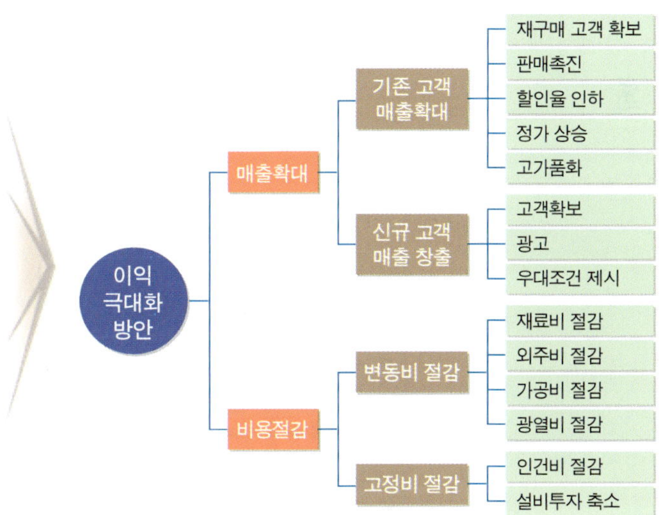

[그림 8-13] 트리형 구조

(3) 프로세스형 구조

프로세스형은 시간 또는 업무상의 순서나 흐름을 잘 보여준다.

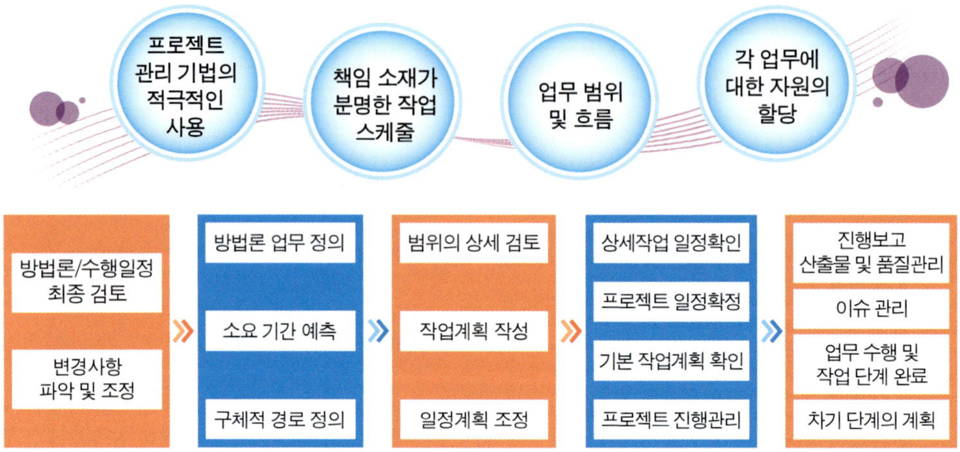

[그림 8-14] 프로젝트 일정관리

(4) 매트릭스형 구조

특정한 두 요인을 기준으로 각 요소의 분포상황, 위치, 이동성을 나타낼 때 사용한다. 평면상에 세 가지 이상의 중요정보를 시각화할 수 있어 많이 활용하는 시각화 툴이다.

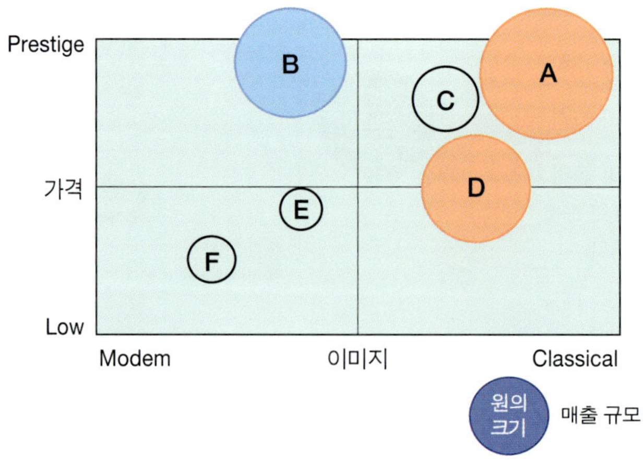

[그림 8-15] 제품별 positioning

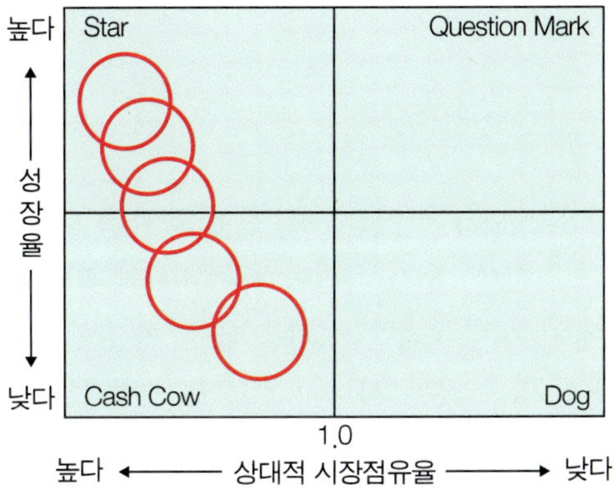

[그림 8-16] A제품의 분기별 매출 규모 변화 추이

토의 8.3

평면상에 3개 이상의 중요한 경영정보를 표현할 수 있는 2x2 매트릭스는 보고서나 제안서, 기획서 등의 다양한 비즈니스 문서에서 가장 많이 활용되는 비주얼 자료이다.

① [그림 8-15] 제품별 positioning을 나타낸 2x2 매트릭스를 보고 메시지를 도출하시오.
② [그림 8-16] A제품의 분기별 매출 규모 변화 추이를 나타낸 2x2 매트릭스를 보고 메시지를 도출하시오.
③ 제6장. 수행과제에 있는 의류 3사의 경영정보를 토대로 2x2 매트릭스를 작성하시오. 작성한 매트릭스를 상호 비교하시오.

수행과제

집단 속에 참여하는 개인의 수가 늘어갈수록 전체 성과에 대한 1인당 공헌도가 오히려 떨어지는 현상이 발생하기도 한다. 혼자서 일할 때는 100의 역할을 하는 구성원이 집단 속에서 함께 일할 때는 이에 미치지 못하는 성과를 내는 현상을 조직 심리학에서는 '링겔만 효과'라고 부른다. 우리가 잘 알고 있는 '시너지 효과'와 반대되는 개념이라고 할 수 있다.

독일의 심리학자 링겔만은 줄다리기를 통해 집단에 속한 각 개인들의 공헌도의 변화를 측정하는 실험을 해 보았다. 개인이 당길 수 있는 힘의 크기를 100으로 보았을 때, 2명, 3명, 8명으로 이루어진 각 팀은 200, 300, 800의 힘이 발휘될 수 있을 것으로 기대되었다. 그러나 실험 결과에 따르면, 2명으로 이루어진 팀은 잠재적인 기대치의 93%, 3명 팀은 85%, 그리고 8명으로 이루어진 팀은 겨우 49%의 힘의 크기만이 작용한 것으로 나타났다. 즉, 팀 속에 참여하는 개인의 수가 늘어날수록 1인당 공헌도가 오히려 떨어지는 현상이 발생한 것이다. 이는 혼자서 일할 때보다 집단 속에서 함께 일할 때 노력을 덜 기울이기 때문에 나타나는 현상이다.

팀 프로젝트를 준비하면서 이러저런 이유로 팀 내에 링겔만 효과가 나타나면 팀원 간의 갈등이 표출되어 팀 프로젝트에 실패할 확률이 높아진다. 모두들 여러 가지 상황으로 힘에 겹더라도 서로 다독거리며 공동의 목표를 성공적으로 이루어내기 위해 격려하고, 인정하고 자기 역할을 다함으로써 링겔만 효과가 아닌 시너지 효과를 내는 팀이 되어야 할 것이다.

팀 프로젝트 프레젠테이션을 위한 비주얼 자료를 팀원들과 함께 연구하여 작성하시오.

❶ 프로젝트 수행정보 부문에 실려 있는 "셀프웨딩 트렌드 맞춤형 온라인 쇼핑몰 런칭 제안" 자료를 참고하시오.

❷ 팀 프레젠테이션을 준비해 온 지금까지의 자료를 토대로 최종 PPT 자료 작성을 위한 아이디어를 정리하시오.

❸ 토의 결과를 토대로 팀 프레젠테이션용 비주얼 자료를 작성하시오.

학습요약

1. 비주얼 자료는 단순화, 일관성, 이미지화, 컬러화의 원리에 따라 작성한다.
2. 프레젠테이션에 활용되는 시각자료의 유형은 표, 그래프, 도형이다. 보통 수치로 된 데이터는 표나 그래프로 작성한다. 텍스트로 된 데이터는 도형관계로 표현한다.

참고자료

김홍진(2014), 입찰전쟁에서 승리하는 제안의 기술, 프리렉.
이재희(2010), 한권으로 끝내는 기획 & 프레젠테이션, 케이앤제이.

Chapter

09

파워포인트 활용 테크닉

학습목표

PPT 작성을 위한 핵심기술과 동영상 자료 개발, 그리고 슬라이드 쇼 실행 스킬에 대해 학습한다.

1. PPT 작성을 위한 핵심기술을 적용할 수 있다.
2. 동영상 자료를 편집(자르기, 붙이기, 자막 넣기)하여 활용할 수 있다.
3. 파워포인트 슬라이드 쇼 실행 스킬을 적용할 수 있다.

1. PPT 작성 핵심기술 적용하기

(1) 슬라이드 마스터 활용

문서 작성 시에 [슬라이드 마스터] 기능을 활용하면 전체적인 분위기 변경, 또는 제목 줄의 폰트나 색상변경 등을 할 경우 매우 편리하고 간단하게 할 수 있다. 처음에는 익숙하지 않겠지만 계속 써보면 전체적인 문서작성 시간이 10~20% 절감될 수 있다.

(2) 슬라이드 내 폰트 변경 방법

한 장의 슬라이드 내에 작성한 폰트를 일괄 수정하는 방법으로 [Ctrl+A]를 실행하여 전체 개체를 선택하고 '글꼴탭'에서 폰트를 수정한다.

(3) 문서 전체에서 특정 폰트나 특정 단어를 일괄 변경하는 방법

문서 전체에 사용된 특정 폰트(예, 굴림)를 다른 폰트(예, 맑은 고딕)로 일괄 변경하는 방법으로 '홈탭'에서 '바꾸기'를 클릭하고, '글꼴 바꾸기'를 선택하여 원하는 폰트로 일괄 변경한다. '바꾸기'를 선택하여 특정 단어를 원하는 단어로 일괄 변경할 수도 있다(예: 참석자→청중).

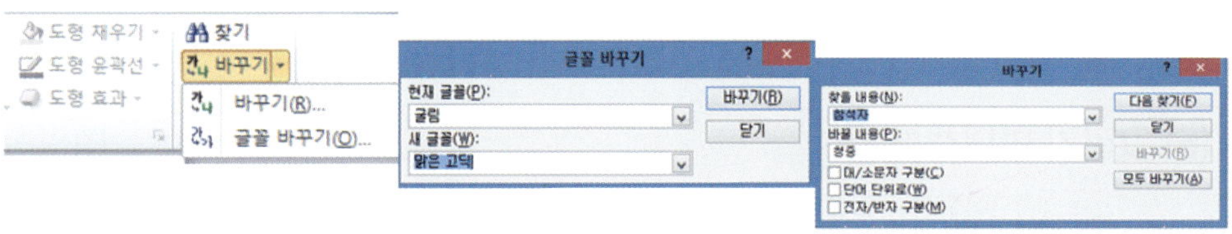

(4) 복제

복사와 유사하지만 개체가 갖고 있는 특성까지 동일하게 적용해주는 방법으로, 먼저 복사하려는 개체를 선택한 후 [Ctrl+D]를 통해 복제를 실시한다. 이후 원하는 위치로 복제된 개체를 이동시키고 [Ctrl+D]를 하면 같은 간격으로 원하는 만큼 복제가 된다.

(5) 인터넷 이미지 자료 캡처

특정 회사를 대상으로 제안 프레젠테이션을 할 때, 그 기업의 홈페이지 이미지 자료를 활용하면 효과적이다. 인터넷에 있는 각종 이미지 자료를 캡처(capture)하려면 먼저 원하는 이미지가 있는 사이트로 이동한 후, 키보드상의 [Prt Sc] 버튼을 눌러 이미지 화면을 캡처한다. 다시 이미지 자료를 삽입하고자 하는 PPT 화면으로 돌아와 '붙여넣기(Ctrl+V)'를 하고, 서식탭에서 [자르기] 기능을 선택해 필요한 부분만 남기고 불필요한 부분을 잘라낸 후 슬라이드 크기에 맞게 이미지 자료를 조정한다.

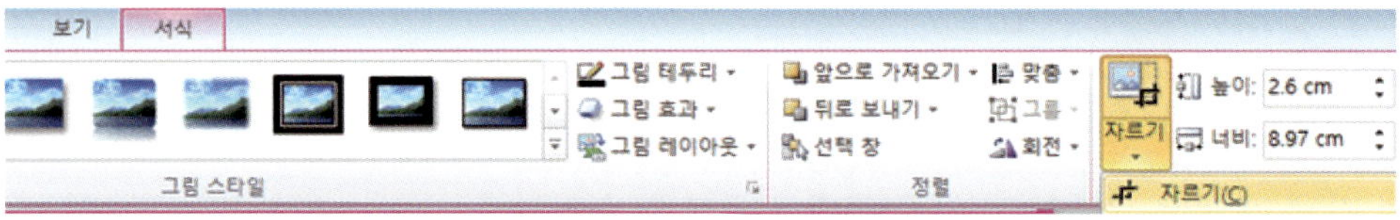

서식 탭의 조정 기능을 활용해 캡쳐한 이미지 자료의 컬러나 명도, 채도를 바꿀 수 있다. 그림을 클릭하면 서식탭의 조정기능이 표시된다. "수정, 색, 꾸밈효과" 등을 활용하여 그림의 이미지를 조정할 수 있다.

(6) 그리기 안내선 활용

도형이나 텍스트 상자 등의 개체를 정렬하고자 할 때 활용할 수 있다. PPT 화면에서 오른쪽 마우스를 클릭하여 메뉴 중에 [눈금 및 안내선]을 클릭한다. 눈금 및 안내서 메뉴에서 [화면에 눈금 표시], [화면에 그리기 안내선 표시] 항목을 모두 체크한다. 이후 PPT 화면에 안내선이 표시된다. 안내선을 활용하면 개체를 눈금에 맞춰 이동할 수 있어 편리하다.

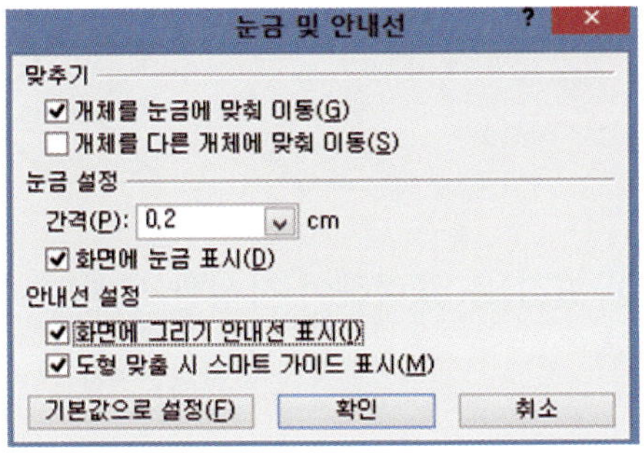

(7) 도형이나 개체 작성시 Ctrl, Shift 활용

[Shift]를 누르고 도형을 그리면 정방형 도형(정사각형, 원)이 생성된다. 선의 경우에는 수평, 수직, 45도 각도의 선이 작성된다. 한편, [Shift]를 누르고 도형을 이동하면 수직, 수평으로 이동한다.

[Ctrl]을 누르고 도형을 그리면 시작한 곳을 기준(중심)으로 도형이 생성된다.

[Ctrl]과 [Shift]를 동시에 누르고 도형을 그리면 드래그를 시작한 곳을 기준(중심)으로 정방형 도형(정사각형, 원)이 생성된다.

[Ctrl]을 누르고 도형을 이동시키면 세밀하게 이동시킬 수 있다.

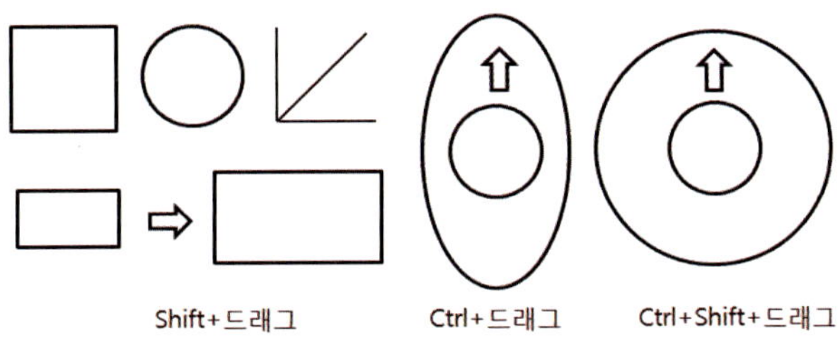

(8) 도형 모양 변경

작성한 도형에서 모양만을 변경하려고 할 경우 새로 작성할 필요없이 서식 메뉴의 [도형 편집]→[도형 모양 변경]을 클릭하여 원하는 도형으로 바꿀 수 있다.

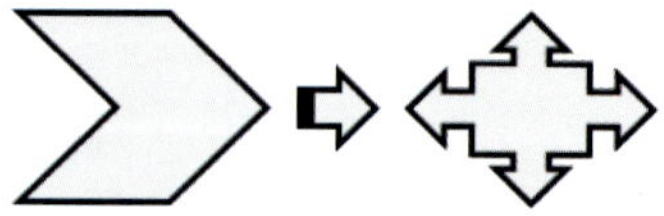

또한 [도형 편집] → [점 편집]을 클릭하여 작성한 도형의 모양을 원하는 대로 자유롭게 바꿀 수 있다.

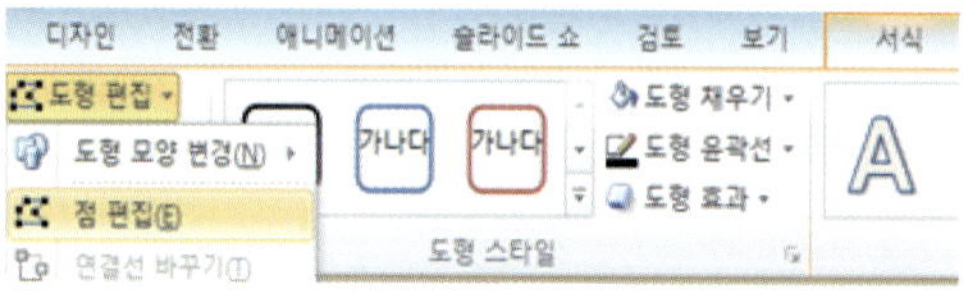

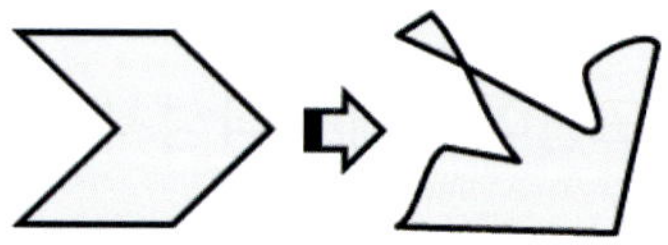

(9) 파일을 열었는데 폰트나 이미지가 깨질 경우

PPT를 작성한 후 다른 컴퓨터에서 실행시 폰트(글꼴)가 설치되지 않아 깨져 나오는 경우가 있다. 이럴 경우를 대비해 PPT 자체에 폰트를 포함하여 저장을 하면 이런 문제를 예방할 수 있다.

① 다른 이름으로 저장

② 도구–저장 옵션 클릭

③ 파일의 글꼴 포함 클릭

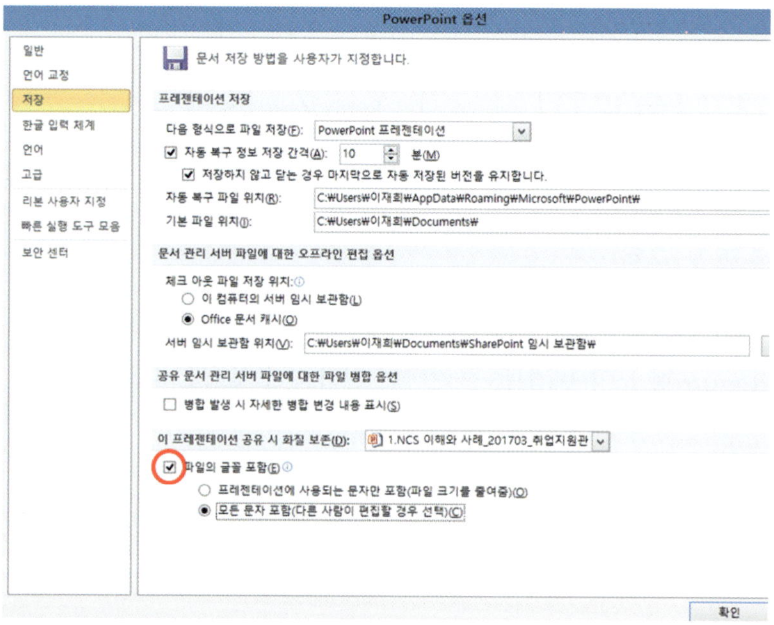

또한 파워포인트 버전 차이로 발생하는 문제를 없애기 위해 파일 저장 시 파일 형태를 97~2003 파워포인트 형식으로 저장하면 버전이 낮은 컴퓨터에서도 파일이 깨지는 위험을 줄일 수 있다.

① 다른 이름으로 저장

② 파일형식 'Power point 97-2003 프레젠테이션'으로 변경

③ 저장

(10) .ppt 파일에 있는 내용을 .hwp 파일로 자유롭게 옮겨 작업하기

.ppt 파일에 있는 내용을 .hwp 파일로 옮겨 작업해야 할 때 자료를 복사(Ctrl+C)하여, 바로 붙이기(Ctrl+V)를 하면 에러가 생겨 매우 불편하다. 이때 메모장에 옮기고자 하는 PPT 자료를 '붙이기'한 후, 메모장에서 다시 '복사'하여 .hwp 파일로 옮기면 아무 에러 없이 작업할 수 있어 매우 편리하다. 신문기사나 인터넷상의 글들도 이와 같은 방식으로 손쉽게 편집 작업할 수 있다.

① 파워포인트(또는 신문 기사나 인터넷 상)에 있는 글을 복사하여

② 메모장에 '붙이기'를 한다. 메모장에 옮겨진 내용을 다시 복사하여

③ 한글 파일에 '붙이기'를 한다. 자유롭게 내용을 수정 · 보완할 수 있다.

(11) 스마트 아트 기능 활용하기

프레젠테이션 내용을 전달하기 위해 도형을 작성할 때는 파워포인트에서 기본으로 제공해주는 'SmartArt' 기능을 활용한다.

■ 스마트 아트는 어디에?

스마트 아트 기능은 파워포인트의 삽입 기능 하위에 있다.

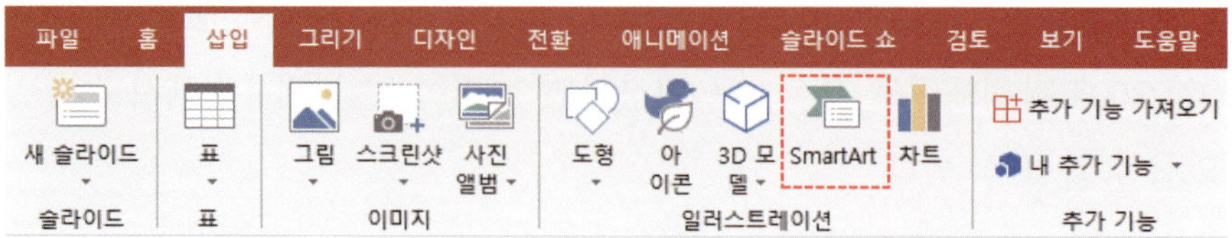

■ 스마트 아트를 어떻게 활용하나?

스마트 아트라는 버튼을 클릭하면 아래와 같이 다양한 도식화 이미지들이 나타난다. 이 중 내가 활용하기에 적합한 이미지를 선택해서 내용을 넣고, 색상을 지정하면 된다. 우리가 만들고자 하는 대부분의 도식화 유형은 이 안에 모두 있다고 해도 과언이 아니다.

목록형의 경우 동일한 항목을 나열하고자 할 때 사용된다. 위에 보는 것처럼 가로로 나열하기도 하고, 세로로 나열하기도 하며, 중요한 포인트를 사각 박스에 표현하기도 하고, 원형에 표현하기도 한다.

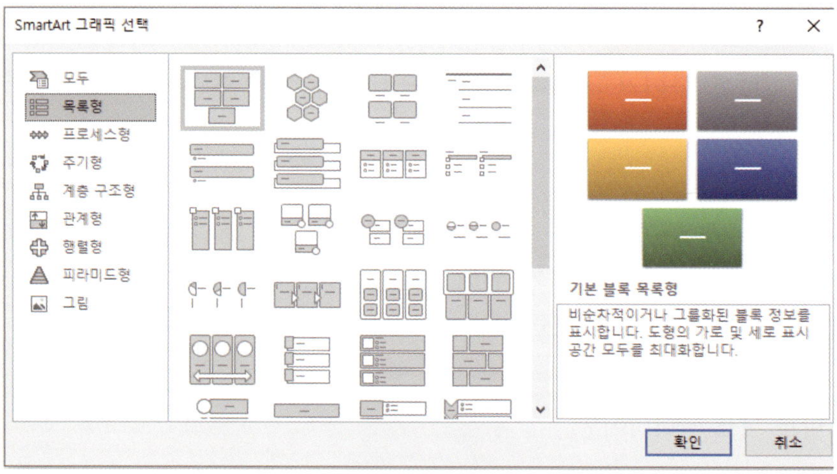

[그림 9-1] 목록형

프로세스형은 제시하고자 하는 내용에 순서가 있거나 단계를 표현할 때 제시한다. 왼쪽부터 순서대로 제시하거나 위에서 아래로 제시하기도 한다.

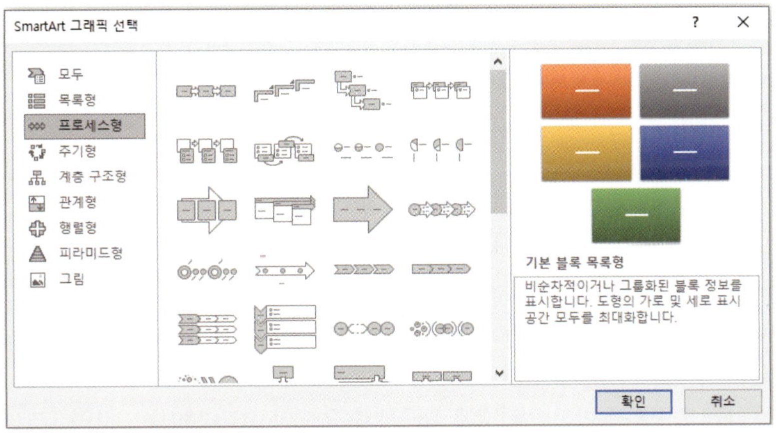

[그림 9-2] 프로세스형

주기형은 전체를 원으로 놓고 그 흐름을 제시하고자 할 때 사용한다. 예를 들어 1부터 5까지 순서대로 진행되면서 계속 반복되는 내용을 제시할 때 활용한다.

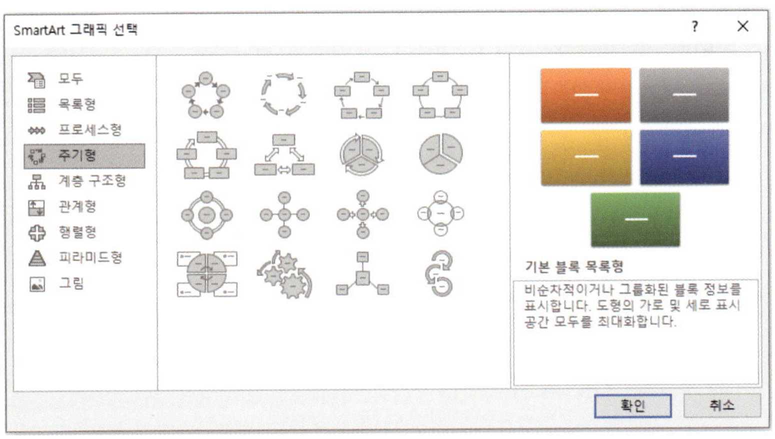

[그림 9-3] 주기형

이 외에도 계층구조형, 관계형, 행렬형, 피라미드형 등을 하나씩 살펴보면서 도식화하는 연습을 하면, 이후에 생각을 정리할 때 도움을 받을 수 있다.

토의 9.1

프레젠테이션 자료의 디자인을 도와주는 방법으로 파워포인트의 스마트 아트 기능을 적극적으로 활용하는 방법에 대해 알아보았다. 다음 내용은 '4차 산업혁명의 충격'이라는 책 내용의 일부이다.

인터넷이 이미 세상을 바꿔놓았지만, 웹의 다음 단계는 가장 큰 기회를 제공하고 우리 삶의 방식과 일하고 놀고 배우는 방식에 혁명을 불러올 것이다. 이 웹의 다음 단계는 사람과 사물, 프로세스와 데이터의 지능형 연결이다. 이를 어떤 사람들은 사물 인터넷이라고 부르기도 하는데, 우리는 만물인터넷이라고 부른다. 이것은 한때 한참 먼 생각으로 보였지만, 전 세계 기업들과 정부들 그리고 교육기관들에서 이미 현실이 되고 있다.

오늘날 세계 인구의 절반이 인터넷에 접근할 수 있으며, 2020년에는 3분의 2가 연결된다. 또한 오늘날 135억 개의 기기가 인테넷에 연결되어 있으며, 2020년에는 그 숫자가 500억 개로 늘어날 것으로 예상된다. 이미 연결되어 있거나 앞으로 연결될 사물은 컴퓨터와 태블릿, 전화기 등의 전통적인 기기뿐만 아니라 주차 공간과 알람시계, 철도 트랙과 가로등, 쓰레기통, 제트 엔진 부품 등 다양하다.

① 위의 내용 중 '스마트 아트' 기능을 활용하여 표현할 수 있는 내용은 어느 부분인지 논의해 보시오.
② ①에서 논의된 내용을 각자 '스마트 아트'로 표현해 보시오.
③ 팀원들과 자신이 만든 ②의 내용을 공유한 후 내용 전달에 더 효과적 표현은 어떤 것인지에 대해 토의해 보시오.

(12) 스마트 차트 기능 활용하기

프레젠테이션 내용을 전달하기 위해 차트(그래프)를 작성할 때는 '차트' 삽입 기능을 활용한다. 삽입 메뉴의 [차트]를 선택한 후 자신이 작성하려고 하는 형태를 선택해서 작성한다.

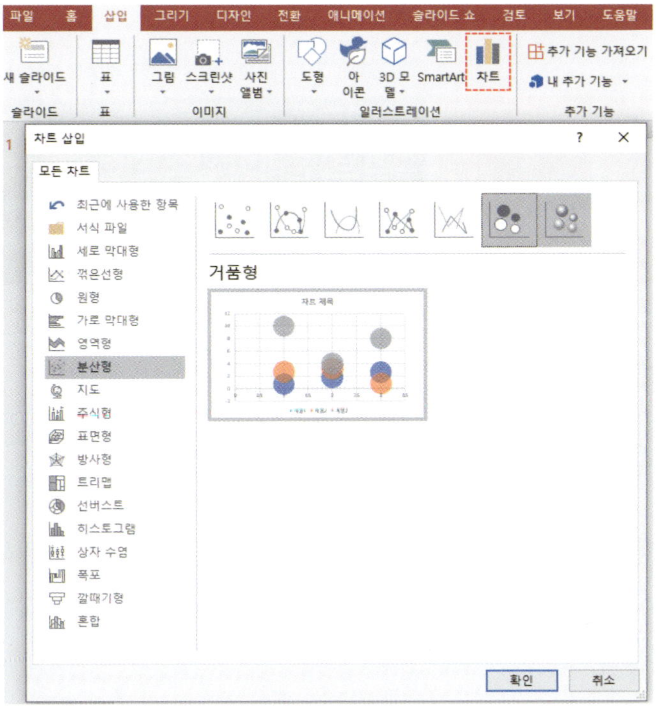

[그림 9-4] 차트 기능

2. 동영상 자료 활용하기

프레젠테이션에서 동영상 자료를 활용하면 청중들의 주의를 집중시키고 설득하는 데 많은 도움이 된다. 유튜브에는 유용한 동영상 소스 파일들이 많이 있다. 동영상 자료를 편집하여 활용하는 방법에 대해 알아보자.

1) 준비 단계

① 무료 동영상 편집 프로그램인 '곰믹스'를 다운 받는다(네이버에서 '곰믹스' 검색 후 무료 다운로드). 곰믹스 프로 유료 버전(정품)도 있다.

② 편집이 필요한 영상을 준비한다.

2) 편집 단계

(1) 파일 불러오기

곰믹스를 실행하고, 우측 상단의 '파일 추가' 버튼을 눌러 편집을 원하는 파일을 불러온다. 두 개 이상의 동영상을 합치고 싶을 때에는 이 단계에서 편집을 원하는 동영상을 모두 불러온다.

<동영상이 삽입된 화면>

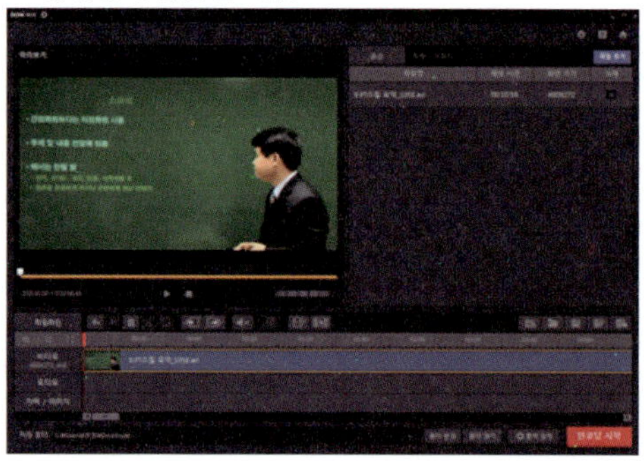

[그림 9-5] 파일 불러오기

(2) 파일 자르기

타임라인의 '빨간색 커서'를 조정하여 편집 구간을 선택할 수 있다.

① 자르기 시작점에 빨간색 커서를 두고, 가위모양 아이콘을 클릭한다.

② 자르기 끝점에 빨간색 커서를 두고, 가위모양 아이콘을 클릭한다.

③ 사용할 영상을 제외한 자투리 영상은 클릭 후 'Delete'를 눌러 제거한다.

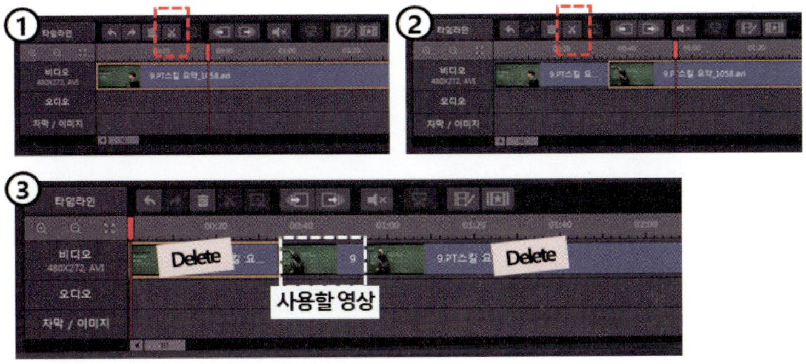

[그림 9-6] 파일 자르기

(3) 자막 넣기

자막 추가 버튼을 활용하여, 원하는 자막을 삽입할 수 있다.

① 우측 상단의 '자막/이미지' 탭을 클릭 후, 자막 추가 버튼을 클릭한다.

② 원하는 자막을 작성하고 '글꼴/글씨크기' 등을 선택한다.

③ 자막을 삽입할 시점을 확인한 후

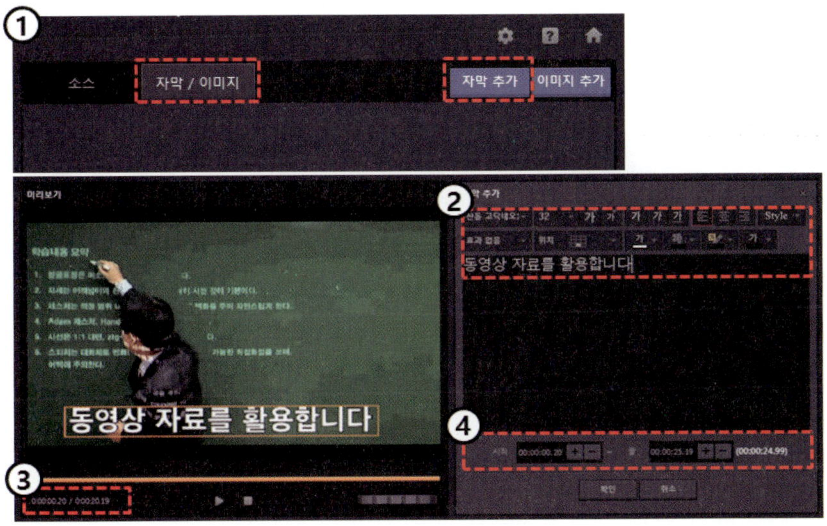

[그림 9-7] 자막 넣기

④ 자막의 '시작/끝' 시간을 조정한다.

3) 저장 단계

우측 하단의 '인코딩 시작' 버튼을 누르고, 창이 뜨면 저장 경로와 파일 이름을 설정한 후 '인코딩 시작' 버튼을 누른다.

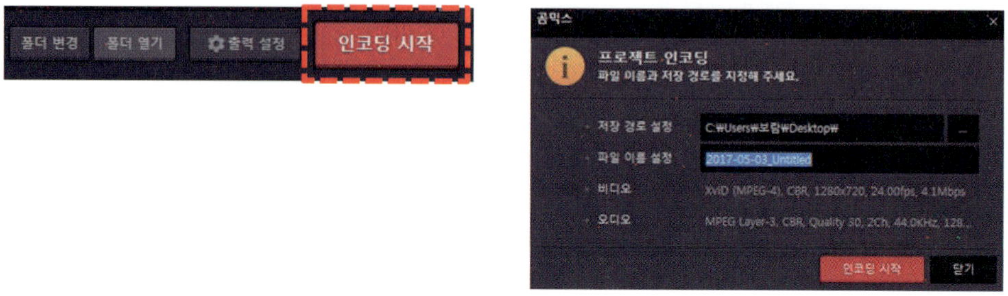

[그림 9-8] 파일 저장

동영상 형식 변경

용량이나 파일 열림 문제 등으로 동영상 형식을 변경하고 싶을 때에는 우측 하단의 '출력 설정' 버튼을 누르고, 출력 형식을 필요에 따라 변경해 준다(MP4, AVI, WMV 등으로 변경 가능).

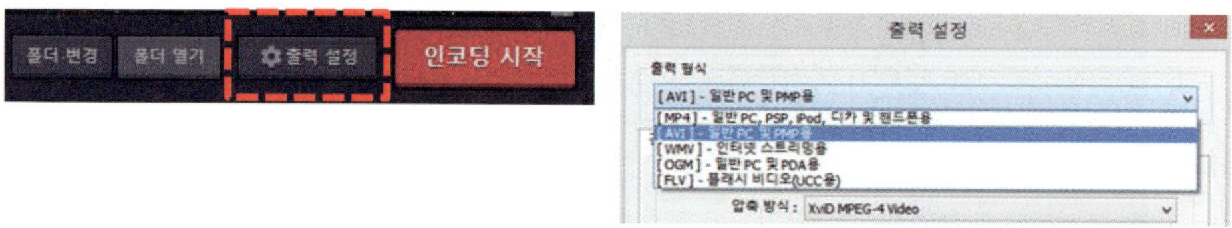

[그림 9-9] 동영상 형식 변경

4) 활용 단계

편집이 완료된 동영상을 파워포인트에 삽입한다. '삽입 - 비디오'를 클릭한 후 동영상을 선택한다(발표자는 PPT 파일과 동영상 파일을 같이 갖고 있어야 한다).

삽입된 동영상의 재생 시점을 조정하고 싶을 때에는 '재생–자동 실행' 또는 '클릭할 때'를 클릭한다.

- 자동 실행 : 슬라이드 쇼 재생 시 동영상이 자동으로 실행됨

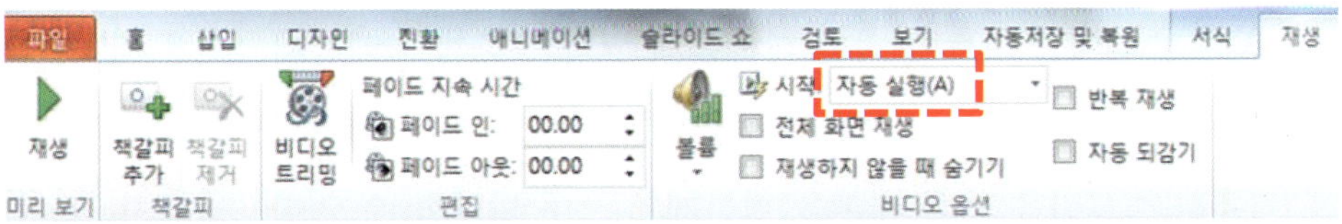

- 클릭할 때 : 동영상을 클릭해야 동영상이 실행됨

토의 9.2

팀 프로젝트 수행을 위한 프레젠테이션 자료를 작성할 때, 가능한 1분 이내의 동영상 자료를 개발하여 PPT 자료에 삽입하시오.

① 팀 프레젠테이션의 목적을 달성하기 위한 보조 자료로서 어떤 메시지를 담은 동영상이 적정한지 논의하시오.
② 전달하고자 하는 메시지를 담은 동영상을 유튜브에서 찾아 선정하시오.
③ 선정한 동영상 자료를 1분 이내로 편집하고, 전달하고자 하는 메시지를 자막으로 처리하시오.

3. 슬라이드 쇼 테크닉 활용하기

다양한 슬라이드쇼 테크닉을 활용하면 보다 효과적으로 프레젠테이션을 진행할 수 있다.

1) 발표자 도구 기능 활용하기

발표자가 슬라이드 노트에 적힌 대본을 보면서 편하게 프레젠테이션을 할 수 있도록 도와주는 기능이다. 이 기능을 활용하면 발표자는 별도의 현장 대본을 만들지 않고도 컴퓨터 스크린을 통해 대본을 편하게 읽으며 발표할 수 있다. '발표자 도구' 기능은 듀얼 모니터일 때만 사용이 가능하다. 즉, 노트북이 다른 모니터나 TV, 빔 프로젝터 등에 연결되어 있을 때만 사용할 수 있다.

(1) 기본 세팅

① 노트북과 모니터 혹은 프로젝터를 연결한다.

② 바탕화면에서 마우스 오른쪽 버튼 누르고 '화면해상도'를 클릭한다.

③ 다중 디스플레이에서 '디스플레이 확장'을 클릭한다.

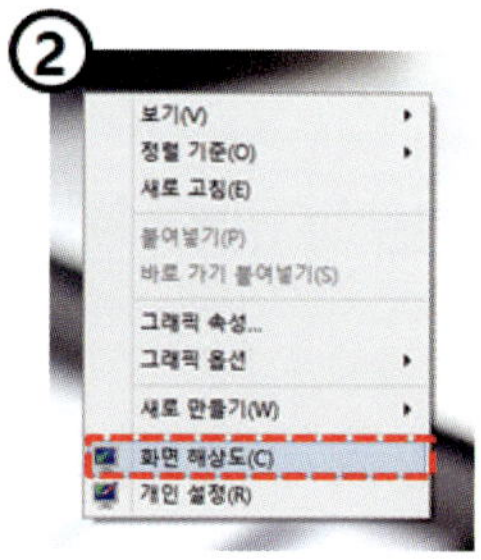

(2) 파워포인트에서 발표자 도구 세팅

① 파워포인트 '슬라이드 쇼' → '발표자 도구 사용'에 체크한다.

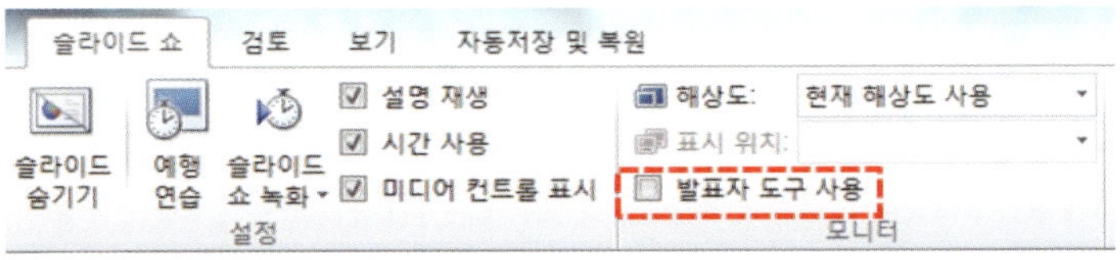

② '슬라이드 쇼'를 시작한다(단축키 'F5' 혹은 '슬라이드 쇼 → 처음부터 아이콘' 클릭).

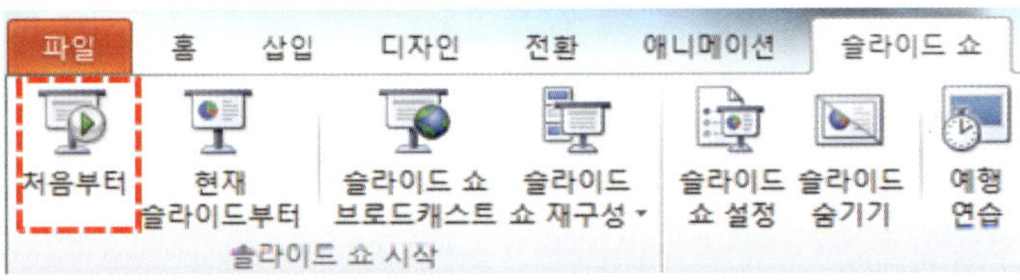

(3) 발표자 도구 실제 활용 모습

내 컴퓨터

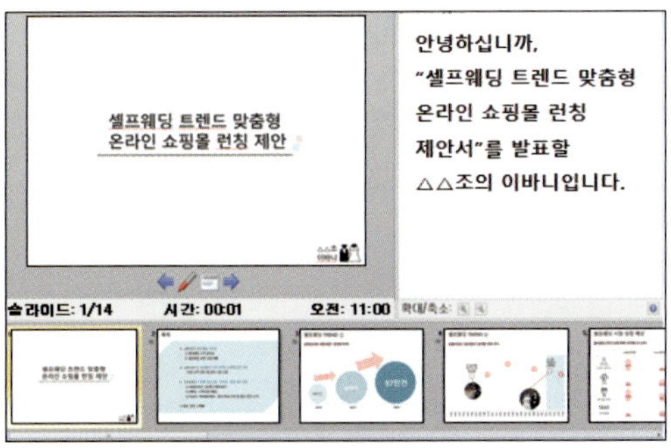

발표자에게는 PPT 화면과
슬라이드 노트 내용(대본)이 함께 보인다.
화면을 넘기면서 발표한다.

■ 모니터 혹은 프로젝터

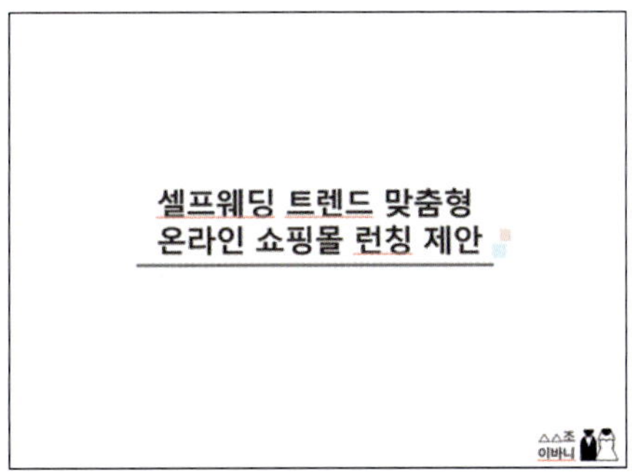

청중에게는 PPT 화면만 보인다.

2) 슬라이드 쇼 기능 활용하기

(1) 현재 슬라이드부터 쇼 실행

슬라이드 쇼 단축키는 [F5]이다. 하지만 [F5]를 누르면 처음부터 쇼가 실행된다. 현재 슬라이드부터 쇼 실행이 되도록 하려면 [Shift]를 누르고 [F5]키를 누르면 된다.

(2) 슬라이드 쇼 재구성으로 프레젠테이션 재조합하기

프레젠테이션 시간이 짧게 단축되거나 불필요한 슬라이드를 숨기거나, 순서를 바꾸어야 할 경우 슬라이드 쇼 재구성을 활용하면 편리하다. 슬라이드 쇼 탭에서 [슬라이드 쇼 재구성]을 클릭하면 [쇼 재구성하기]가 나온다. '슬라이드 쇼 이름'에 새 제목을 입력한 후, 현재 슬라이드에서 일부 슬라이드를 선택하거나, 순서를 바꿔 새로운 조합으로 프레젠테이션 할 수 있다.

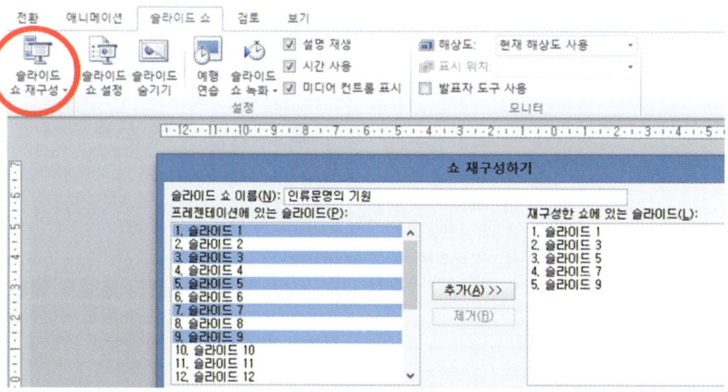

(3) 작은 창으로 슬라이드 쇼 확인

현재 화면을 고정시켜 놓고 다른 화면에 있는 내용과의 연계성을 설명할 때 유용하다. [Crtl]키를 누르고 쇼 실행을 하면 현재 슬라이드에서 좌측상단에 작은 슬라이드 쇼 창이 또 하나 뜬다. 페이지를 넘기면 현재 화면은 고정된 상태에서 좌측상단에 있는 작은 쇼 창을 통해 다음 페이지의 내용이 실행된다.

(4) 슬라이드 쇼 중 원하는 페이지로 바로 이동

프레젠테이션 중 질문에 응답하기 위하여 슬라이드의 특정 페이지로 바로 이동해야 할 경우, 슬라이드 쇼 상태에서 가고자 하는 페이지를 입력하고 [Enter]를 누르면 바로 원하는 페이지로 이동한다. 아니면 마우스 오른쪽 버튼을 클릭하고, 메뉴에서 슬라이드 번호를 선택한다.

(5) 펜 기능 사용하기

슬라이드 쇼 중 선을 긋거나 필기를 해야 할 경우, [Ctrl+P]를 하면 포인트가 화살표에서 펜으로 바뀌면서 선을 긋거나 메모가 가능해진다. 이때 펜으로 작성한 내용을 지우려면 [E]를 누른다. 또, 펜 기능을 끝내고 쇼를 중단하려면 [Esc]를 누른다. 펜 기능을 끝내고 화살표로 변경한 후 쇼를 계속하려면 다시 [Ctrl+A]를 누른다.

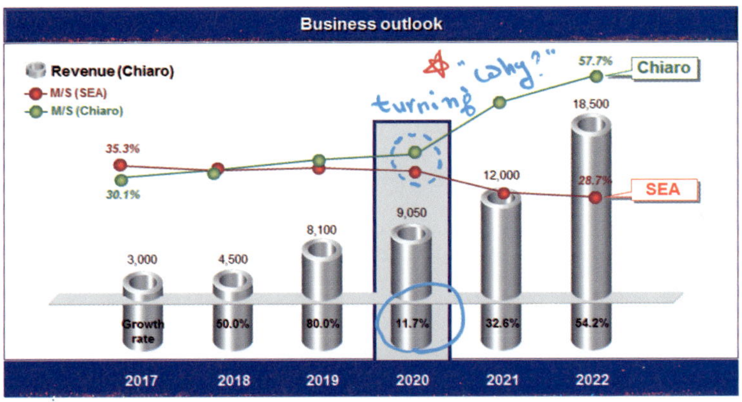

(6) 슬라이드 쇼 슬라이드를 검정 또는 흰색으로 하기

쇼 실행 도중 슬라이드를 검게 또는 하얗게 하는 방법으로, 청중들이 발표자에게 집중할 수 있게 하는 기능이다. 검게 하려면 쇼 실행 상태에서 [B]나 [.]를 클릭하면 되고, 하얗게 하려면 [W]나 [,]를 클릭하면 된다.

(7) 슬라이드 쇼 끝내기

갑작스러운 시간 변경 및 피치 못할 사정으로 프레젠테이션을 마무리해야 할 상황에서 슬라이드를 마지막 페이지로 이동하고자 할 경우에 [End]를 누른다.

(8) 빔프로젝터 리모콘의 [Feeze] 버튼 활용하기

빔프로젝터의 [Feeze] 버튼은 현재 슬라이드를 말 그대로 얼려버리는 기능을 한다. 즉, 현재 슬라이드가 빔프로젝터 상에 고정되고, 발표자는 컴퓨터에서 다른 작업을 할 수 있다. 다시 슬라이드 쇼를 하기 위해서는 [Freeze] 버튼을 한 번 더 눌러서 해제한다.

토의 9.3

파워포인트 프로그램은 여전히 프레젠테이션을 할 때 가장 많이 활용되고 있는 프로그램이다. 팀원들과 다음 사항에 대한 의견을 나누면서 파워포인트 활용 노하우를 공유하시오.

① 활용하면 편리한 파워포인트 기능에는 무엇이 있는가?
② 슬라이드 쇼를 활용하여 프레젠테이션을 할 때 청중들의 관심을 높일 수 있는 테크닉에는 무엇이 있는가?
③ 파워포인트와 다른 프로그램을 연동하여 프레젠테이션의 효과를 높일 수 있는 방법에는 무엇이 있는가?

수행과제

키노트(https://www.apple.com/keynote/)

키노트(keynote)는 파워포인트에 없는 기능과 함께 시각적인 표현을 강화하면서 창의적 프레젠테이션이 가능하도록 했다. 2003년 맥월드에서 최초로 발표한 이후 꾸준히 개발되고 있다. 그러나 키노트는 애플사에서 개발한 맥OS에서만 실행이 가능하다.

프레지(https://prezi.com/)

프레지(prezi)는 온라인 기반의 플래시 형태의 프레젠테이션 프로그램으로 인터넷만 가능하다면 어디서든 작성하고 이용할 수 있으며, 100MB까지는 구입할 필요가 없다. 물론 오프라인 데스크톱 버전은 구매를 해야 한다. 하나의 슬라이드 안에서 모든 것을 표현하며 줌인, 줌아웃 기능이 있어 신선한 느낌을 준다.

씽크링크(https://www.thinglink.com/)

씽크링크(ThinkLink)는 온라인 대화형 이미지를 만들 수 있는 웹 도구이다. 텍스트, 동영상, 음악, 그리고 링크들을 추가하여 생생한 이미지를 만들 수 있다.

보다 다양하고 생동감 넘치는 프레젠테이션을 위한 프로그램들이 개발되어 사용되고 있다. ICT 기술의 발달과 함께 소통을 위한 프레젠테이션 프로그램들이 더욱 발달할 것이다. 팀원들과 다음 사항에 대한 의견을 나누면서 서로 프레젠테이션 활용 노하우를 공유하시오.

❶ 키노트, 프레지, 씽크링크 프로그램의 장점과 한계점은 각각 무엇인가?
❷ 파워포인트, 키노트, 프레지, 씽크링크 이외의 다른 프레젠테이션 프로그램이나 애플리케이션 등에는 무엇이 있는지 의견을 나누시오.
❸ 기타 프레젠테이션의 효과를 높일 수 있는 나만의 하이테크 정보나 활용 노하우는 무엇인가?

학습요약

1. PPT 작성을 위한 파워포인트의 다양한 기능을 익혀두면 편리하고 빠르게 자료를 작성할 수 있다.

2. 프레젠테이션의 포인트를 제시할 때 파워포인트의 '스마트 아트'와 '차트'를 활용하면 편리하다.

- 파일 → 삽입 → Smart Art → 필요한 도식화 이미지 또는 도형 선택
- 파일 → 삽입 → 차트 → 필요한 차트 선택

3. 프레젠테이션을 통해 전달하고자 하는 메인 메시지와 연계된 동영상 자료를 개발 · 활용하면 프레젠테이션 효과를 높일 수 있다.

참고자료

김홍진(2014), 입찰 전쟁에서 승리하는 제안의 기술, 프리렉, 8-18.

클라우스 슈밥 외 26인(2016), 4차 산업혁명의 충격, 흐름출판, 178-179.

페트릭 포사시스, 이진원 옮김(2010), 읽고 싶은 보고서 · 제안서, 비즈니스맵, 117-181.

Part 3
프레젠테이션 연습과 실행

프레젠테이션 스킬 적용
프레젠테이션 벤치마킹과 연습
발표 현장에서의 프레젠테이션 전략

Chapter

10

프레젠테이션 스킬 적용

학습목표

프레젠테이션에서의 복장, 얼굴표정, 시선처리, 스피치, 자세, 제스처, 그리고 슬라이드쇼 활용 테크닉에 대하여 학습한다.

1. 프레젠테이션에서의 복장과 얼굴표정, 시선처리 스킬을 적용할 수 있다.
2. 프레젠테이션에 적합한 스피치 스킬을 적용할 수 있다.
3. 프레젠테이션 시 올바른 자세와 제스처를 구사할 수 있다.

프레젠테이션에서는 발표내용 이외에 발표자의 복장, 얼굴표정, 시선, 스피치, 그리고 자세와 제스처 같은 비언어적 메시지도 많은 영향을 미친다.

1. 복장과 얼굴표정 · 시선처리하기

1) 복장

복장은 프레젠테이션에 영향을 미친다. 프레젠테이션을 할 때의 의상은 보수적인 것이 무난하며, 남성인 경우 감청색 계열의 정장이 바람직하다. 여성은 바지 정장보다는 치마 정장을 권한다.

프레젠테이션 정장은 평상복보다 다소 고급스러운 것이 좋지만 청중에게 위화감을 주지 않는 수준이어야 한다. 아울러 스마트폰이나 열쇠고리 등 불필요한 소지품이나 소리가 나는 동전은 미리 꺼내 놓는다. 메모할 수 있도록 간단한 필기구와 손수건 정도만 지참하는 것이 좋다.

여성인 경우 지나친 액세서리의 착용은 메시지 전달에 방해가 될 수 있다. 따라서 번쩍이는 팔찌나, 목걸이, 요란스러운 반지 등은 삼가는 것이 좋다. 발표자로서의 이상적인 복장은 의상이나 액세서리가 청중이 메시지를 경청하는 데 방해 요소가 되지 않아야 한다.

2) 얼굴표정

얼굴표정은 상대방에게 호감을 주느냐, 못 주느냐에 결정적 영향을 미친다. 프레젠테이션을 할 때의 이상적인 얼굴표정은 미소를 짓는 것이다. 미소는 보는 사람들로 하여금 즐겁고 유쾌한 기분이 들게 한다. 또한 자신감이 있어 보여 청중에게 에너지를 전염시키는 듯한 느낌을 주는 것도 중요하다.

또한 내용에 따라 얼굴표정을 적절하게 변화시킨다. 즐거운 이야기를 할 때는 즐거운 표정을, 확신에 찬 이야기를 할 때는 확고한 표정을, 깊은 사고를 요하는 이야기를 할 때는 골똘히 생각하는 표정을 짓는다. 즉, 얼굴표정은 프레젠테이션 내용과 일치하도록 한다.

포커페이스(poker face)라는 말이 있다. 포커를 칠 때 자신이 가진 카드를 상대방이 눈치채지 못하도록 무표정하게 있는 것처럼, 자기 속마음을 좀처럼 나타내지 않는 사람의 무덤덤한 얼굴표정을 가리키는 말이다. 발표할 때 포커페이스는 하지 말아야 한다.

3) 시선처리

말하는 사람의 시선에 따라 보는 사람은 편안함을 느낄 수도 불안함을 느낄 수도 있다.

(1) 청중의 얼굴을 바라본다

청중 중에서 한 사람의 얼굴을 보고 대화하듯 자연스럽게 발표를 한다. 그래야 청중의 반응을 확인할 수 있다. 말하는 사람이 자신을 보고 있어야 듣는 사람도 더 집중한다. 발표가 익숙하지 않은 사람은 청중을 보기보다 허공을 바라보거나 발표하는 슬라이드에 시선을 고정시키기가 쉽다. 청중과 시선을 마주치지 못하는 발표자는 자신감이 없어 보인다. 고개와 눈은 청중쪽을 향하도록 한다.

(2) 청중을 골고루 바라본다

너무 한 곳(사람)만 바라보는 것은 좋지 않다. 지그재그(zig zag)로 시선을 적절하게 안배하면서 여러 사람과 얼굴을 마주보는 것이 좋다. 발표 무대에 올라갔을 때 많이 떨린다면 초반에는 내게 호감을 가진 사람, 발표를 열심히 듣는 리액션이 좋은 사람을 쳐다본다. 청중이 고개를 끄덕여주고 열심히 들어주는 것만으로도 발표하는 사람은 자신감과 안정감이 생긴다.

(3) 시선을 자주 바꾸지 않는다

시선을 자주 바꾸게 되면 산만한 느낌을 줄 수 있으므로, 하나의 의미를 갖는 내용을 이야기할 때는 한 사람과 얼굴을 마주보며 말한다. 이를 'One Sentence One Person 원리'라고 한다. 또는 한 사람의 눈을 보고 적어도 2~3초 이상 이야기하다가 시선을 다른 사람으로 돌리는 것이 좋다.

토의 10.1

주요 방송사의 뉴스 앵커, 홈쇼핑 프로그램의 쇼호스트, 각종 강연에서의 연사들을 관찰해 보면 프레젠테이션을 진행할 때의 복장이나 얼굴표정, 시선처리에 대한 아이디어를 얻을 수 있다. 다음 활동을 수행하고 그 결과를 팀원들과 토의하시오.

① 주요 방송사의 뉴스를 진행하는 메인 앵커들의 복장을 분석하시오. 계절별, 요일별로 차이가 있는지, 남녀별로 차이가 있는지 살펴보시오. 넥타이와 넥타이핀, 만년필, 기타 액세서리들도 세심하게 관찰하시오.
② 홈쇼핑 쇼호스트들의 얼굴표정을 관찰하시오. 제품 · 서비스별로 쇼호스트들의 얼굴표정에 차이점이 있는지 살펴보시오.
③ 세바시, 테드와 같은 다양한 강연 프로그램을 보고 연사들이 시선을 어떻게 처리하는지 관찰하시오. 강연 주제에 따라 시선처리에 차이가 있는지 살펴보시오.

2. 스피치 익히기

1) 발표에 적합한 스피치를 익힌다

목소리는 많은 정보를 가지고 있다. 청중은 음의 높낮이, 말의 속도, 크고 작음에 따라 말하는 사람의 감정이나 상태를 눈치 챌 수 있다. 목소리에 따라 청중의 집중도도 달라진다. 목소리를 조절하면 말하고자 하는 내용도 조절할 수 있다. 문장의 어느 곳을 힘주어 강조하느냐, 어떤 톤으로 말하느냐에 따라 듣는 사람도 그 의미를 다르게 받아들이기 때문이다.

(1) 스피치에 변화를 준다

프레젠테이션 스피치에서 가장 유의하여야 할 점은 단조로움을 피하는 것이다. 조용하고 낮은 음으로 변화없이 평이하게 반복되는 모노톤(mono-tone)의 스피치는 청중을 졸리게 하거나 다른 생각을 하게 만든다. 따라서 프레젠테이션에서는 음의 고저장단(高低長短)을 적절하게 구사하여 스피치에 변화를 준다.

■ **음의 높낮이**

발표할 때 목소리의 톤은 너무 높지도 낮지도 않은 정도, 음계로 치면 '미' 정도의 높이를 유지한다. 강조하고 싶은 내용이나 결론을 말할 때는 톤을 '솔' 정도로 높여서 청중이 집중하도록 한다. 반대로 갑자기 목소리의 톤을 낮추고 작게 말하는 것이 집중력을 높여주기도 한다. 스피치에서 중요한 것은 단조롭지 않게 리듬감을 살려야 한다는 것이다.

■ **말의 속도**

말하는 속도도 중요한 요소다. 말이 빠르면 제대로 알아들을 수 없어 내용전달이 충분히 되질 않고, 그렇다고 말이 너무 느리면 충분한 내용을 말하기도 어렵거니와 청중들이 답답해한다. 발표에서는 약간 빠른 듯한 속도로 또박또박 정확(내용)하고 명료하게 발음하는 것이 중요하다.

그리고 때로는 길게, 때로는 짧게 말하면서 스피치의 장단을 조절한다. 평소에 말이 느린 편이라면 조금 속도를 내어 말하는 연습을 해보고, 평소에 말이 빠르다면 원고의 문장에 끊어 읽는 표시를 해놓고 천천히 읽는 연습을 한다.

이를 테면 "우리가 분리수거를 제대로 한다면/ 종량제 봉투에 버리는 쓰레기의/ 약 50%는/ 재활용 쓰레기로 분류될 수 있습니다." 하는 식이다. 중요한 문장 혹은 핵심 주제나 결론을 이야기할 때 말하기 전에 2~3초 정도 쉬는 시간을 가지기도 한다. 이런 잠깐의 공백(멈춤)은 잘 활용하면 청중의 주의를 집중시키는 훌륭한 수단이 된다.

(2) 내용을 자연스럽게 이동시킨다

프레젠테이션 주제, 또는 내용이 바뀔 때는 다른 주제나 관점으로 이동한다는 것을 알림으로써 논의를 자연스럽게 이동하도록 한다. 예를 들면 다음과 같다.

"(대항목 이동 시 정리 및 예고) 지금까지 우리는 SNS 마케팅의 개념과 현황에 대해 살펴보았습니다. 다음에는 기업들의 SNS 마케팅 성공사례를 통해 SNS 마케팅의 유형과 각각의 기법들이 현장에서 어떻게 적용되고 있는지에 대해 말씀드리도록 하겠습니다."

"(전이) 지금까지 우리는 성공기업의 SNS 마케팅 사례를 살펴보았습니다. 지금부터는 이러한 사례를 분석하여, 성공기업의 SNS 마케팅 전략을 규명해 보겠습니다."

2) 내용전달에 적합한 표현 방법을 활용한다

효과적으로 메시지를 전달하기 위한 인용, 예시 · 예화, 비교, 비유, 머리글자 이용 등의 표현방법을 활용한다.

■ 인용

프레젠테이션에서는 결론이나 주장을 뒷받침하는 근거 자료를 많이 인용하는 것이 좋다. 여기에는 관찰된 사실, 국내외 사례, 권위 있는 기관의 통계나 연구조사 자료, 역사적 인물이나 저명인사의 주장 등이 포함된다. 인용을 할 때는 출처(연구자나 기관이름, 주제, 연도)를 반드시 밝힌다. 이때 통계나 연구결과 등의 자료는 최근 것일수록 좋다.

"(사실) 하이테크그룹의 창원공장을 2주일 간 현장 관찰한 결과 안전수칙 준수율이 1/4분기 85.5%에서 3/4분기 97.2%로 높아져, 불과 6개월 만에 12%포인트 가까이 향상되는 놀라운 성과를 거두었다."

"(사례) 포스코에서는 모든 임직원이 매일 자신의 주요 업무 계획과 추진 상황을 투명하게 공개하는 '비주얼 플래닝(Visual Planning)' 활동을 통해 현장의 생산성을 10%포인트 향상시켰다."

"(통계자료) 통계청이 발표한 한국 여성의 경제활동참가율을 보면 출산 · 육아에 따른 30대 여성인력의 노동 단절 현상이 심각한 수준임을 알 수 있습니다. 이 자료에 따르면 20대와 40대의 경제활동참가율은 각각 61.5%, 64.5%인 데 비하여 30대는 54.5%로서 20대와 7% 포인트, 40대와는 10% 포인트의 격차를 나타내고 있습니다."

"(연구조사자료) 한국여성개발원이 매출액 100대 기업의 여성 인력 배치 방침과 실제 배치 현황을 대비해 조사한 결과, 회사 방침 상으로는 82%의 기업이 '모든 직무에 여성 배치'를 내세우고 있었지만, 실제 현장에서는 45%만이 이를 지키고 있는 것으로 나타났습니다. 이 자료에 따르면 회사 방침과 실제 사이에 37%포인트의 차이가 나타나 현장에서는 여전히 성차별이 이루지고 있는 것으로 조사되었습니다."

"(저명인사) 하버드대학 교수인 마이클 샌델은 저서 '정의란 무엇인가'에서 '정의'에 대한 다양한 철학적 담론을 '행복의 극대화, 자유, 미덕의 추구'라는 세 가지 관점에 따라 소개하면서 정의에 대한 그의 탁월한 견해를 밝히고 있습니다.

■ 예시 · 예화

예시와 예화는 모두 발표자의 주장을 명료하게 해주는 다양한 '예'를 드는 것이다. 예시는 유사한 사실이나 현상을 예로 들어 설명하는 것이고, 예화는 실제 경험담이나 사건 등을 예로 들어 설명하는 방법이다. '예'를 들어 설명하면 청중이 내용을 쉽게 이해할 수 있다. 또한 청중에게 익숙하고 다양한 예를 드는 것은 발표자에게 호감을 갖게 한다.

"(예시) 디지털 경제의 경영환경은 래프팅의 경기환경과 유사합니다. 빠르게 변화하는 급류일 뿐 아니라 언제, 어디서, 어떤 장애물이 나타날지 예측하기도 힘들고, 또 상황 변화에 빠르게 대응하는 것이 매우 중요하기 때문입니다."

"(예화) 저도 유럽 출장을 갔을 때 카드를 분실한 적이 한 번 있었습니다. 카드 하나만 믿고 현금이나 여행자 수표도 많이 가져가지 않았는데 얼마나 당황스러웠는지 모릅니다. 그러나 이제 이런 곤란한 경우를 당하더라도 전혀 당황하실 필요가 없습니다. 저희 비전 프리미엄 카드는 카드 분실시 국내외 어디서든 전화 한 통만 해주시면 간단히 해결해 드립니다. 분실 신고 접수 후 30분 이내에 신규 카드를 국내외 어느 은행에서나 바로 발급 받으실 수 있도록 하고 있습니다."

■ **비교 · 비유**

비교는 주장을 명료화하거나 강조한다. 비교하는 사건이나 대상이 청중들이 잘 알고 있는 것이라면 더 좋다. 비유(메타포)는 "A는 B와 같다."라는 방식으로 현상이나 사물을 직접 설명하지 않고 유사한 현상이나 사물에 빗대어 설명하는 것이다.

"(비교) 본인과실이 아닌 모든 카드 사고에 대해 국내에서는 유일하게 저희 비전 프리미엄카드만 무한책임을 지고 있습니다. 여러분도 방송을 통해 잘 아시다시피 실제 지난 9월 국제 카드사기단에 의한 카드 복제 사고가 발행했을 때 저희 카드사에서는 피해 고객 35명의 피해금액 42억 원을 전액 보상한 적이 있는데, 이는 1인당 1억 2천억 원에 해당하는 파격적 조치였습니다. 반면, 모 카드사의 경우에는 유사 사건에 대해 책임을 회피하면서 피해 고객들이 소송을 제기하여 현재 1심 재판에 계류 중에 있습니다. 여러분이라면 어느 카드를 사용하는 것이 안전하다고 생각하십니까?"

"(비유) 프레젠테이션은 물과 같습니다. 깨끗한 물은 온갖 생명에 이롭듯이 좋은 프레젠테이션도 자신은 물론 청중, 나아가 사회를 이롭게 하는 내용을 담고 있습니다. 물이 많이 모일수록 강력한 힘을 발휘하듯이 프레젠테이션도 많은 사람들이 도와주어야 성공할 수 있습니다. 평상시의 인간관계가 프레젠테이션에서도 중요한 이유입니다."

■ 머리글자 이용

머리글자를 이용하여 메시지를 강조한다.

"빨주노초파남보, 무지개 안전수칙에 대해 말씀드리겠습니다. 빨, 빨라야 5분, 서두르지 말자. 주, 주변 정리정돈은 안전의 기본이다. 노, 노련하다고 방심하지 말자. 초, 초보는 기본에 충실하자. 파, 파도처럼 힘차고 꾸준하게 실천하자. 남, 남다른 행동은 절대 하지 말자. 보, 보호구를 반드시 착용하자. 자, '빨주노초파남보' 무지개 안전수칙을 꼭 준수하여 재해 없는 안전 현장을 우리 모두 함께 만들어 갑시다."

■ 구체적 이익이나 손실 제시

발표자가 주장한 대로 실행할 경우 무슨 이익을 얻게 될 것인지, 또는 이행하지 않을 경우에는 어떤 손실을 입게 되는지를 수치를 활용하여 구체적으로 제시한다.

"(이익) 일회용 비닐 쇼핑백의 판매를 중단해야 합니다. 신세계 이마트와 홈플러스, 롯데마트 등 전국 5개 대형마트 350여 개 점포에서 연간 1억 5000만 장이 넘는 비닐 쇼핑백 사용을 중단하게 되면, 이산화탄소 배출량이 약 6390t 감소되어 환경오염을 줄일 수 있습니다. 또 75억 원의 사회적 비용 절감 효과도 거둘 수 있습니다."

■ 강조

청중의 주의를 환기시키거나 내용을 강조하기 위해 큰 소리로 이야기하거나 청중들로 하여금 프레젠테이션 내용을 읽게 할 수도 있다. 또한 밑줄이나 별표, 큰 글씨, 다른 색깔의 사용 등을 통해 청중이 중요한 포인트를 인식하도록 할 수 있다.

(1) 해서는 안 될 말이 있다.

정치, 종교, 지역성, 성(性), 외모 등에 대한 이야기는 하지 않는다. 또한 법률적으로 문제가 될 수 있는 단정적 표현도 지양한다.

"(종교) 저는 기독교 신앙인으로 하나님의 말씀 아래 축복받은 삶을 살고 있습니다. 하나님의 은총으로 여러분을 만나게 되어 영광으로 생각합니다."

"(법률) 이번에 신규로 분양하는 저희 미래오피스텔은 JPS 첨단건축공법을 적용하여 시공하였습니다. 여러분이 분양받아 거주해 보시면 자연히 알게 되겠지만 층간 소음이 완벽하게 차단되어 아주 평안한 일상생활을 누릴 수 있습니다. 국내 최고의 방음율, 100%의 완벽한 소음 차단율을 자랑하는 저희 미래오피스텔에 투자하십시오. 절대 후회하지 않으시리라 확신합니다."

(2) 직접화법을 사용한다.

간접화법보다는 가급적 직접화법을 사용한다. '~라고 합니다, ~일지 모른다, 아마~' 등과 같이 간접화법을 자주 사용하면 자신감이 없어 보일 뿐 아니라 프레젠테이션 내용에 믿음이 가지 않는다.

(3) 목소리를 관리한다.

피로는 목소리를 거칠고 갈라지게 하므로, 발표가 있는 전날에는 충분한 휴식을 한다. 과도한 음주나 흡연, 그리고 큰 소리로 노래하는 것은 성대에 부담을 주므로 피해야 한다.

발표직전에 따스한 물을 입안에 넣은 상태에서 가글하듯이 몇번 '크르르~' 하면 성대가 부드러워진다. 이밖에 도라지즙, 양파즙이 목에 좋다고 한다. 날계란에 참기름을 넣어 마시기도 하고, 미지근한 물에 꿀을 타 마시기도 한다. 미지근한 물을 자주 마시는 것이 목소리 관리에 좋다.

토의 10.2

대통령 선거과정에서의 주요 대선 주자들이나 각종 강연에서의 연사, 홈쇼핑 프로그램의 쇼호스트 들을 관찰해 보면 프레젠테이션을 진행할 때의 스피치 스타일과 내용 전개 방법 등에 대한 아이디어를 얻을 수 있다. 다음 활동을 수행하고 그 결과를 팀원들과 토의하시오.

① 역대 주요 대선주자들 중에서 다섯 명을 선정하고, 각 대선 후보들의 스피치(대중 연설이나 TV토론) 스타일을 비교 · 분석하시오. 말의 속도나 발음의 명료성, 높낮이(톤), 음색 등에서 어떤 차이가 있는지 살펴보시오.
② 세바시, 테드와 같은 다양한 강연 프로그램을 보고 연사들이 자신의 주장을 설득하기 위해 어떻게 내용을 전개해 나가는지(강연의 전개 순서, 국내외 사례나 통계자료 제시, 비유 등) 관찰하시오. 강연 주제에 따라 내용 전개에 차이가 있는지 살펴보시오.
③ TV를 통해 방영되는 각종 찬반 토론 프로그램(대표적인 프로그램으로 여당과 야당 의원들이 참석해서 벌이는 토론)을 시청할 때, 결국 어떤 요소가 시청자들을 설득시킨다고 생각하는가? "논리인가, 감정인가?" 당신은 어느 편이라고 생각하는가? 그 근거는 무엇인가?

3. 자세와 제스처 익히기

1) 자세

발표자는 자세와 움직이는 동선에 신경을 써야 한다. 발표를 할 때는 두 발을 어깨 넓이로 벌리고 체중을 양발에 균등히 실은 상태에서 어깨와 허리를 곧게 펴고 편안하게 서는 것이 좋다. 한쪽으로 비딱하게 서거나 청중에게 등을 보이는 자세는 피한다. 또 몸을 좌우, 혹은 앞뒤로 산만하게 움직이는 것은 청중의 주의를 분산시키므로 하지 않는다. 탁자나 칠판에 몸을 기대는 경우도 있는데, 이런 모습도 보기에 좋지 않다. 잘못된 자세는 발표자에 대한 기대와 신뢰를 떨어뜨린다.

슬라이드를 보며 설명할 때는 정면으로 있는 것보다는 약간 비스듬하게 서서 하는 것이 청중을 바라보기 쉬워 편안하다. 또 슬라이드에서 너무 멀리 떨어져 있으면 청중의 시선이 발표자와 슬라이드 양쪽으로 분산되므로 가급적 슬라이드 가까이에 선다.

그리고 너무 한 곳에 머무르기보다는 일정 범위 안에서 자연스럽게 움직이며 발표하는 것이 좋다. 발표하는 동안 슬라이드에 있는 중요한 정보를 강조하고자 할 때는 슬라이드 쪽으로 몇 발짝 가까이 이동해서 슬라이드의 중요 정보를 손으로 가리켜준다. 발표의 결론 부분, 정말 중요한 메시지가 있을 때는 청중 쪽으로 한 발짝 더 이동해서 가까이 눈을 마주치고 이야기하면 전달력이 높아진다. 무대 위의 발표자는 모든 사람의 시선을 한 몸에 받고 있으므로, 한 발자국 앞으로 나서는 것만으로도 큰 효과를 낼 수 있다.

2) 제스처

제스처(손동작)는 메시지의 의미를 명확하게 해주며, 특정 내용을 강조하고, 청중의 시선을 모으는 역할을 한다. 발표에 익숙하지 않은 사람은 무대에 나오는 순간부터 온몸으로 어색함을 표현한다. 가장 어쩔 줄 몰라 하는 것이 손이다. 손을 어디에 둬야 할지 몰라 어색해 하다가 주머니에 넣거나 발표 내내 뒷짐을 지고 있기도 한다.

제스처의 크기와 빈도는 프레젠테이션의 성격과 청중의 규모에 따라 달라진다. 정치연설이나 강연, 또는 많은 고객들을 대상으로 할 때는 정열적으로 하는 것이 필요하므로 제스처가 크고 많아야 한다.

그러나 소수의 청중을 상대로 아이디어를 제시하거나 연구결과를 발표할 때는 차분하게 논리적으로 하는 것이 더 효과적이다. 이럴 때는 제스처도 필요할 경우에 한해 제한적으로 한다. 바람직한 제스처는 다음과 같다.

- 제스처는 자연스러워야 한다.
- 제스처가 너무 많으면 산만하여 주의를 산만하게 할 수 있으므로, 필요할 때 적절하게 하는 것이 중요하다.
- 제스처는 프레젠테이션 내용과 일치해야 한다. 즉, 내용에 따라 강조해야 할 부분에서는 크고 강하게, 그렇지 않은 부분에서는 작게 하여 변화를 준다.
- 제스처는 머리 위나 허리 아래로 가지 않는 것이 좋고, 좌우로는 양 어깨로부터 30센티 이상 벗어나지 않는 것이 좋다.

<table>
<tr><td>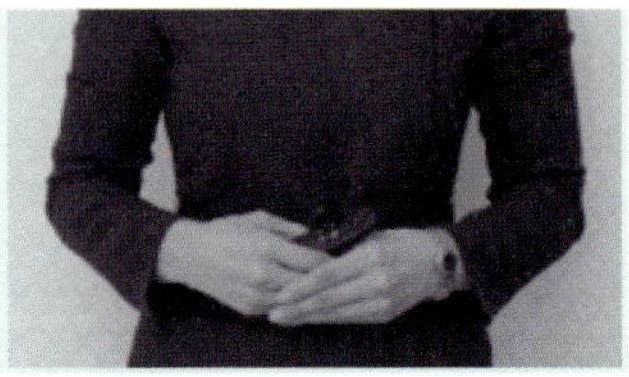</td><td>처음 시작할 때의 자세는 두 손을 배꼽에 모아 편안하게 두는 것이 좋다. 배꼽보다 더 아래쪽에 두면 지나치게 겸손해 보여서 발표에 자신감이 없어 보이고, 차렷 자세로 있으면 경직되어 보인다.</td></tr>
<tr><td></td><td>슬라이드의 중요한 내용을 가리킬 때는 손바닥이 상대방에게 보이도록 한다. 손바닥이 아래를 향하게 되면 긍정적인 느낌을 반감시킨다.</td></tr>
<tr><td></td><td>“지금부터~”와 같이 발표를 시작하는 경우, 또는 “이처럼~”, “지금까지 보신 것처럼~”과 같이 정리하는 경우 양 손을 벌리는 동작을 사용한다.</td></tr>
<tr><td></td><td>레이저 포인터로 슬라이드를 가리킬 경우 선명하지 않거나 포인터가 흔들리면서 눈이 아플 수도 있어서 최근에는 손으로 슬라이드를 가리키는 경우가 많다.</td></tr>
<tr><td>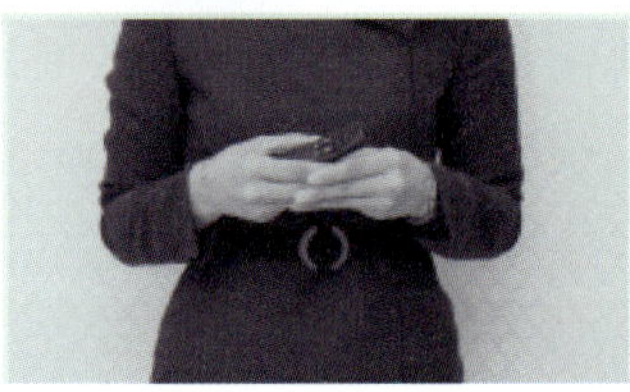</td><td>레이저 포인터를 손에 들고 발표할 때 자꾸 손을 흔들거나 움직이는 습관은 보는 사람을 불안하게 한다.</td></tr>
</table>

[그림 10-1] 제스처 활용

프레젠테이션할 때는 다음과 같은 제스처에 주의를 기울인다.

- 오랫동안 계속하여 손을 앞으로 모으는 것은 자신감이 없어 보인다.
- 뒷짐을 지는 것은 거만하게 보여 좋지 않은 인상을 줄 수 있다. 손을 주머니에 넣는 것이나 팔짱을 끼는 것 또한 거만하게 보인다.
- 손가락이나 포인터로 청중을 지칭하지 않는다. 누군가를 지칭해야 할 때는 손바닥을 곧게 펴서 손 전체로 한다.
- 손은 의식적으로라도 머리나 얼굴 부분으로 가져가지 않는다. 손으로 머리를 만지는 것은 뭔가 실수를 했다는 의미로 받아들여지고, 귀를 만지는 것은 낯뜨겁거나, 쑥스럽다는 표현이다. 또 손으로 입을 가리는 것은 뭔가 숨기려고 하는 의도로 비춰진다.

토의 10.3

대통령 선거과정에서의 주요 대선 주자들이나 각종 강연에서의 연사, 홈쇼핑 프로그램의 쇼호스트들을 관찰해보면 프레젠테이션을 진행할 때의 자세와 제스처 등에 대한 아이디어를 얻을 수 있다. 다음 활동을 수행하고 그 결과를 팀원들과 토의하시오.

① 정치 연설에서 정치인들의 자세와 제스처는 어떤지 관찰하시오.
② 강연 프로그램에서의 연사들은 어떤 자세와 제스처를 취하는지 관찰하시오.
③ 홈쇼핑 쇼호스트들의 자세와 제스처를 관찰하시오. 제품 · 서비스별로 쇼호스트들의 자세와 제스처에 차이점이 있는지 살펴보시오.

수행과제

많은 이들이 미국 전 대통령 버락 오바마의 연설을 음악과 연결지어 표현한다. 토니 블레어 전 영국 총리의 연설문 작성을 맡았던 필립 콜린스는 오바마의 연설을 두고 "가사보다는 선율이 좋다."고 했다. 그의 연설이 전달하는 언어적 내용보다는 전달하는 방식에 특별함이 있다는 표현이다.

합주곡이나 합창곡에서 돌연히 악곡의 흐름이 멈추고, 모든 악기가 일제히 쉬는 것을 '게네랄파우제(Generalpause)'라고 한다. 오바마는 마치 대규모 오케스트라의 지휘자인 양 청중과 함께 게네랄파우제를 연출한다. 그가 연설 도중 아무 말도 하지 않는 그 순간에 청중 또한 숨조차 맘대로 쉬기 힘든 격렬한 통제를 당한다. 그는 연설에 멈춤과 쉼표를 적재적소에 활용한다. 쉼표로서 연설의 집중도를 더 높이고, 이어지는 내용을 궁금하게 만들고, 청중이 말하는 자의 감정을 느끼며 참여할 수 있도록 호흡을 이끈다.

❶ 많은 사람들이 버락 오바마의 프레젠테이션에 열광하는 이유에 대해 분석하시오.

❷ 스티브 잡스의 2005년 스텐포드 대학교 졸업식 연설 영상을 보고 그의 복장, 얼굴표정, 스피치 스타일과 시선처리, 자세 및 제스처를 분석하시오.

❸ 분석 결과를 바탕으로 내가 프레젠테이션 발표자로서 벤치마킹해야 할 포인트나 많은 연습이 필요한 점에 대한 의견을 제시하시오.

학습요약

1. 프레젠테이션을 할 때의 의상은 보수적인 것이 무난하며, 남성인 경우 감청색 계열의 정장이 바람직하다. 여성은 바지 정장보다는 치마 정장을 권한다.
2. 프레젠테이션 할 때의 이상적인 얼굴표정은 미소를 띠고 얼굴에 자신감이 있어 보이는 것이다. 얼굴표정은 발표내용과 일치하도록 적절하게 변화시킨다.
3. 프레젠테이션에서는 청중 중의 한 사람과 대화한다는 기분으로 특정 사람을 바라보면서 한다. 그리고 여러 사람들을 골고루 바라보면서 하되, 시선을 너무 자주 바꾸지 않는다.
4. 프레젠테이션에서는 음의 고저장단(高低長短)을 적절하게 구사하여 스피치에 변화를 준다. 프레젠테이션에서는 약간 빠른 듯한 속도로 또박또박 정확(내용)하고 명료(발음)하게 말하는

것이 중요하다. 그리고 때로는 길게, 때로는 짧게 말하면서 스피치의 장단을 조절한다.

5. 프레젠테이션 주제나 내용이 바뀔 때는 다른 주제나 관점으로 이동한다는 것을 알림으로써 논의를 자연스럽게 이동하도록 한다.
6. 메시지를 효과적으로 전달하기 위해 인용, 예시, 예화, 비교, 비유, 머리글자 이용 등의 표현방법을 활용한다.
7. 프레젠테이션을 할 때는 두 발을 어깨 넓이로 벌리고 체중을 양발에 균등히 실은 상태에서 어깨와 허리를 곧게 펴고 편안하게 서는 것이 좋다.
8. 제스처는 자연스럽고 프레젠테이션 내용과 일치해야 한다. 제스처가 너무 많으면 산만하여 주의를 산만하게 할 수 있으므로, 필요할 때 적절하게 하는 것이 중요하다.

참고자료

김성은(2017), 다 리듬때문이었어-삶을 바꾸는 리듬의 힘, 21세기 북스.

박효정, 임선경(2016), 발표의 신, 푸른들녘.

이재희(2010), 한권으로 끝내는 기획 & 프레젠테이션, 케이앤제이.

Chapter

11

프레젠테이션 벤치마킹과 연습

학습목표

프레젠테이션 멘토를 선정하여 벤치마킹 포인트를 분석한다. 주제에 대한 프레젠테이션 대본을 작성한 후 프레젠테이션을 위한 3단계 연습 방법과 프레젠테이션 평가 · 피드백 포인트에 대해 학습한다.

1. 프레젠테이션 멘토로부터의 벤치마킹 포인트를 적용할 수 있다.
2. 프레젠테이션 대본을 작성할 수 있다.
3. 프레젠테이션을 위한 3단계 연습 방법을 적용할 수 있다.

1. 벤치마킹과 프레젠테이션 연장통 만들기

1) 프레젠테이션 잘하는 사람들을 관찰하고 따라하기

프레젠테이션을 잘하고 싶다면 프레젠테이션을 잘하는 사람을 멘토로 정해 열심히 관찰한다. 그 사람이 이야기를 전개하는 방식, 목소리의 톤과 크기, 스피치 속도, 제스처 등을 꾸준히 관찰하고 따라해 본다. 어느새 그 멘토가 이야기하는 모습과 방식을 닮아가는 자신을 발견할 수 있다.

그렇다면 어디서 프레젠테이션 멘토를 찾을 수 있을까? 대표적으로는 세계적으로 프레젠테이션을 잘 하는 사람들의 영상을 볼 수 있는 〈TED〉 사이트가 있다. 이 사이트에서 프레젠테이션을 듣고 꾸준히 관찰하다가 마음을 사로잡는 발표자를 정해서 여러 번 반복해 듣는다. 또 〈세상을 바꾸는 시간 15분〉이라는 국내 방송 프로그램을 보는 것도 좋다. 정해진 시간 내에 스토리를 구조화하여 프레젠테이션 하는 능력을 개발하는 데 도움이 된다. 아나운서가 진행을 매끄럽게 하는 TV 교양 프로그램을 보는 것도 도움이 된다.

토의 11.1

벤치마킹은 기업들이 특정 분야에서 뛰어난 조직을 선택하여 그 조직의 전략이나 제품, 서비스, 기술, 경영 방식 등을 배우고 모방하여 자신의 조직에 적용하는 것을 말한다.

① 〈TED〉와 〈세바시〉 이외에 유용한 프레젠테이션 사이트에는 무엇이 있는가?
② 나의 프레젠테이션 멘토는 누가 될 수 있을까? 발표 멘토를 선택하는 기준을 세우고 찾아보자.
③ 나의 프레젠테이션 멘토로부터 벤치마킹하고 싶은 프레젠테이션 노하우는 무엇인가?

- **테드(TED, TED.COM)**
  테드 코리아: http://www.ted.com/talks?language=ko
  이 사이트에서는 한국어로 된 테드의 프레젠테이션을 볼 수 있다. TED란 Technology, Entertainment, Design 분야를 주제로 프레젠테이션을 개최하는 미국의 비영리 재단이다. 여기서 프레젠테이션을 제공하는 목적은 가치 있는 아이디어를 널리 확산시키는 것이다. TED는 세계 최고 수준의 컨퍼런스이면서 무료로 영상 서비스를 제공한다. TED는 18분 안에 청중을 감동시키는 프레젠테이션으로, 제한된 시간 내에 발표를 마쳐야 하는 우리에게 도움이 되는 많은 사례를 제공한다.

- **세바시**
  http://www.cbs.co.kr/tv/pgm/cbs15min/
  〈세상을 바꾸는 시간 15분〉 역시 무료로 제공되는 질 좋은 프레젠테이션 사이트이다. 이 프로그램은 전문가와 유명인, 혹은 시민들이 우리 삶에서 중요한 이슈들에 대해 진정성 있는 생각이나 흥미로운 아이디어를 15분이라는 제한된 시간에 강연 형식으로 진행한다. 한국판 TED라 할 수 있다.

2) 나만의 프레젠테이션 연장통 만들기

미국의 베스트셀러 작가 스티븐 킹은『유혹하는 글쓰기』에서 글쓰기에도 연장통이 필요하다는 이야기를 한다. 글을 잘 쓰기 위해서는 목수가 좋은 연장을 통해 튼튼한 집을 짓듯 좋은 낱말과 문장, 어휘력, 문법 등을 차곡차곡 담아놓은 연장통을 평상시에 준비하고 있어야 한다는 뜻이다.

프레젠테이션도 마찬가지다. 프레젠테이션을 잘하기 위해서는 여러 차례 프레젠테이션을 경험하면서 자신만의 연장통에 좋은 연장을 구비해 놓아야 한다. 오프닝에서 활용할 다양한 주의집중 자료들, 프레젠테이션 내용을 논리적으로 구성하기 위한 논리틀, 파워포인트에서 활용할 아이콘과 질 좋은 이미지, 평소에 주의 깊게 보아왔던 영상 파일들, 벤치마킹할 만한 핵심 메시지들, 다양한 메모들을 나만의 연장통에 잘 챙겨놓아야 한다. 연장통이 잘 갖춰지게 되면 프레젠테이션을 준비하는 시간을 줄일 수 있고, 프레젠테이션의 질도 높아질 수 있다. 그 연장통은 하루아침에 준비되는 것은 아니고, 여러 번의 프레젠테이션을 경험하면서 하나씩 차곡차곡 쌓여지는 것이다. 목수에게 연장통이 연장을 보관하는 박스라면, 발표자에게 연장통은 메모장과 컴퓨터에 잘 저장해 놓은 파일들이다.

저자에게 있어 연장통은 중앙일간지를 보고 관심기사를 스크랩해 놓은 스크랩북과 스마트폰 메모장, 카드 메모장, 컴퓨터 파일, 그리고 서재에 있는 도서들이다. 이들은 일정한 분류체계에 따라 나뉘어 있다. 다음은 자료 분류체계의 예시이다.

〈표 11-1〉 자료 분류체계

거시	정치 · 공공	경제 · 산업	사회 · 문화	문예사철	국제
조직	경영관리 · 전략	리더십	여성(리더십)	프로직업인	기타
개인	청년 · 진로	실버	행복 · 심리학	인간관계 · 소통	건강 · 취미

2. 대본을 만들어 연습하기

프레젠테이션은 대화다. 발표자가 일방적으로 말하고 청중은 그저 듣고만 있는 것 같지만, 듣는 사람은 고개를 끄덕이거나 웃거나 프레젠테이션 하는 사람과 시선을 맞추는 식으로 끊임없이 소통하고 있다. 프레젠테이션 하는 사람이 책을 읽듯이 딱딱하게 프레젠테이션 대본을 읽기만 한다면 듣는 사람은 금세 지루해진다. 특히 들고 있는 프레젠테이션 대본만 쳐다보면서 청중에게는 시선도 주지 않는 경우가 최악이다. '책 읽듯이'가 아닌 '말하듯이' 프레젠테이션 하려면 발표 대본을 쓰고, 그 내용을 온전히 자기 것으로 만들어야 한다.

1) 말하듯 자연스러운 프레젠테이션 대본 만들기

대본은 슬라이드 노트에 쓴다. 슬라이드 노트는 만든 슬라이드 밑에 설명 대본을 쓸 수 있도록 만들어진 여백이다. 슬라이드 한 장을 띄워놓고 청중이 해당 페이지를 보고 있을 때 발표자가 할 말을 꼼꼼히 다 쓴다. 중요한 것은 쓴 것을 소리내어 말해 보는 것이다. 읽는 것과 말하는 것은 다르다. 듣는 사람 입장에서 편안하게 들리는지, 말하기에 어색한 곳은 없는지, 불필요한 곳은 없는지 반복해서 말해 본다. 반복하다 보면 자신이 작성한 대본이 저절로 외워지고, 외우고 나면 발표 대본을 보지 않고도 편안하게 말할 수 있게 된다. 페이지마다 발표 대본을 작성한 후에는 슬라이드 노트를 포함해서 전부 다 인쇄한 후 전체 대본을 다시 살펴본다. 전체적으로 살펴보면 내용이 중복되거나 연결이 어색한 부분을 발견할 수 있다.

슬라이드 화면

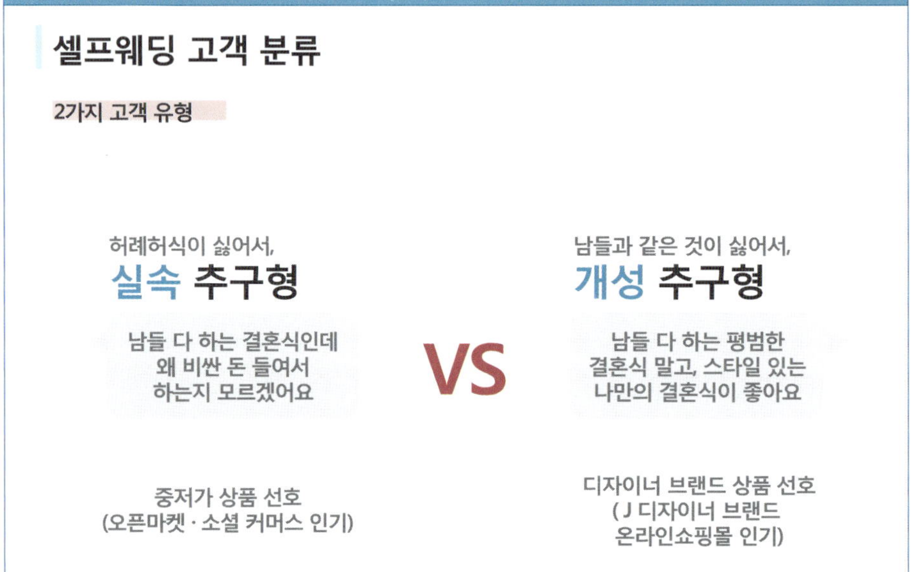

대본(슬라이드 노트)

셀프웨딩을 준비하는 고객은 크게 2가지 유형으로 나뉩니다.
첫째는, 허례허식이 싫은 '실속 추구형'
둘째는, 남들과 같은 것이 싫은 '개성 추구형'입니다.
실속 추구형의 경우, 비싼 돈 들여 결혼식 하기 싫어 '중저가 상품을 선호' 하며,
개성 추구형의 경우, 스타일 있는 결혼식이 좋아 '디자이너 브랜드의 상품을 선호'합니다.

[그림 11-1] 대본 만들기

모든 슬라이드와 전체 프레젠테이션 대본을 한꺼번에 보면서 슬라이드의 순서를 바꾸거나 중복되는 부분은 삭제하는 과정을 거친다. 흐름상 필요하다고 느끼면 추가 자료를 만들 수도 있다. 여러 사람이 함께 작업한 경우는 더더욱 검토를 여러 차례 반복해서 서로 체크해 줄 필요가 있다. 자기가 프레젠테이션할 부분만 볼 것이 아니라, 전체를 함께 보면서 서로 의견을 주고받으면 최종 프레젠테이션 자료의 수준이

쑥 올라갈 것이다.

프레젠테이션할 슬라이드 자료를 A4 한 매에 여러 장 나오도록 인쇄하여 이것을 프레젠테이션 대본 대용으로 사용할 수 있다. 이렇게 하면 프레젠테이션 내용의 전후 맥락을 파악하기가 쉽고, 다음 슬라이드에 어떤 내용이 있는지를 미리 확인할 수 있어 프레젠테이션 내용의 자연스러운 연결이 가능하다. 그리고 슬라이드 사이의 아래 여백에 그 슬라이드에서 전달하고자 하는 핵심 메시지를 기재해 주요 포인트를 놓치지 않도록 할 수도 있다.

[그림 11-2] 대본 대체용 자료 만들기

2) 키워드 중심의 현장 대본 만들기

전체 대본을 만들어 화면을 보지 않고서도 프레젠테이션 할 수 있도록 대본 숙지가 모두 끝났다면 전체 대본은 보관하고, 현장에서 활용할 키워드 중심의 대본을 간략하게 만든다. 실제 발표 장소에서 전체 대본을 가지고 발표하려면 대본을 읽게 되거나, 긴장이 될 경우 아예 대본 자체가 눈에 들어오지 않는 경우도 있다. 더욱이 예기치 못한 이유로 프레젠테이션 시간을 조절해야 할 경우 대응하기가 쉽지 않다. 따라서 중요하게 강조해야 하거나 기억이 잘 나지 않는 부분의 키워드만 간략하게 정리해서 이를 A4 반 장 정도의 사이즈로 만들어 프레젠테이션을 진행한다. 현장 대본은 주요 아이디어와 세부내용의 핵심만을 간결하게 기록한 것으로, 각 항목의 내용을 요점 위주로 정리한다. 이때 현장 대본의 내용별로 사전에 시간계획을 기록해 두는 것이 좋다.

대본을 작성하고 난 후에는 예측하지 못한 사정으로 프레젠테이션을 단축시켜야 하는 경우가 발생할 수도 있기 때문에 '삭제하면 안 되는 것', '삭제해도 무방한 것', '삭제해도 되는 것' 등을 별표(*)나 자신만의 기호 등을 이용하여 미리 표시해 두는 것이 좋다.

예를 들어, 별표 세 개는 핵심 내용으로서 매우 중요하기 때문에 '삭제하면 안 되는 것', 두 개는 '경우에 따라 삭제 가능한 것', 한 개는 '삭제할 것' 등으로 구분해 표시하거나 형광펜을 이용하여 표시해도 된다. 또는 스티커를 사용할 수도 있는데 이때는 중요도를 색깔로 구분하면 편리하다. 이렇게 세심하게 준비해 두면 프레젠테이션 시간이 짧아지는 경우에도 당황하지 않고 대응할 수 있다.

토의 11.2

팀 프로젝트에서 프레젠테이션 할 자료를 바탕으로 다음 사항에 대해 팀 토의를 하고, 그 결과를 정리하시오.

① 프레젠테이션 내용을 모두 담은 전문 대본(내레이션)을 만드시오.
② 전문 대본을 큰 소리로 읽으면서 내용 흐름이 자연스러운지, 용어 선택은 적절한지, 자료의 분량은 20분 프레젠테이션에 적정한지 체크하시오.
③ 파워포인트의 '발표자 도구' 기능을 활용하여 전문 대본을 연습하시오.

3. 프레젠테이션 전단계 연습하기

프레젠테이션에서는 예기치 못한 돌발상황이 발생할 수 있으므로 연습과 점검을 통해 리스크를 최소화해야 한다. 철저한 준비는 프레젠테이션에 대한 자신감을 키워준다. 중요한 프레젠테이션을 앞두고 적어도 이틀 전까지는 프레젠테이션 자료를 마무리한다. 남은 이틀은 실제처럼 프레젠테이션 연습을 하는 데 노력을 쏟는다. 연습은 아무리 강조해도 지나치지 않다. 프레젠테이션을 준비할 때는 스피치 연습, 그룹 코칭, 그리고 최종 연습(드레스 리허설)의 3단계 과정을 거치게 된다.

1) 스피치 연습하기

프레젠테이션 연습의 첫 단계는 프레젠테이션 대본과 슬라이드 자료를 중심으로 발표내용을 연설하듯이 자연스럽게 읽으면서 연습하는 방법이다. 스피치 연습은 주로 내용의 논리성과 체계성, 그리고 표현의 적절성을 파악하고 스피치가 자연스럽게 연계되는지 여부를 판단하기 위해 실시한다. 연습하면서 어색한 단어나 긴 문장, 명확하지 않은 표현 등을 발견하게 되고 새로운 사례나 더 좋은 비유가 떠오를 수 있다. 띄어 읽기, 한숨 돌림, 강조해 두어야 할 부분 등도 이 연습을 통해 파악할 수 있다. 이와 같이 실제 프레젠테이션 자료의 마무리는 연습하는 과정에서 이루어진다.

스피치 연습을 할 때에 처음에는 주요 목차별로 쪼개서 시간을 체크해 가며 연습을 한다. 이후 목차별 프레젠테이션 시간이 잘 맞춰지고, 내용이 매끄럽다고 여겨지면 처음부터 끝까지 진행해 본다. 프레젠테이션 할 내용을 반복해서 연습하다 보면 실제 프레젠테이션 현장에서는 슬라이드를 보지 않고도 편안하게 이야기할 수 있다.

(1) 보이스 레코더 활용

스피치 연습을 할 때 보이스 레코더(voice recorder)나 스마트폰 음성녹음 기능을 이용해 연습과정을 녹음한 후 반복해서 들어 보면 연습 효과가 올라간다. 이렇게 하면 자신의 음성이나 억양, 발음의 명료성, 스피치 속도뿐만 아니라 무의식적으로 쓰는 군더더기 말이 있는지도 체크할 수 있다. 간혹 녹음된 음성이 자기가 생각하는 음성과 달라 어색해 하는 사람도 있지만 녹음기에서 나오는 음성이 청중이 듣게 되는 음성이다.

(2) 파워포인트 예행연습 기능 활용

파워포인트의 슬라이드 쇼 '예행연습 기능'을 활용해 연습할 수 있다. 예행연습 기능을 활용하면 연습하는 동안 각 슬라이드를 설명하는 데 소요되는 시간뿐 아니라, 누적 소요시간까지 체크할 수 있다.

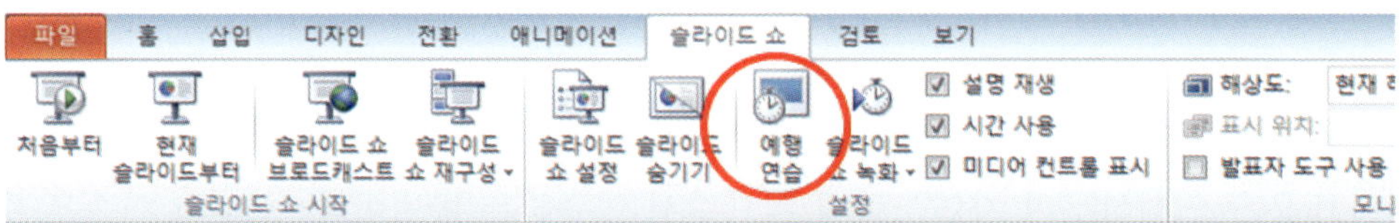

또 설명 녹음 기능을 활용하면 컴퓨터에 연결된 내장 마이크를 통하여 연습내용을 녹음할 수도 있으며, 노트북에 내장되어 있는 화상카메라 기능을 통해 연습장면을 촬영할 수도 있다.

(3) 발음 연습

발음이 부정확하거나 어눌할 경우는 다음과 같은 방법을 통해 평상시에 발음을 명확히 하기 위한 연습이 필요하다.

■ **발음 교정**

프레젠테이션 연습을 하다 보면 자주 틀리거나 혀가 꼬이는 부분이 나오게 마련이다. 그 부분은 특히 여러 차례 소리 내서 연습한다. 그래도 자꾸만 틀린다면 발음하기 어려운 단어를 연이어 쓴 것은 아닌지 점검하고 다른 단어로 바꾼다. 평상시 신문 사설이나 이슈 페이퍼 등의 논리적 글을 또박또박 정확하게 읽는 연습을 하면 정확한 발음을 하는 데 도움이 된다.

■ **악센트(accent) 연습**

하나의 문장을 큰 소리로 또박또박 읽되, 강조하는 부분을 달리해 가며 반복해서 읽는다.

> "나는 철저한 준비를 통하여 훌륭한 프레젠테이션을 할 수 있도록 최선의 노력을 다하겠습니다."
> "나는 철저한 준비를 통하여 훌륭한 프레젠테이션을 할 수 있도록 최선의 노력을 다하겠습니다."

이하 '프레젠테이션, 최선, 노력, 다하겠습니다' 등에 액센트를 두어 읽는다.

2) 팀으로 서로 코칭하기

팀 코칭은 팀원들 앞에서 프레젠테이션 대본과 시각 자료를 가지고 정해진 시간 내에 실제 프레젠테이션을 하듯 스피치와 함께 필요한 제스처를 쓰면서 연습하는 방법이다. 팀 코칭은 스피치 패턴 이외에 얼굴표정, 시선 처리, 자세, 제스처의 자연스러움 등을 종합적으로 개선하기 위해 실시한다. 간단하게 실습 운영절차에 대해 소개한다.

- 각자 프레젠테이션 주제에 대해 10분 정도의 실습자료를 준비한다. 실습시간은 탄력적으로 운영하되, 1인 20분 이내로 한다. 1인이 20분 이상 실습하게 되면 집중도가 떨어진다.
- 팀 멤버들에게 실습 평가표를 배포한다.
- 실습 순서에 따라 모의 프레젠테이션을 실시한다.
- 실습을 하는 동안 실습자를 제외한 다른 팀원들은 배포한 실습 평가표에 따라 프레젠테이션 평가를 한다. 실습 평가표는 부록에 제시된 것과 같이 의견기술식과 체크리스트 방법(S는 탁월, A는 우수, B는 보통, C는 미흡)이 있는데, 어느 것을 사용해도 좋다.

이때 팀원들끼리 역할을 분담해서 한 팀은 프레젠테이션 내용을 평가 · 피드백하고, 다른 한 팀은 전달 전략에 대해 평가 · 피드백하는 방법도 고려할 수 있다. 실습이 끝난 후 실습자의 소감을 청취한 후, 팀원들이 모의 프레젠테이션에 대한 평가 의견을 제시한다.

(1) 피드백은 이렇게 주고받는다

동료끼리 모니터링하고 피드백을 주고받을 때도 지켜야 할 매너가 있다. 먼저 잘한 점은 충분히 칭찬하는 것이다. 프레젠테이션을 앞두고 누구든 긴장하고 스트레스를 받기 때문에 동료의 칭찬은 큰 힘이 된다.

수정 · 보완해야 할 점을 이야기할 때도 잘한 점을 먼저 이야기하고, 아쉬운 점은 나중에 이야기하는 것이 좋다. 아쉬운 점을 이야기할 때에는 어떤 점을 어떻게 개선하는 것이 좋을지 구체적인 대안을 이야기해 주는 것이 도움이 된다. 비판을 위한 비판, 발표자의 기를 죽이는 피드백은 서로에게 도움이 되지 않는다.

외부 전문가가 있다면 전문가의 피드백을 듣는다. 이때 잘하는 사람의 시범 프레젠테이션을 다시 한 번 실행해보면 좋다. 이러한 팀 평가 · 피드백 과정을 통해 내용이 불명확하거나 스킬에 있어 부족한 부분을 발견하고 보완함으로써 서로의 발전을 이룰 수 있는 기회가 된다.

각 팀원들이 작성한 실습 평가표는 모의 프레젠테이션이 끝난 후 모두 모아서 발표자에게 전달한다. 동일한 프레젠테이션에 대해서도 평가하는 사람에 따라 서로 다른 시각에서 판단할 수 있기 때문에, 여러 사람의 평가 의견을 종합해 자신의 프레젠테이션 수준 및 개선 포인트 등을 점검하는 자료로 활용할 수 있다.

(2) 모니터링을 한다

프레젠테이션 하는 모습을 스마트폰이나 캠코더로 촬영해서 모니터링해 보는 것도 좋다. 프레젠테이션 하는 모습을 영상으로 보면 무엇을 수정해야 할지에 대해 명확하게 알 수 있다. 동료의 프레젠테이션을 볼 때나, 자신의 프레젠테이션 장면을 영상으로 볼 때는 내용이나 말, 제스처 등에 군더더기가 없는지 유심히 살펴본다.

특히 말에 군더더기가 없는지 유의해서 모니터링해 본다. 많은 사람들이 프레젠테이션 할 때 “아~, 에~, 어~, 음~, 인제~, 그냥~, 어쨌든~, 솔직히 말해서~” 등의 불필요한 군더더기 말을 사용한다. 이를 어벽이라고 하는데, 사람에 따라 습관적으로 반복하는 의미 없는 말이나 듣기 거북한 소리를 뜻한다. 어벽은 듣는 사람에게는 들리는 데, 정작 발표자 자신은 의식하지 못하는 경우가 많다. 이런 군더더기 말을 조심해서 줄이게 되면 더 깔끔한 프레젠테이션을 할 수 있다.

(3) 시간을 체크한다

연습을 할 때는 타이머를 활용하여 시간을 체크한다. 이를 통해 서론 · 본론 · 결론 간의 시간배분이 적절하게 이뤄졌는지를 확인할 수 있다. 모든 프레젠테이션은 시간이 정해져 있다. 짧으면 5분, 길어야 20분 내에 프레젠테이션 해야 하는 경우가 많은데, 시간을 지키는 것이 중요하다. 15분 프레젠테이션이라면 리허설을 할 때 14분 30초 정도에 프레젠테이션이 마무리 되도록 대본을 수정한다. 몇 차례 리허설을 하다 보면 프레젠테이션 시간을 맞출 수 있다.

3) 실제처럼 리허설하기

리허설이란 공연이나 프레젠테이션 등을 하기 전에 처음부터 끝까지 모든 과정을 실제와 똑같이 진행해보는 것이다. 리허설을 해보면 준비할 때는 놓쳤던 세심한 부분을 꼼꼼히 챙겨볼 수 있다. 예를 들어, 무대의 어느 방향에 서서 진행할지, 퇴장할 때는 어느 방향으로 나갈지, 프레젠테이션 할 때 사용할 프로젝터나 A/V기기는 제대로 작동하는지 등을 체크해 볼 수도 있다.

자신이 프레젠테이션 할 장소에서 직접 리허설을 해보는 것이 가장 좋다. 실제 프레젠테이션 장소에서 리허설하기가 힘든 상황이라면 사무실이나 강의실의 한 공간이라도 무대라 생각하고, 실제처럼 등장하고 인사도 해 본다.

리허설은 최종 프레젠테이션 대본, 슬라이드 자료, 프레젠테이션 매체 등을 활용해 실제 시간에 맞춰 연습한다. 처음부터 끝까지 실제처럼 해보는 것이 중요하다. 팀 프레젠테이션이라면 무대에 등장해서 처음 인사를 하고, 팀을 먼저 소개한다. 하나의 주제에 대해 프레젠테이션을 하는데, 발표자가 여럿인 경우에는 먼저 프레젠테이션한 사람이 퇴장하고 그 다음 발표자가 무대로 들어오는 동선을 미리 짜두어야 한다. 무대에서 우왕좌왕하거나 발표자들끼리 동선이 얽혀 당황하지 않도록 서로의 움직임을 미리 익혀 두자.

(1) 팀킬을 방지하라

리허설을 할 때 발표자가 이야기하는 도중에 무대에 서 있던 다른 발표자가 화면을 가로질러 지나가기도 하고, 청중석에 있는 팀원들끼리 잡담을 하며 팀킬을 하는 경우도 있다. 팀원 중 한 사람이 리허설을 하고 있을 때는 나머지 팀원들은 누구보다도 열심히 듣는 청중이 되어야 한다. 실제 프레젠테이션을 할 때 누가 리모컨을 작동할 것인가, 누가 이야기하고, 누가 슬라이드를 넘길 것인가, 한 사람이 프레젠테이션 하는 동안 다른 사람은 무엇을 할 것인가 등을 세밀히 정해 두어야 한다.

여러 명이 자신을 주시하는 가운데 혼자 앞에 서서 무언가 프레젠테이션 해야 하는 상황은 일상에서 흔히 일어나는 일이 아니다. 떨리고 긴장되는 것은 당연하다. 그것을 극복하려면 여러 번 반복해 보는 수밖에 없다. 철저한 준비만이 프레젠테이션에 대한 불안감을 줄일 수 있다.

(2) 엘리베이터 테스트로 최종 점검하기

프레젠테이션 연습이 모두 끝났으면 최종적으로 '엘리베이터 테스트'를 실시하여 핵심 메시지를 명확히 한다. 다음은 엘리베이터 테스트에 대한 내용이다.

「중요한 프로젝트의 최종 보고를 할 시간이 되었다고 상상한다. 당신과 당신의 팀은 그동안 새벽 2시까지 일을 하면서 보고서를 만들었고, 단 하나의 오자도 없도록 정성을 기울였다. 이제 당신은 제일 좋은 옷을 입고 만반의 준비가 된 것처럼 보이려 한다. 그리고 고객인 〈포춘〉 50대 기업의 중역들이 맥킨지의 보고를 듣기 위해 회사 건물의 맨 위층에 자리 잡은 원탁 탁자에 둘러앉는다. 그런데 바로 그때 대표이사가 회의실로 들어오면서 이렇게 말한다. "여러분, 미안합니다. 나는 이 자리에 참석할 수가 없습니다. 갑자기 중요한 문제가 생겨서 변호사들을 만나러 가야 합니다."

그러다가 당신을 향해 돌아서며 이렇게 말을 한다. "당신이 나와 함께 엘리베이터를 타고 밑으로 내려가면서 연구한 것들을 말해줄 수 있겠소?" 엘리베이터를 타는 시간은 30초 정도에 불과하다. 그 시간에 당신은 고객 회사의 대표이사에게 해결책을 설명할 수 있는가? 당신은 그 사람에게 해결책을 팔 수 있는가? 이것이 바로 엘리베이터 테스트이다.

맥킨지에서는 3이라는 숫자가 매직 넘버이다. 이 회사에서는 늘 3이라는 숫자를 애용한다. 매킨지인에게 복잡한 문제를 질문하면, 대개는 다음과 같은 답이 나올 것이다.

"그 이유로는 세 가지가 있습니다. …." 그리고 맥킨지의 컨설턴트들은 3개의 위계 속에서 일을 한다. 즉, 중요한 순서대로 고객 · 회사 그리고 자신이다.」

발표자는 프레젠테이션 내용에 대해 분명하고 정확하게 30초 안에 설명할 수 있어야 한다. 이렇게 할 수 있을 때 "발표를 통해 전달하고자 하는 핵심 메시지와 흐름에 대해 명확하게 이해하고 있다."고 할 수 있다.

토의 11.3

팀원들과 함께 최종 팀 프레젠테이션을 위한 연습을 실시하시오. 다음 절차에 따라 프레젠테이션 연습을 하여 자신감을 갖도록 하시오.

① 전문 대본내용 중에서 중요한 내용 세 가지를 선택하고, 그 내용을 핵심 키워드로 표현하시오. 키워드로 표현한 내용을 30초에 맞추어 연습하시오. 될 때까지 연습하시오.
② 실제로 프레젠테이션 하듯이 내용, 얼굴표정, 시선, 스피치, 자세와 제스처 등 모든 요소를 고려하며, 정해진 시간 안에 발표를 완료하시오. 만족할 때까지 연습하시오.
③ 팀 프로젝트 수행 정보에 있는 프레젠테이션 실습 평가표를 가지고 발표자의 프레젠테이션에 대해 평가 · 피드백하시오. 피드백 내용을 공유하시오.

수행과제

방송 글이나 논리적인 글, 자소서 등은 연습으로 충분히 쓸 수 있는 분야이다. 글을 쓸 때 자신만의 틀, 패턴 등을 만들어 놓으면 좋다. 예를 들어 글을 쓸 때 주로 질문으로 문단을 열거나, 명언으로 시작하거나, 아니면 구체적 사례로 시작하는 방법 등이 있다. 이렇게 한 가지 패턴을 정해 놓으면 나중에 지겨워서 좀 다르게 쓰고 싶은 욕구가 생기기도 한다. 그러면 새로운 시도를 해보면 된다.

평소 읽었던 텍스트 중에서 마음에 드는 문체나 구조를 가진 글쓴이를 한 명 선택한다. 영화를 좋아하면 평소 즐겨 읽는 평론가의 글이나 기자의 글도 좋고 요즘 인기 있는 베스트셀러 작가도 좋다. 그리고 선택한 글쓴이의 글만 계속 읽어 본다. 그러면 어느새 그 사람의 문체가 자연스럽게 스며들어서 흉내 내어 쓸 수 있게 된다. 그리고 어느 정도 시간이 흐르면 거기에 변화를 꾀하게 된다. 그러면서 자신만의 스타일이 만들어지게 된다. 이를 '문체' 즉, 문장에서 느껴지는 필자의 개성이나 특징이라고 한다. 시간이 좀 걸릴 수도 있지만, 평생 가지고 갈 무기를 가지는 거라 생각하고 천천히 꾸준하게 시도해 보는 것이 좋다. 사실 필사(筆寫)는 작가를 꿈꾸는 사람이라면 누구나 한 번씩은 해봤을 정도로 글쓰기 능력을 키우는데 큰 도움을 주는 방법이다.

방송대본지는 세로 방향으로 반을 나누어 한쪽에는 비디오, 다른 한쪽에는 오디오 부분을 서술하게 되어 있다. 비디오 항목에는 각 장면들을 묘사하고 시간을 체크하여 서술하고 오디오 항목은 내레이션이나 멘트 등을 서술한다.

먼저 자신이 닮고자 하는 선배 작가나 자신이 쓰고 싶은 장르의 방송 중 잘된 작품을 고른다. 그리고 그 방송을 다시 보기로 보면서 오디오는 끄고, 영상의 흐름만을 읽는다. 이후 발표 대본지에 비디오 부분에 들어갈 각 장면들과 장면별 시간을 기록한다. 그리고 자신이 그 프로그램의 작가가 됐다고 생각하고 영상의 공간에 채워 넣을 내레이션이나 멘트들을 직접 써 본다. 아마 단 몇 초의 영상을 글로 메우기가 쉽지 않음을 깨닫게 될 것이다.

두 번째, 이번에는 앞서 비디오 항목만을 기록한 발표 대본지를 따로 복사하고 오디오 항목에는 실제 방송된 멘트를 따라 써 본다. "대본 보기"가 제공되는 방송이라 하더라도 되도록 다시 보기를 통해 들리는 대로 써 보는 것이 방송 글에 대한 감각을 키우는 데 도움이 된다. 방송 글은 읽기 위한 글이 아니라 듣기 위한 글이기 때문이다. 그리고 자신이 앞서 써 놓은 대본과 선배들이 쓴 대본을 비교하여 어떤 부분이 다른지 분석해 본다. 예를 들어, 휴먼 다큐멘터리에서 주인공들이 산책하는 장면에서 나는 그날의 날씨를 서술했는데, 선배

작가는 이 산책이 출연자에게 주는 의미가 무엇인지 서술했다면 그 차이를 발견하는 것 만으로고 큰 배움을 얻은 것이다. 방송에서는 영상을 설명하는 글보다 구체적인 정보를 주는 글이 좋고, 정보를 주는 글보다는 영상에서 보이는 것들의 숨은 가치를 발견하는 글이 더 의미 있기 때문이다.

세 번째 단계에서는 선배의 대본을 옮겨 놓은 것에서 수정하고 싶은 부분을 찾는다. '나라면 이렇게 썼을 텐데.' 하고 퇴고의 과정을 가져본다는 뜻이다. 가령, 단순하게 주어의 위치를 바꾸는 것만으로도 글맛이 달라질 수 있다. 그리고 비슷한 뜻이지만 강약이 다른 어휘들을 바꾸어 사용한다든가, 시청자들에게 더 공감을 줄 비유법이나 표현으로 바꾸어 본다. 이렇게 퇴고 과정을 거친 후에는 꼭 소리 내어 크게 읽어 보아야 한다. 그러면 어색한 문장들을 보다 수월하게 솎아낼 수 있다.

출처: https://brunch.co.kr/@jumi710/21

위의 내용은 '글을 자신감 있게 쓸 수 있는 방법'에 대한 제자의 질문에 대해 어느 교수가 답한 글이다. 다음 활동을 수행하고 그 결과를 제출하시오.

❶ 유능한 방송작가가 되기 위한 '필사의 마법'을 통해 프레젠테이션 연습을 하는 방법을 어떻게 발전시킬 수 있는가?
❷ 자신이 닮고자 하는 사람이나 관심 있는 분야의 프레젠테이션 중 잘된 자료를 선택하여 위의 방법에서 제시한 대로 따라해 본다.
❸ 결국은 읽고, 쓰고, 말하는 연습을 반복적으로 꾸준히 하는 것이 프레젠테이션 능력을 높이기 위한 지름길 아닌 지름길이다. 세상에 공짜는 없다.

학습요약

1. 프레젠테이션 멘토를 정해 그 사람이 이야기를 전개하는 방식, 목소리 톤과 크기, 스피치 속도, 제스처 등을 꾸준히 관찰하고 따라해 본다.
2. 프레젠테이션을 잘하기 위해서는 오프닝에서 활용할 다양한 주의집중 자료들, 내용을 논리적으로 구성하기 위한 논리틀, 파워포인트에서 활용할 아이콘과 질 좋은 이미지, 평소에 주의 깊게 보아왔던 영상 파일들, 벤치마킹할 만한 핵심 메시지들, 다양한 메모들을 평상시 잘 챙겨 놓는다.

3. 프레젠테이션 대본에는 전문 대본과 키워드 중심의 현장 대본이 있다. 한 장의 종이에 프레젠테이션 자료의 여러 장표를 출력하여 대본으로 대체하기도 한다.

4. 프레젠테이션 연습의 첫 단계는 프레젠테이션 대본과 슬라이드 자료를 중심으로 프레젠테이션 내용을 연설하듯이 자연스럽게 읽으면서 연습하는 방법이다. 스피치 연습은 내용의 논리성과 체계성, 그리고 표현의 적절성을 파악하고 스피치가 자연스럽게 연계되는지 여부를 판단하기 위해 실시한다.

5. 프레젠테이션을 위한 팀 코칭은 팀원들 앞에서 프레젠테이션 대본과 시각 자료를 가지고 정해진 시간 내에 실제 PT 하듯 스피치와 함께 필요한 제스처를 쓰면서 연습하는 방법이다. 팀 코칭은 스피치 패턴 이외에 얼굴표정, 시선 처리, 자세, 제스처의 지연스러움 등을 종합적으로 개선하기 위해 실시한다. 실습 평가표에 따라 팀원들끼리 상호 평가 · 피드백한다.

6. 연습의 최종단계인 리허설은 공연이나 프레젠테이션 등을 하기 전에 처음부터 끝까지 모든 과정을 실제와 똑같이 진행해보는 것이다. 이때 최종 프레젠테이션 대본, 슬라이드 자료, 프레젠테이션 매체 등을 활용해 실제 프레젠테이션 시간에 맞춰 연습한다. 처음부터 끝까지 실제처럼 해보는 것이 중요하다.

7. 프레젠데이선 연습이 모두 끝났으면 최송적으로 '엘리베이터 테스트'를 실시하여 핵심 메시지를 명확히 한다.

참고자료

김주미(2017), 필사(筆寫)의 마법, https://brunch.co.kr/@jumi710/21

박효정 외(2016), 발표의 신, 푸른들녘.

Chapter

12

발표 현장에서의 프레젠테이션 전략

학습목표

프레젠테이션 전의 점검사항과 발표 불안을 극복하기 위한 방법, 그리고 돌발상황에 대한 대처법에 대해 알아본 후, 질의 · 응답 방법에 대해 학습한다.

1. 프레젠테이션 전에 점검해야 할 사항을 설명할 수 있다.
2. 발표 불안을 극복하고, 돌발상황에 대처할 수 있다.
3. 효과적 질의 · 응답 방법을 적용할 수 있다.

1. 프레젠테이션 현장 점검하기

프레젠테이션 전날에는 발표 당일에 필요한 자료와 준비물을 최종 점검한다. 당일에는 프레젠테이션이 시작되기 전에 여유 있게 도착하여 프레젠테이션을 바로 시작할 수 있도록 준비를 마친 다음 장소와 시설을 점검한다.

1) 프레젠테이션 자료와 준비물 점검하기

프레젠테이션 자료와 준비물을 빠짐없이 체크하여 준비 소홀로 인해 프레젠테이션 현장에서 곤란에 처하는 일이 없도록 주의한다.

(1) 프레젠테이션 자료

프레젠테이션 자료(슬라이드 자료, 대본, 핸드아웃)를 최종 점검한다. 슬라이드 자료는 만일의 경우를 대비하여 USB나 외장형 하드디스크에 백업을 받아 놓는다. 더 안전하게 하려면 클라우드 드라이브에 파일을 저장해 놓거나 자신의 이메일계정으로 전송해 놓는다. 파일이 열리지 않을 때 인터넷에 접속해서 파일을 다운받을 수 있도록 대비해 놓으면 안심이 된다.

(2) 프레젠테이션 준비물

다음의 체크리스트에 따라 프레젠테이션에 필요한 준비물을 최종 점검한다.

- 슬라이드 자료
- 프레젠테이션 대본
- 핸드아웃
- 프레젠테이션 주제와 관련이 있는 보조자료(근거자료나 시간이 남을 경우 등의 비상상황에 대비한 자료)

- 참석자 명단
- 레이저 포인터
- 시계(멀리서도 시간을 확인할 수 있도록 디지털시계를 준비)
- 명함(참석자 규모를 생각하여 여유 있게 준비)
- 손수건(긴장하거나 당황해서 땀이 날 경우를 대비)
- 립크로스, 또는 바세린(긴장해서 침이 마를 경우를 대비)
- 가그린(양치질할 여유가 없을 경우를 대비)

2) 프레젠테이션 실시 준비하기

프레젠테이션 장소에 20~30분 정도 일찍 도착하여 노트북과 프로젝터를 연결하고 시각자료가 제대로 나오는지 확인한다. 영상자료를 활용할 경우 스피커 선을 연결하고 소리의 크기를 조절한 후 시연해 본다.

이밖에 프레젠테이션 대본, 보조자료, 청중 명단, 타이머, 포인터 등 프레젠테이션에 필요한 물품들을 모두 제자리에 위치시킨다. 또 생수와 컵도 준비한다. 마지막으로 프레젠테이션의 첫 화면을 띄워 놓는다. 비로소 프레젠테이션 준비를 완료한 것이다.

3) 프레젠테이션 장소 점검하기

프레젠테이션 준비가 완료되었으면 프레젠테이션 진행에 필요한 시설과 장비를 점검하고, 미흡한 부분이 있을 경우 프레젠테이션 시작 전에 조치를 취한다.

(1) 마이크 성능

마이크의 성능을 시험해 본 후 소리 크기를 조정한다. 크기는 프레젠테이션 현장 맨 뒤편의 청중이 들을 수 있는 정도가 적정하다. 무선마이크와 핀마이크는 편리하기는 하나 유선마이크에 비해 잡음이 많은 편이고, 특히 건전지를 제대로 관리하지 않으면 곤란한 상황에 처하기도 한다.

(2) 프레젠테이션 장소의 크기

프레젠테이션 장소의 크기와 청중의 수가 적정한지 점검한다. 프레젠테이션 장소가 청중 수에 비해 너무 크거나 작으면 프레젠테이션에 장애요인으로 작용한다. 프레젠테이션 장소가 너무 크면 분위기가 산만해지고, 반대로 너무 협소하면 불편하다. 정해진 규모 이내에서 편안한 분위기를 어떻게 조성할 것인가 고려한다.

(3) 책상 · 의자 배열

프레젠테이션 장소가 세미나실이나 회의실 등 좌석 배열을 조절할 수 있는 경우에는 프레젠테이션 의도에 맞게 좌석을 재배열하는 것이 바람직하다. 일반적으로 청중이 동일한 방향으로 나란히 앉는 일자형 레이아웃보다는 상호작용이 가능한 타원형 배열이 바람직하다.

(4) 기자재의 배치

이동식 프로젝터나 스크린을 사용할 경우 이들을 어디에 놓아야 청중이 잘 볼 수 있는지, 혹은 청중의 시야를 가리지는 않는지 등을 미리 점검한다. 청중의 자리에 앉아 시선의 사각지대가 없는지 직접 확인한다.

(5) 전기 스위치

프레젠테이션 도중 전등의 밝기를 조절해야 하는 경우를 대비해 어떤 스위치가 어느 곳을 비추는지 미리 확인해 둔다.

(6) 시계

프레젠테이션을 할 장소에 벽시계가 있는지 확인한다. 없는 경우 발표자가 디지털 시계를 준비한다. 프레젠테이션 시간을 관리하기 위해서 시계는 반드시 필요하다.

(7) 보드마카 펜

화이트보드를 사용할 경우 보드마카의 상태를 확인한다. 잘 나오지 않는 보드마카는 새 것으로 교체한다.

4) 프레젠테이션 분위기를 점검하고 긍정적 강화하기

사전 점검이 끝나고 난 후에는 담당자로부터 프레젠테이션할 때 주의해야 할 점이나 전체적인 분위기를 파악한다. 청중과 간단한 대화를 나누면서 그들의 관심사항 등에 대해 파악해 두면 프레젠테이션할 때 수월하다.

프레젠테이션 시작 전에는 화장실에서 복장과 용모(머리상태, 드레스 셔츠, 넥타이 및 넥타이 핀, 구두)를 점검한다. 또 입모양을 크게 하여 배에 힘을 주고 '아, 에, 이, 오, 우'를 몇 번 반복하여 안면근육을 이완시킨다.

입술을 붙인 상태에서 '부르르~' 하고 몇 번 입술을 떨게 하면 발음하기가 쉬워진다.

마지막으로 프레젠테이션 초반 5분 정도의 발표 내용이나 활동을 최종적으로 점검한 후, "잘 해 보자, 잘 할 수 있을 거야." 등과 같이 스스로에게 기운을 북돋우는 생각과 말로써 긍정적 강화를 하며 활기찬 기분으로 프레젠테이션 장소에 들어선다.

토의 12.1

프레젠테이션 준비를 철저히 한다고 해도 한두 가지를 꼭 빠뜨려 곤란한 상황에 처하는 경우를 자주 경험한다.

① 프레젠테이션 전날의 최종 점검에 있어 가장 중요한 사항은 무엇인가?
② 프레젠테이션 현장에서 발표 직전 점검해야 할 가장 중요한 사항은 무엇인가?
③ 프레젠테이션 준비와 점검 과정에서 자신이 경험한 아찔한 상황은 무엇이 있었는가? 그 때 어떻게 대처하였는가?

2. 발표 불안과 돌발상황에 대처하기

반복된 연습과 수정 · 보완을 통해 프레젠테이션 준비를 마쳤다면 이제 프레젠테이션 무대에 당당하게 올라간다. 프레젠테이션할 때는 당당함과 함께 겸손하고 친근한 태도도 잃지 말아야 한다. “열심히 준비한 내용이니 최선을 다해 성심성의껏 프레젠테이션을 하겠다.”라는 마음으로 진심을 다해 하나하나 이야기해 가다 보면 어느새 청중들도 프레젠테이션에 집중하고 호감 가는 눈빛으로 발표자를 쳐다볼 것이다.

그런데 아무리 많은 연습을 했어도 프레젠테이션 직전과 초반에는 누구나 떨리게 마련이다. 긴장을 하게 되면 입술이 바짝바짝 타들어가거나 입안에 침이 마르기도 한다. 목소리가 떨리고 등에 식은 땀이 흐르기도 한다. 심한 경우에는 머릿속이 하얘지기도 한다. 사람에 따라 정도의 차이가 있지만, 이런 현상은 누구나 겪는 자연스러운 것이므로 당황하지 말고 리허설 할 때의 느낌을 살려 당당하게 발표한다. 프레젠테이션할 때 나타나는 발표 불안을 극복하기 위한 방법에는 다음과 같은 것들이 있다.

1) 발표 불안 예방하기

(1) 철저히 준비하고 연습한다

철저한 준비와 충분한 연습은 자신 있게 프레젠테이션 할 수 있는 좋은 방법이다. 내용을 충분히 숙지하고 실제로 프레젠테이션 하듯 연습해보면 불안감이 감소된다. 특히 프레젠테이션의 도입 부분을 반복 연습한다. 대부분 프레젠테이션 초반부에 가장 긴장하고, 서론 부분을 성공적으로 마치면 자신감을 가지고 프레젠테이션을 진행할 수 있기 때문이다. 반대로 도입부에서 실수하거나 당황하게 되면 준비한 내용을 제대로 전달하지 못하고 실패하는 경우가 많다.

(2) 경험을 쌓는 것이 최선이다

경험은 가장 위대한 스승이다. '발표를 많이 하는 것'은 발표 불안증을 극복하는 최고의 처방이다. 아무리 이론적으로 무대공포증을 해결하는 방법을 알고 있다 해도 실제 경험을 통해 훈련하지 않으면 발표불안증 극복은 사실상 어렵다. 모임에서의 자기소개, 술자리에서의 건배사, 강의장에서의 질문과 답변 등을 통해 사람들 앞에서 말하는 기회를 점차 늘려가는 것이 중요하다. 기회 있을 때마다 가슴 두근거리는 상황에 직면해서 실제로 떨어도 보고, 실수도 해보고 하다 보면 의외로 사람들 앞에서 이야기하는 것이 '별거 아니다.'라는 경험을 하게 된다. 이런 반복 경험을 통해 프레젠테이션에 대한 불안을 줄일 수 있다.

(3) 이미지 트레이닝을 한다

모든 것은 마음먹기에 달려 있다. 혹시, 혹시 하면서 잘못될 경우를 생각하다 보면 점점 자신감을 잃게 되지만, 열심히 준비했는데 '잘못되면 얼마나 잘못되나.' 하는 편안한 마음으로 생각하다 보면 자신감이 생긴다. 긍정적인 자기암시와 상상은 자신감을 불러일으킨다.

- 모든 준비가 끝났으면 프레젠테이션 시작하기 전 약 5~10분간은 조용히 앉아 눈을 감고 자신이 성공적으로 프레젠테이션하는 모습을 상상한다(image training). 프레젠테이션 장에 입장해서 청중들에게 인사를 하고 핵심내용을 중심으로 서론부터 결론에 이르는 전 과정을 마음속으로 그려봄으로써 심리적으로 안정감을 찾을 수 있게 된다.
- 자신의 프레젠테이션에 몰입하고 있는 청중의 모습을 그려본다. 프레젠테이션이 끝난 후에 청중들이 찾아와 "너무 좋았다."며 말을 건네는 장면을 상상해 본다.
- 완벽을 추구하다 보면 실패에 대한 두려움이 생기기 때문에 긴장하기 쉽다. 따라서 '70점만 돼도 성공'이라고 낙천적으로 생각한다.
- 의식적으로 청중을 아무 것도 아닌 존재라고 생각한다.
- 다음과 같은 말로 자기암시를 한다.

> "잘 할 수 있다."
> "사람들 앞에서 이야기하는 것은 인정받을 수 있는 좋은 기회다."
> "긴장하는 것은 부끄러운 것이 아니다. 프로도 긴장한다. 긴장하지 않는 것이야말로 이상한 것이다."
> "누구나 실패를 한다. 실패를 통해서 성장한다."

(4) 심호흡이나 간단한 체조를 한다

- 심호흡을 하면 마음이 안정된다. 코로 천천히 숨을 들이쉬고 한꺼번에 내뱉는다.
- 어깨와 등을 똑바로 하고 앉은 다음 배를 당긴다.
- 목에 힘을 빼고 천천히 좌우로, 위아래로, 그리고 좌에서 우로, 우에서 좌로 돌린다.
- 비명을 지를 때처럼 입을 크게 벌렸다 닫았다 하는 운동을 반복하여 턱을 풀어준다.

- 손가락을 이용해서 턱의 관절 근육이나 얼굴의 다른 부분을 마사지한다.
- 손과 손목의 힘을 빼고 풀어 준다.
- 손으로 다리를 주무르거나, 발가락에 힘을 주는 등 말초 신경을 자극해 혈액이 골고루 공급되게 한다.
- 왼손으로 오른쪽 다리를, 오른손으로 왼쪽 다리를 열 번씩 두드린다. 양쪽 뇌를 똑같이 자극하여 몸의 균형을 되찾음으로써 감정을 컨트롤하기 쉬워진다.

대개의 경우 우리는 할 수 없어서 포기하는 것이 아니라 포기하기 때문에 할 수 없는 것이다. 마찬가지로 소심해서 못하고 불안해서 못하는 것이 아니라, 못한다고 생각하기 때문에 점점 더 소심해지는 것이다.

2) 현장에서의 발표 불안 대처하기

(1) 청중과 친해진다

청중과 편안한 관계가 되면 프레젠테이션을 쉽게 할 수 있다. 평소 편하게 알고 지내는 청중이 있으면, 처음에는 주로 그 사람을 응시하며 프레젠테이션을 한다. 자신에게 호의적인 태도를 지닌 청중을 확보하여 긍정적인 피드백을 주고받는 것은 프레젠테이션의 성공을 위해 중요하다.

아는 사람이 없다면, 긍정적인 표정을 하고 있는 사람, 미소를 짓고 있는 사람, 편안한 느낌을 주는 사람을 보면서 프레젠테이션을 시작한다. 반면에, 비호의적이거나 평소에 사이가 좋지 않았던 사람은 프레젠테이션 초반에는 되도록 쳐다보지 않는다.

(2) 시청각 자료를 활용한다

시청각 자료를 활용하면 청중을 정면으로 바라보지 않아도 되고, 청중의 흥미를 유발하기도 쉽다. 긴장했다가도 청중들이 호응을 보이면 기분도 좋아지고 자신감도 생긴다.

3) 돌발 상황에 대처하기

프레젠테이션 현장에서는 종종 예기지 못한 돌발 사태가 일어난다. 프레젠테이션 하는 과정에서 갑자기 잘 되던 레이저 포인터가 말을 듣지 않는다거나, 화면이 제대로 나오지 않을 수 있다. 프레젠테이션 장소는 라이브 무대이기 때문에 어떤 일이 발생할지 모른다.

(1) 갑자기 레이저 포인터가 작동하지 않을 경우

종종 레이저 포인터를 눌렀는데도 다음 페이지로 넘어가지 않을 때가 있다. 이때에는 컴퓨터에 꽂아 놓은 USB를 다시 뺐다가 꽂아보고, 작동을 점검한다. 그래도 계속 작동하지 않을 때는 당황하지 말고 같은 팀의 동료가 수동으로 다음 페이지로 넘기는 작업을 해야 한다. 이때를 대비해 팀 프레젠테이션 준비 시 수동으로 다음 페이지를 넘기는 사람을 미리 정해 놓으면 좋다. 프레젠테이션 연습과 리허설을 할 때 어느 부분에서 다음으로 넘겨야 하는지 서로 공유해 놓으면, 문제발생 시 바로 대처할 수 있다. 팀 프레젠테이션이 아니라 개인 프레젠테이션이라고 하더라도, 문제 발생 시 나를 도와 줄 친구를 미리 정해 놓고, 서로 돕기를 하는 것도 방법이다.

(2) 갑자기 프로젝터가 작동하지 않을 경우

프로 발표자들도 흔히 겪는 프로젝터의 오작동은 가장 난감한 경우다. 파워포인트 프레젠테이션의 경우, 화면 없는 프레젠테이션은 거의 불가능하기 때문이다. 이때는 청중에게 잠시 프로젝터를 점검하겠다는 양해를 먼저 구하고, 시설관리자와 장비를 체크한다. 이런 문제를 예방하기 위해 실제 장소에서 실제 장비를 가지고 드레스 리허설을 해보는 것이 중요하다.

(3) 파일을 열었는데 폰트나 이미지가 깨질 경우

간혹 작업한 파워포인트의 버전이 맞지 않을 때, 혹은 작업한 컴퓨터에만 특정 폰트가 있을 때 파일을 열었는데 원하는 폰트로 열리지 않거나 이미지가 깨지기도 한다. 이런 경우를 대비해서 작업한 파일을 프레젠테이션용으로 저장할 때는 '파일 저장 옵션'에서 폰트를 포함해서 저장한다. 폰트를 포함해서 저장하면, 프레젠테이션하는 컴퓨터에 내가 사용한 폰트가 없더라도 '읽기 전용'으로 파일을 열어 원하는 글씨체로 프레젠테이션을 할 수 있다(제9장 PPT 작성 핵심기술 적용하기 부문 참고).

(4) 팀 프레젠테이션인데 팀원이 발표를 하지 못하게 되었을 경우

3~4명이 함께 프레젠테이션하는 경우 한 명이 갑자기 아프거나 부득이한 사정으로 당일 프레젠테이션을 하지 못하게 되는 경우가 있다. 이때를 대비해서 팀 프레젠테이션의 경우, 각자 짝을 이뤄 한 사람이 문제가 발생했을 때 대체할 수 있는 사람을 미리 정해 놓는 것이 좋다. 다른 팀원이 프레젠테이션하는 부분에 대해서 급할 때는 내가 할 수도 있다는 준비 자세가 필요하다.

토의 12.2

사람마다 발표 불안을 느끼는 상황과 정도가 다르다. 발표 불안을 예방하고 대처하는 방법에도 차이가 있다. 이에 대한 각자의 경험과 대처방법에 대한 의견을 나눠보자.

① 어떤 경우에 발표 불안을 느끼는가? 그 강도와 빈도는 얼마나 되는가?
② 프레젠테이션 불안을 예방하기 위한 방법은 무엇인가? 또 현장에서의 프레젠테이션 불안에 대처하는 방법은 무엇인가?
③ 프레젠테이션 현장에서 발생할 수 있는 돌발상황에는 어떤 것이 있는가? 이런 돌발상황에 대해 어떻게 대처하는가?

3. 질문에 대처하기

1) 질의 · 응답 계획 세우기

프레젠테이션 중간이나 마지막에 늘 있는 것이 질의 · 응답이다. 질의 · 응답도 프레젠테이션에 포함되는 중요한 시간이므로, 이에 대한 철저한 준비가 필요하다.

(1) 예싱 질의 · 딥번 자료를 만들어 활용한다

프레젠테이션 내용과 관련하여 제기될 만한 질문 목록을 만든 다음, 예상 질문에 대한 답변을 미리 준비해 두면 자신감을 가지고 편하게 프레젠테이션할 수 있다. 내가 청중이라면 어떤 질문을 할까를 생각하면서 질문을 뽑아볼 수도 있고, 동료들이나 전문가와 함께 예상 질문을 뽑을 수도 있다.

한편, 프레젠테이션 도중에 예상 질문 중에서 몇 가지를 뽑아 청중들에게 질문을 던져 생각해 볼 기회를 주는 것도 좋다. 궁금해 할 만한 것을 발표자가 먼저 질문형식을 빌어 설명해 주면, 청중은 발표자가 자신들의 동기와 요구를 잘 이해하고 있다고 생각하여 신뢰하게 된다.

> "우리는 지금까지 디지털 마케팅의 일환으로 SNS인 트위터와 페이스북의 특징과 활용법에 대해 알아봤습니다. 그런데 여러분, 이 두 가지 말고 다른 SNS에는 어떤 것이 있는지 궁금하지 않습니까?"

프레젠테이션 중에 질문이 나오는 것은 바람직한 현상이다. 질문은 프레젠테이션에 관심을 가지고 적극적으로 참여하고 있다는 의사 표시이다. 질문을 받고 답변하는 요령에 대해 알아본다.

(2) 질문에 대해 감사를 표현한다

누군가 질문을 하면 먼저, "질문해 주어 감사하다."는 고마움을 표현한다. 먼저 질문하는 사람을 응시하면서 질문내용을 경청한다. 필요할 경우 질문내용을 메모한다. 이때 질문자의 이름을 알면 이름을 부르는 것이 좋다. 청중의 이름을 알고 있는 것만으로도 청중은 호의적으로 된다.

> "평소 이 주제에 대해 많이 생각해보신 것 같습니다. 좋은 질문을 해주셔서 감사드립니다."

(3) 질문의 성격과 의도를 파악한다

질문의 의도를 파악하기 위해 질문자의 어조와 보디랭귀지를 관찰한다. 청중은 질문이라고 했지만, 질문이 아니고 아이디어나 의견 제시일 수도 있다. 이때는 아이디어나 의견을 제시해 준 데 대해 감사의 표현을 한다.

> "예, 정말 좋은 의견입니다. 많은 참고가 되겠습니다. 감사합니다."

(4) 답변을 하기 전에 질문내용을 확인한다

이는 질문을 정확히 이해해야 정확한 응답을 할 수 있고, 한편으로는 질문을 확인하는 동안 답변을 준비할 수 있는 시간을 벌 수 있기 때문이다. 또 비슷한 의문을 가지고 있는 청중들의 주의를 집중할 수도 있다.

> "이준희님께서 지금 하신 질문은 '트위터와 페이스북의 공통점과 결정적 차이점에 대해 알고 싶으신 거죠? 맞습니까?"

(5) 질문과 관련된 내용으로 한정하여 간단명료하게 답변한다

질문에 대한 답변은 전체 청중들에게 한다. 마지막으로, 질문에 대한 답변을 하고 나서 충분한 답변이 되었는지 확인한다.

> "트위터나 페이스북은 모두 다수와의 관계망을 통해서 정보나 소식, 의견 등을 나누는 소셜 미디어(social media)라는 점에서 비슷합니다. 두 서비스의 결정적 차이점은 다음과 같습니다. 먼저 트위터는 뉴스나 소식을 빠르게 전달하는 전파 기능이 뛰어나 긴급 이벤트 공지나 시급한 도움 요청 등의 뉴스 미디어로 많이 활용됩니다. 반면, 페이스북은 친구들 간의 소식이나 살아가는 이야기, 유용한 자료 등을 나누는 정보공유 기능이 뛰어나 지속적인 관계를 쌓고 브랜드 매니아나 팬을 관리하는 마케팅 도구로 활용될 가능성이 많습니다.
>
> 질문에 대한 충분한 답변이 되었는지요? 혹시 제 답변 중에서 이해되지 않는 측면이나, 더 궁금하신 점은 없습니까?"

(6) 질문시간은 별도로 갖는다

프레젠테이션 상황이 소그룹이고 비형식적이라면 도중에 질문을 받아도 좋다. 그러나 프레젠테이션 시간이 짧거나 형식적이며, 많은 청중을 대상으로 할 경우는 프레젠테이션이 끝날 즈음 결론부분에서 질의 · 응답시간을 별도로 갖는 것이 좋다. 이 경우 질문은 맨 마지막에 받겠다는 것을 프레젠테이션 시작할 때 미리 알리도록 한다.

> "프레젠테이션과 관련된 질의 · 응답은 끝날 즈음 별도의 시간을 마련토록 하겠습니다. 질문사항이 있으면 메모해 두셨다가 질의 · 응답시간에 질문해 주시기 바랍니다."

이와 같이 별도의 질의 · 응답시간을 갖는 것은 다음과 같은 이유 때문이다. 프레젠테이션 중에 질문이 산발적으로 나오면 질문에 답하느라 준비한 내용을 다 전달하지 못하거나, 흐름이 끊겨 시간관리에 실패할 우려가 있다.

또 질문한 사람 외에 다른 사람은 전혀 관심이 없는 질문이거나, 중요하지 않은 질문으로 다른 청중들이 불만을 나타내는 경우도 있다. 경우에 따라서는 예상하지 못한 질문으로 발표자가 당황하거나 난처한 상황에 빠질 수도 있다.

(7) 여러 개의 질문을 한꺼번에 받는다

질문을 개별적으로 받아 매번 답변할 수도 있지만 시간이 한정되어 있거나, 질문이 많을 경우에는 질문을 모두 받은 다음 중복된 질문이나 유사한 질문을 하나로 묶어 답변하면 시간을 절약할 수 있다.

(8) 질문할 때 이름을 밝혀 달라고 요청한다

질문시간을 시작할 때 질문할 사람은 먼저 자신의 이름, 소속 등을 밝혀 달라고 요청하게 되면, 부정적인 질문이 나올 가능성이 줄어든다.

(9) 질문자와 논쟁하지 않는다

발표자는 어떤 상황에서도 질문자와 논쟁하지 않는 것이 좋다. 발표자가 질문자와 논쟁하게 되거나 감정적 문제로 확대될 경우 대부분의 청중은 질문자에게 동질감을 느끼게 되어 발표자에 대해 부정적 감정을 가지기 쉽다. 또한 논쟁이 격화되면 프레젠테이션 분위기가 냉랭하게 될 뿐 아니라 발표자 자신도 의욕을 잃게 된다.

따라서 논쟁의 조짐이 보이면 바로 정중하게 차단할 필요가 있다. 그리고 감정을 가라앉히도록 노력한다. 이때는 음성을 더 낮게 하여 차분하게 이야기한다.

논쟁으로 진행될 것 같은 느낌이 들면, 발표자는 상대방의 의견에 대해 일단 일리 있는 이야기라고 인정한 후 자신의 견해를 밝히는 것이 좋다. 또한 논의를 뒤로 미루어 개인적으로 이야기 나누자고 제안할 수도 있다. 이때 상대가 무시당했다고 느끼지 않도록 상대를 배려하고, 존중하는 자세를 잃지 않는 것이 중요하다. 아니면 다른 청중들을 끌어드리는 질문을 통해 측면 지원을 요청해 본다.

"(인정 후 발표자의 견해 제시) 무슨 말씀인지 이해가 됩니다. 그러나 다른 측면에서 생각해 본다면 이런 견해도 있을 수 있다고 봅니다."

"(논의를 뒤로 미룸) 이 문제에 대해서는 저하고 별도로 휴식시간에 말씀을 나누는 것이 좋을 것 같습니다."

"(측면지원 요청) 자, 다른 분들은 ○○님의 의견에 대해 어떻게 생각하십니까? 몇 분께서 의견을 말씀해 주시면 감사하겠습니다."

(10) 질의 · 응답이 끝나면 마무리 멘트를 한다

질의 · 응답 시간을 거쳐서 프레젠테이션이 마무리되는데, 마무리가 흐지부지된다면 아무리 앞에서 프레젠테이션을 잘했다 하더라도 전체 이미지가 망가진다. 발표자는 무대에서 내려오기 전 마지막으로 어떤 이야기를 할 것인가를 고민할 필요가 있다. "마지막으로 청중들에게 어떤 메시지를 전달하면 좋을까?, 내 프레젠테이션 내용에서 가장 핵심은 뭘까?"를 생각하면서 마무리 멘트를 짧게 준비하여 이야기한다.

2) 난처한 질문에 대처하기

(1) 질문이나 프레젠테이션이 길어질 경우

청중이 자신의 생각을 장황하게 늘어놓거나, 질문을 길게 할 때는 이를 차단할 필요가 있다. 질문하려는 내용이 대충 파악되면 부드럽게 이야기를 중단시키고(시간 제약이 있다는 걸 상기시키면서) 발표자가 다시 간결하게 질문을 정리한다.

"(정중하게 웃으면서) 죄송합니다만, 질문을 요약해서 간단하게 해주시면 감사하겠습니다. 아직 제가 말씀드릴 내용이 몇 가지 남아 있습니다."

(2) 난처하거나 잘 모르는 질문을 하는 경우

틀린 대답, 또는 부정확한 대답으로 "모르면서 답을 하고 있다."는 인상을 주기 보다는 "모르는 것은 모른다."고 솔직하게 인정한 후 다른 질문을 받거나 화제를 전환하는 것이 좋다. 이때는 프레젠테이션 시간 이후 꼭 확인해서 답변하겠다고 약속하고, 그 약속을 지킨다. 프레젠테이션의 기본은 신뢰이다.

> "좋은 질문을 해주셨는데, 제가 평소 많이 생각해보지 않은 주제라 명확한 답변이 될지 모르겠습니다만, 아는 범위 내에서 말씀드리도록 하겠습니다."
>
> "(답을 잘 모르는 경우) 솔직히 말씀드려서 미처 거기까지는 생각해 보지 못했습니다. 연락처를 남겨주시면 자료를 찾아보고 꼭 연락드리겠습니다. 답변을 드리지 못해 정말 죄송합니다."
>
> "자, ○○님께서 좋은 질문을 해주셨는데, 혹시 여러분 중에서 ○○님의 질문에 답변해 주실 분 계십니까?"
>
> "(답은 알지만 대답하기가 난처한 경우) 그 문제에 대해서는 여러 가지 사정상 이 자리에서 말씀드리기 곤란합니다. 죄송합니다."

(3) 의도가 담긴 질문의 경우

몰라서 하는 질문이 아니라, 발표자를 곤란하게 하려는 의도가 담긴 질문의 경우는 역으로 질문하거나, 숨은 의도를 정중히 폭로한다.

> "네, 좋은 질문을 해주셨는데, 죄송하지만 ○○님의 의견을 먼저 듣고 싶습니다. 가능하시면 ○○님께서 먼저 말씀해주시겠습니까?"
>
> "특별히 기대하고 계신 답변이 있는 것 같은데, 어떤 답변을 듣고 싶으십니까?"

(4) 부적절한 질문을 하는 경우

질문이 논의하기에 적절하지 않다는 점을 지적하고, 다음 질문으로 넘어간다.

"죄송합니다만, ○○님께서 질문하신 내용은 우리가 논의하고 있는 주제와는 다소 거리가 있는 듯하니, 괜찮으시다면 저와 휴식시간에 별도로 말씀 나누는게 어떻겠습니까?"

(5) 혼란스러운 질문을 하는 경우

질문을 다시 하도록 요청한다.

"제가 질문의 요지를 잘 모르겠는데, 죄송하지만 다시 한 번 말씀해 주시겠습니까?"

(6) 질문이 아예 없을 경우

질문이 전혀 나오지 않아 분위기가 썰렁해지는 경우가 종종 있다. 이럴 경우를 대비해 마지막으로 강조하거나 정리할 이야기를 준비해서 프레젠테이션 내용을 보강하는 시간으로 활용하면 마무리가 더욱 탄탄해질 수 있다. 실제로 프로 발표자들도 질문이 나오지 않을 경우를 대비해 자신의 프레젠테이션을 더욱 멋지게 마무리할 수 있는 가장 중요한 멘트를 아껴두기도 한다.

토의 12.3

프레젠테이션을 하다보면 발표자가 질문을 할 때도 있고, 질문을 받기도 한다. 질문도 목적에 따라, 프레젠테이션 진행상황에 따라 다양한 질문이 있다. 또한 질문을 주고받는 상황에서 예기치 못한 경우가 발생하기도 하는데, 이에 대한 각자의 경험을 나누어 보자.

① 질문에는 어떤 종류가 있는가?
② 발표자가 청중에게 질문하기도 한다. 발표자가 프레젠테이션을 시작할 때 청중에게 하는 질문과 프레젠테이션 중간에 하는 질문, 그리고 프레젠테이션이 끝날 즈음에 하는 질문에는 어떤 차이가 있는가?
③ 지금까지 경험한 가장 난처한 질문은 무엇이었는가? 그 난처한 상황에 어떻게 대처하였는가?

수행과제

프레젠테이션 과정을 학습하는 동안 우리는 팀 프로젝트를 수행해 왔다. 팀 프로젝트를 수행하는 동안 어려움도 많았지만, 각자 맡은 역할과 책임을 다 하는 과정에서 팀워크를 다지고 팀 시너지 효과라는 집단지성을 경험하기도 했다. 이제 각 프로젝트 팀은 다음 프로젝트 수행 결과물을 바탕으로 프로젝트 활동 결과에 대해 프레젠테이션하는 시간을 갖는다.

- 팀 프로젝트 결과 보고서
- 프레젠테이션용 PPT 자료(프레젠테이션 내레이션을 슬라이드 노트에 기재)

❶ 팀 프레젠테이션 제한시간은 20분으로 한다. 팀 프레젠테이션은 대표 발표자 한 사람이 프레젠테이션할 수도 있고, 역할을 나누어 여러 명이 프레젠테이션할 수도 있다.

❷ 평가는 평가위원회를 구성하여 실시한다. 평가위원회는 각 팀에서 한 명씩 추천을 받아 구성한다. 단, 평가위원은 자신이 속한 팀에 대해서는 평가할 수 없다.

❸ 팀 프레젠테이션 평가는 팀 프로젝트 수행 정보에 있는 프레젠테이션 실습 평가표(2)에 따라 실시한다.

학습요약

1. 프레젠테이션 전날에는 당일에 필요한 자료와 준비물을 최종 점검한다. 프레젠테이션 당일에는 프레젠테이션이 시작되기 전에 여유 있게 도착하여 바로 발표를 시작할 수 있도록 준비를 마친 다음 장소와 시설을 점검한다.
2. 철저한 준비와 연습, 프레젠테이션 경험, 이미지 트레이닝, 심호흡이나 간단한 체조 등을 통해 발표 불안을 예방할 수 있다. 프레젠테이션 현장에서는 청중과의 친밀한 교류, 시청각자료 활용을 통해 발표에 대한 불안을 줄일 수 있다.
3. 예상 질문자료를 만들고 이에 대한 답변 자료를 미리 준비하여 프레젠테이션 현장에서의 위험에 대비한다. 질의 · 응답도 프레젠테이션의 성패에 많은 영향을 미치므로, 이에 대한 계획을 세우고 난처한 질문에 대한 대응방법도 미리 알아둔다.

참고자료

박효정 외(2016), 발표의 신, 푸른들녘.
이재희(2010), 한권으로 끝내는 기획 & 프레젠테이션, 케이앤제이.

팀 프로젝트 수행 정보

팀 프로젝트 수행 절차

	팀별 수행 과제
제1장	팀별로 팀 프로젝트 주제를 세 가지 이내로 압축
제2장	• 개인별 프레젠테이션 역량 평가 · 피드백 • 팀별 프레젠테이션 발표방식 결정(일인 발표, 또는 여러 사람이 발표)
제3장	• 팀별 팀 프로젝트 주제를 최종 결정 • 팀 프로젝트의 'Why 기획서'를 작성 • 팀 프로젝트에 대한 'Why-What-How 시나리오 구조도'를 작성
제4장	• 온라인 설문 조사서 개발 및 실행 • 'Why-What-How 시나리오 구조도'에 대한 브레인스토밍 실시 • 팀 프로젝트에 대한 자료수집 계획서 작성
제5장	• 팀 프로젝트에 대한 스토리 보드 작성 • 팀 프로젝트에 대한 핵심 콘셉트와 메시지 개발
제6장	• 팀 프로젝트를 클라이언트 관점에서 분석 • 스토리보드를 재구성하며, 발표내용을 수정 · 보강
제7장	• 팀 프레젠테이션 목차 결정 • 팀 프레젠테이션 내용을 서론 · 본론 · 결론으로 구조화 • 기본 ppt 배경 화면 결정(템플릿 선정, 혹은 자체 디자인)
제8장	• 비주얼 자료 작성을 위한 기본방향 설정 • 비주얼 자료 개발
제9장	동영상 자료 개발
제10장	프레젠테이션 시선 처리와 스피치, 자세 · 제스처 벤치마킹
제11장	• 프레젠테이션 전문 대본 작성 • 파워포인트의 '발표자 도구' 기능을 활용하여 프레젠테이션 연습 • 프레젠테이션 연습 및 평가 · 피드백
제12장	• 팀 프레젠테이션 실시 • 팀 별 평가 · 피드백

셀프웨딩 트렌드 맞춤형 온라인 쇼핑몰 런칭 제안 사례

- 준비과정과 최종 output -

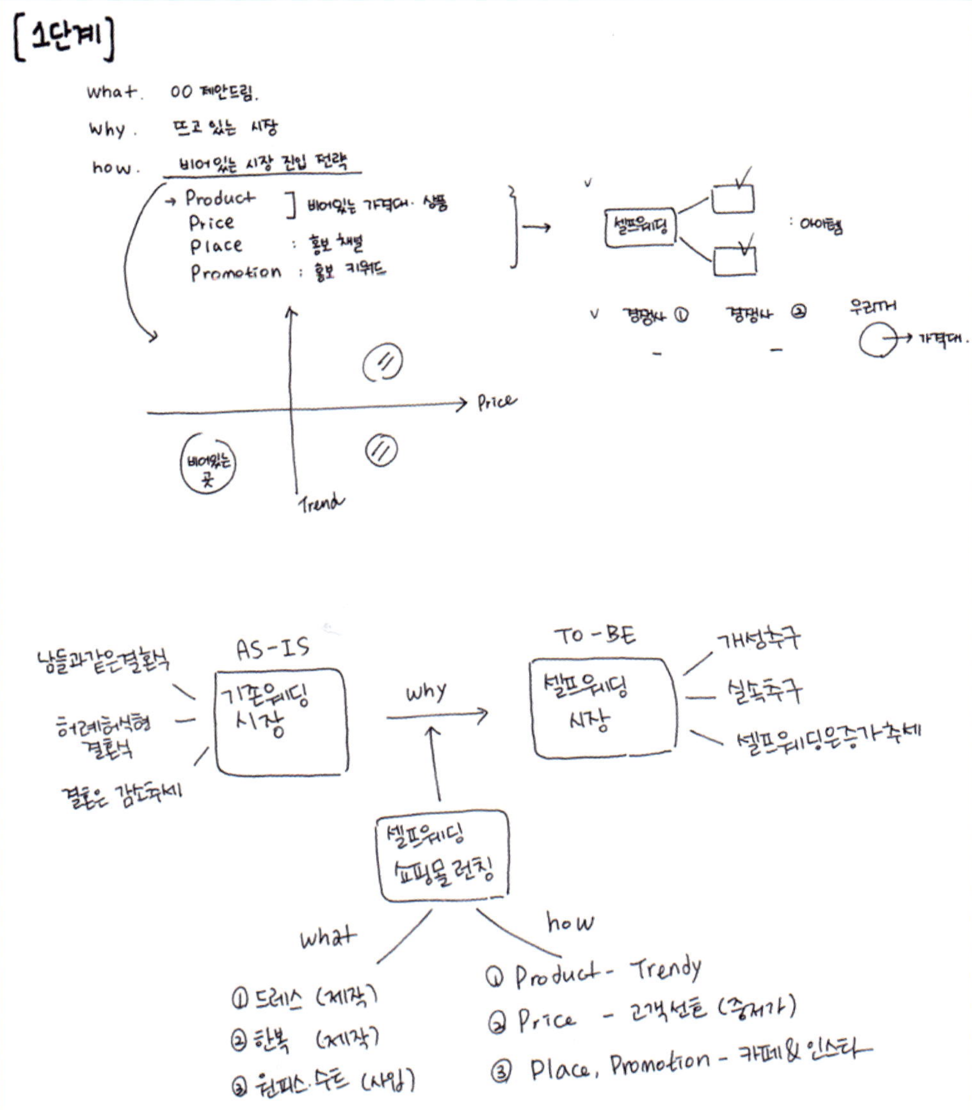

❶ 프레임 설계

프레젠테이션 미션을 받고 처음하는 작업은 프레임(틀)을 선정하는 작업이다. 프레젠테이션 프레임으로 가장 적합한 것은 2W1H 프레임, 즉 'Why–What–How' 프레임이다.

프로젝트 미션과 관련하여

- Why에는 시장 가능성, 즉 기대효과(클라이언트에게 가는 혜택)에 대해 탐색한다.
- What에는 프로젝트 주제와 관련하여 준비해야 할 영역과 범위에 대해 탐색한다.
- How에는 Why의 실현가능성을 입증할 수 있는 최적의 방법론을 선택하는 것으로, 여기서는 시장 신입 전략 분석을 위한 4P 툴을 선정하였다.

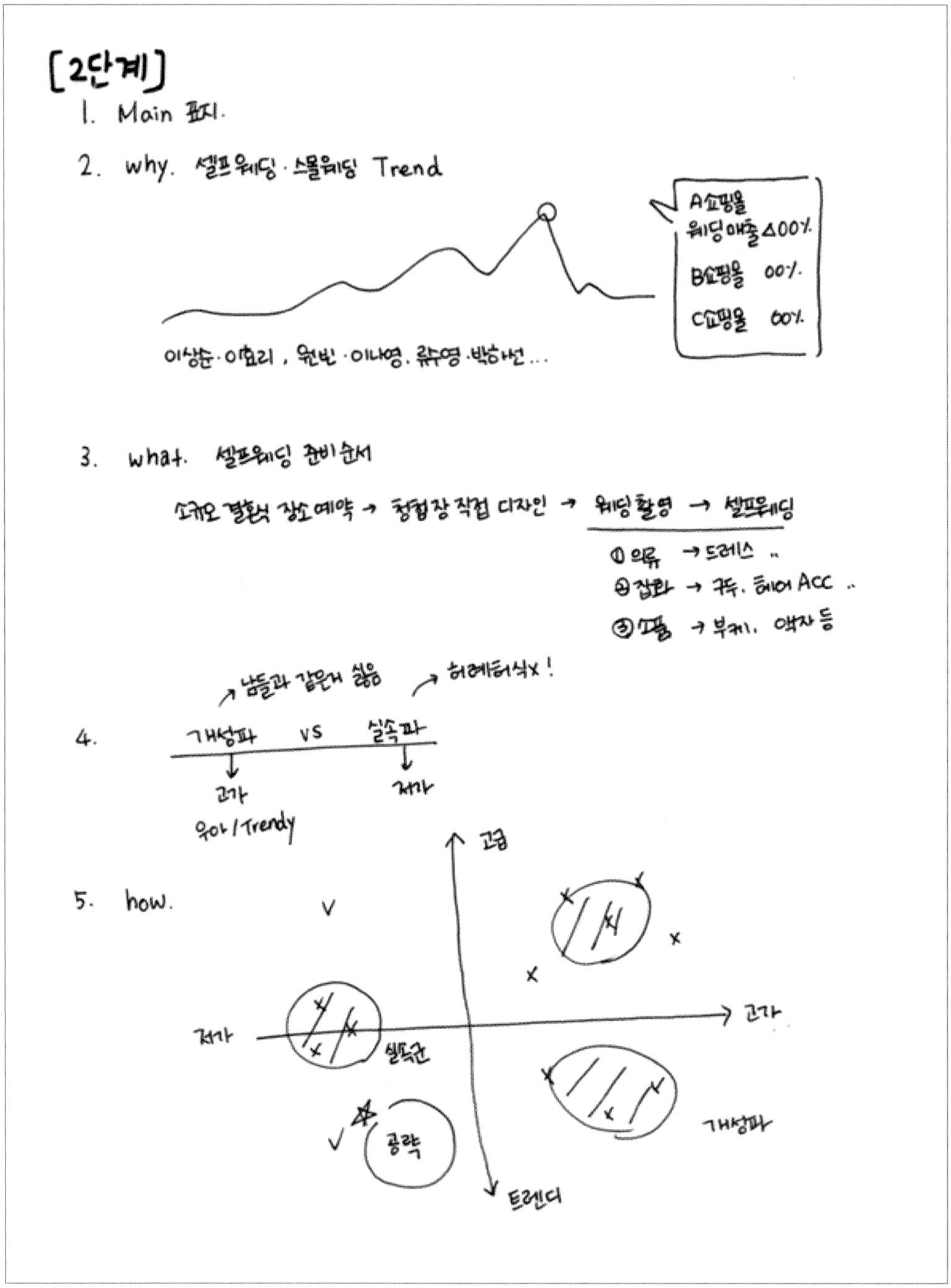
[2단계]
1. Main 표지.
2. why. 셀프웨딩 · 스몰웨딩 Trend
A쇼핑몰 웨딩매출 △00%
B쇼핑몰 00%
C쇼핑몰 00%
이상순 · 이효리, 원빈 · 이나영, 류수영 · 박하선 ...
3. what. 셀프웨딩 준비순서
소규모 결혼식 장소 예약 → 청첩장 직접 디자인 → 웨딩촬영 → 셀프웨딩
① 의류 → 드레스 ..
② 잡화 → 구두, 헤어 ACC ..
③ 소품 → 부케, 액자 등
→ 남들과 같은게 싫음
→ 허례허식X!
4. 개성파 vs 실속파
고가
우아 / Trendy
저가
5. how.
고급
고가
저가
실속군
개성파
공략
트렌디

6.

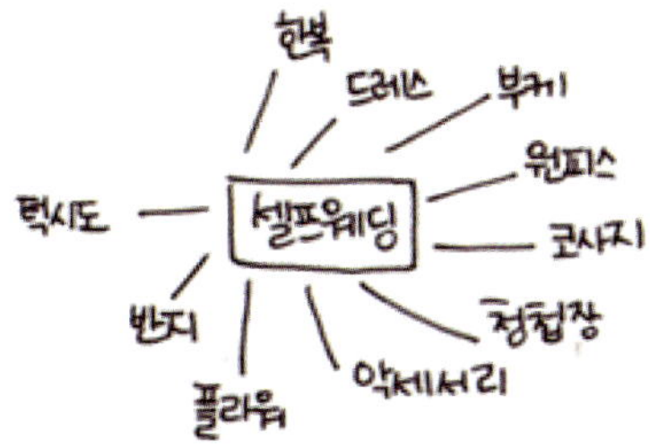

Product 메인
· 드레스 → 연예인느낌 (인기유형)
· 원피스
· 한복 → 잡지느낌
· 턱시도 → 퓨전느낌

7. 개성파 : 20만 - 45만
실속파 : 3만 - 15만
↳ 6만 - 15만.
6만↓ : 부정적 image.

8. CAFE : 입소문 ① · ② · ③ (회원수) → 후기.
인스타그램 : # 셀프웨딩 (글수) → official.

9. 워크스케줄

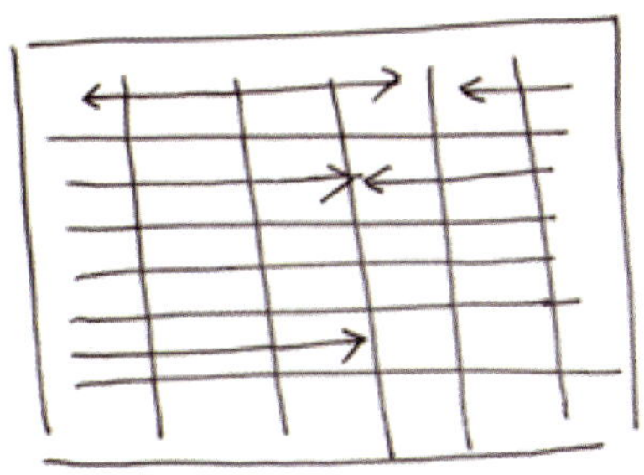

❷ 구조화

전체적인 프레임, 즉 'Why–What–How' 틀 속에서 큰 그림 그리기가 끝났으면 각 단계별로 '무엇을, 어떤 순서로 전개해 나갈 것인가'라는 관점에서 생각을 구체화 해 나간다.

- 떠오르는 생각을 메모한다.
- 관련 자료를 인터넷과 전문서적, 저널, 신문기사 등의 다양한 매체를 통해 탐색한다.
- 수집한 자료를 분석하여 메시지를 추출하고 클라이언트에게 매력적인 핵심 메시지(설득 포인트)를 개발한다.
- 'So What?–Why So?' 관점을 유지하며, 전후의 내용이 인과적 맥락을 유지하도록 순서를 정해 간다.
- 논리의 흐름을 생각하며 자료 제시의 순서를 계속 바꿔본다. 이런 반복과정을 통해 발표내용에 대한 논리가 정립된다.
- 구조화 과정을 통해 제시내용의 순서뿐 아니라 데이터가 들어갈 자리, 그래프가 들어갈 자리, 달력이 들어갈 자리 등 정보들의 배치가 러프(rough)하게 결정된다.

[3단계]

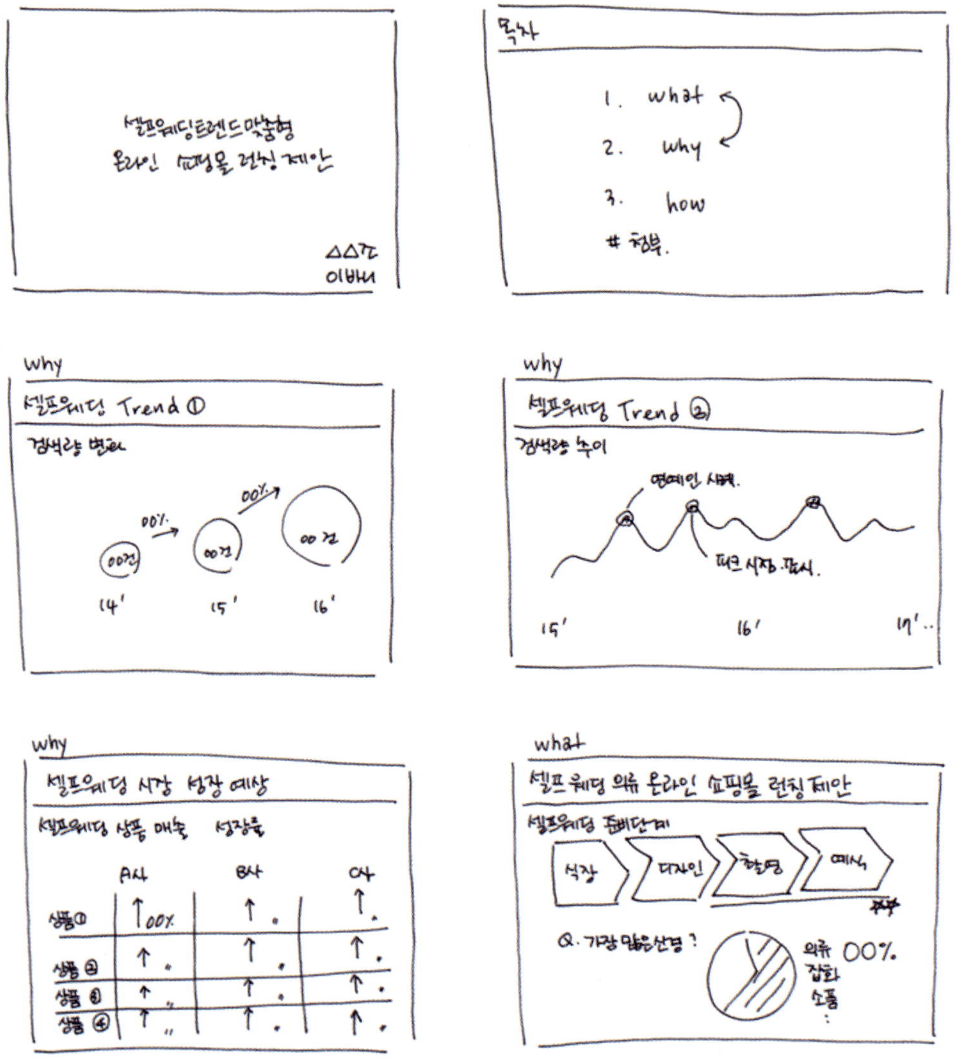
셀프웨딩트렌드맞춤형
온라인 쇼핑몰 런칭 제안
목차
1. what
2. why
3. how
첨부.
why
셀프웨딩 Trend ①
검색량 변화
00%
00%
14'
15'
16'
why
셀프웨딩 Trend ②
검색량 추이
연예인 사례.
15'
16'
17'..
why
셀프웨딩 시장 성장 예상
셀프웨딩 상품 매출 성장률
A사
B사
C사
상품①
상품②
상품③
상품④
what
셀프웨딩 의류 온라인 쇼핑몰 런칭 제안
셀프웨딩 준비단계
식장
디자인
촬영
예식
Q. 가장 많은 산업?
의류 00%
잡화
소품

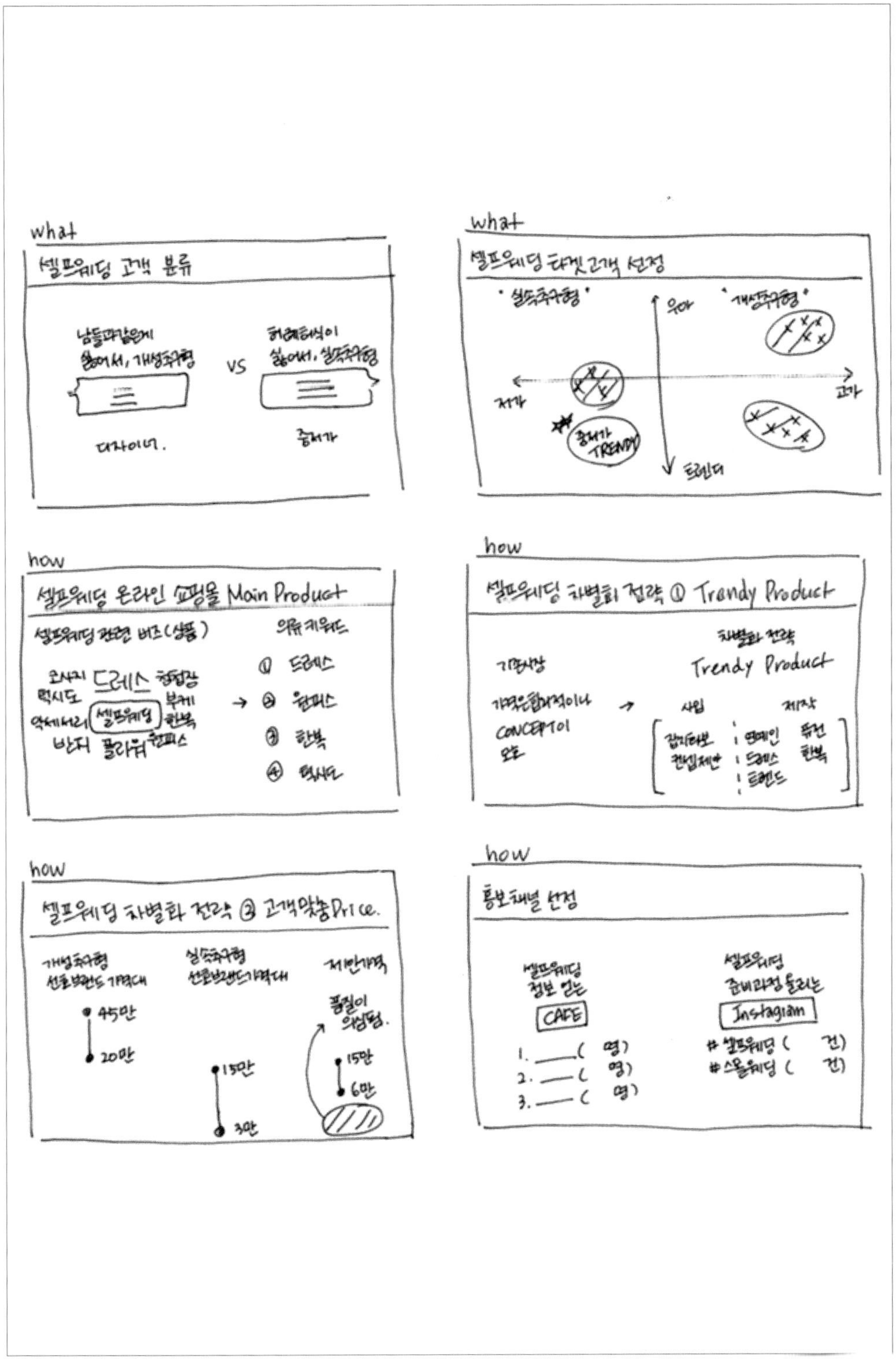
what
셀프웨딩 고객 분류
남들과 같은게 싫어서, 개성추구형
vs
허례허식이 싫어서, 실속추구형
디자이너.
중저가
what
셀프웨딩 타겟고객 선정
"실속추구형"
"개성추구형"
우아
저가
고가
중저가 TRENDY
트렌디
how
셀프웨딩 온라인 쇼핑몰 Main Product
셀프웨딩 관련 비즈(상품)
의류 키워드
드레스
턱시도
셀프웨딩
부케
한복
원피스
① 드레스
② 원피스
③ 한복
④ 턱시도
how
셀프웨딩 차별화 전략 ① Trendy Product
차별화 전략
Trendy Product
사입
제작
드레스
한복
트렌드
how
셀프웨딩 차별화 전략 ② 고객맞춤 Price.
개성추구형 선호브랜드 가격대
실속추구형 선호브랜드 가격대
45만
20만
15만
3만
15만
6만
how
홍보채널 선정
셀프웨딩 정보 얻는
CAFE
셀프웨딩 준비과정 올리는
Instagram
#셀프웨딩 (건)
#스몰웨딩 (건)

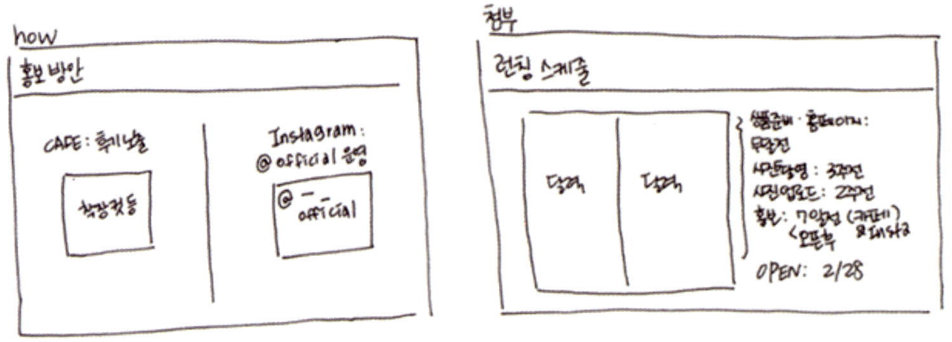

❸ 스토리보드 작성

내용 구조화가 어느 정도 진행되었으면 클라이언트에게 '실제 보고한다.'는 관점에서 이미지 트레이닝 image training)을 하며 내용의 자연스러운 전개 여부를 체크한다.

- 내가 클라이언트라면 '이 내용과 이 순서로 보고했을 때 설득될까?(역지사지 관점)'를 생각한다.
- 결론을 먼저 제시하고, 그 결론의 타당성과 신뢰성을 입증할 수 있는 근거를 추론이 아닌 데이터를 통해 입증한다.
- 실제 보고서로 바로 쓸 수 있도록 구체적인 장표를 스케치하고, 목차 등 기본적인 구성을 보완하며 세팅한다. 내용(주장 · 근거)과 비주얼자료(표 · 그래프 · 도형 · 사진)의 배치가 거의 결정된다(Visual-izing).
- 지금까지의 작업을 토대로 스토리보드를 작성한다.
- 최종적인 아웃풋 이미지를 결정할 때는 '이 내용을 클라이언트가 꼭 알아야 할 중요한 정보인가?, 의사결정에 영향을 줄 만한 이슈인가?'를 고려한다.

최종 아웃풋

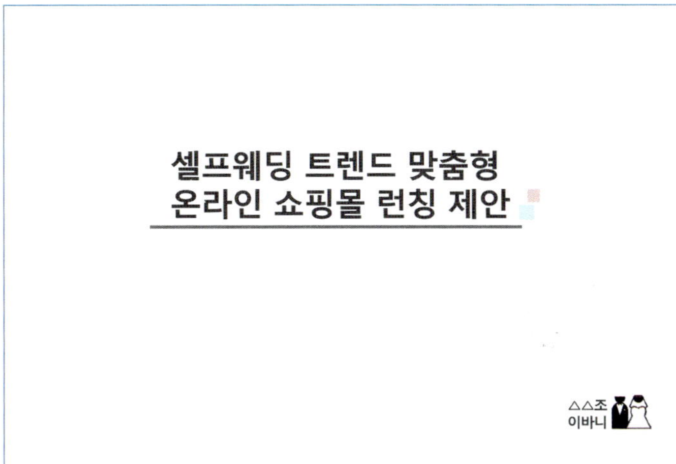

안녕하십니까, "셀프웨딩 트렌드 맞춤형 온라인 쇼핑몰 런칭 제안서"를 발표할 △△조의 이바니입니다.

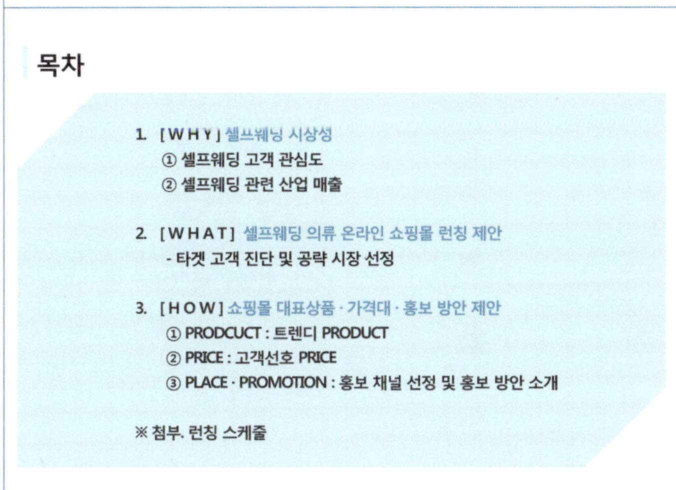

발표는 셀프웨딩 시장성, 셀프웨딩 의류 온라인 소핑몰 런칭 제안, 그리고 쇼핑몰 대표상품, 가격대, 홍보방안 제안의 순서로 진행됩니다.
먼저, 셀프웨딩 시장성에 대해 보고드리겠습니다.

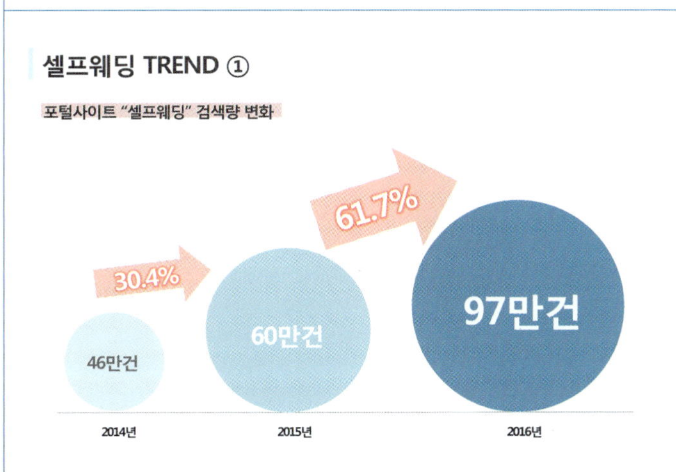

셀프웨딩에 대한 고객 관심은 지난 3년간 꾸준히 증가하고 있습니다.
포털 사이트의 "셀프웨딩" 검색량을 살펴보면, 14년 46만 건에서 16년 97만 건으로 2년 동안 51만 건이나 증가하였습니다.
성장률 측면에서도, 14~15년 30.4%, 15~16년 61.7% 성장하여 셀프웨딩 트렌드가 지속될 것임을 예측할 수 있습니다.

셀프웨딩 TREND ②

포털사이트 "셀프웨딩" 검색량 변화 추이

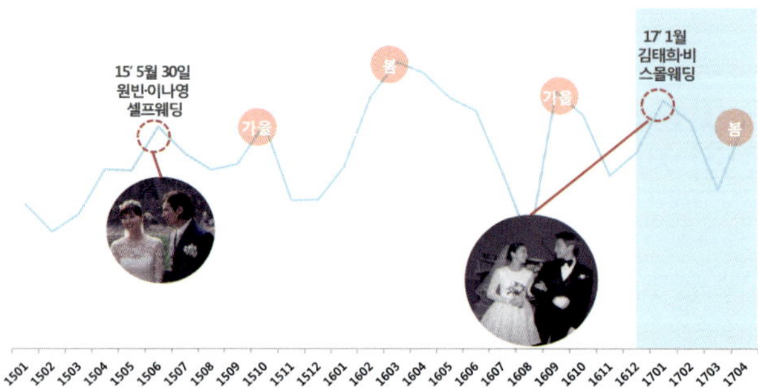

월간 검색량 변화 추이를 살펴보면, 이와 같은 셀프웨딩 트렌드는 원빈–이나영의 셀프웨딩, 김태희–비의 스몰웨딩과 같은 셀럽의 셀프/스몰 웨딩으로 부터 시작되었으며, 이러한 트렌드가 결혼식 피크 시즌인 봄, 가을에 꾸준히 올라오고 있음을 확인할 수 있습니다.
※이미지 : 원빈 · 이나영 결혼식 사진(소속사 이든나인), 김태희 · 비 결혼식 사진(소속사 레인컴퍼니)

셀프웨딩 시장 성장 예상

셀프웨딩 연관 상품 매출 성장률(15-16년)

	A오픈마켓	B소셜커머스	C온라인 쇼핑몰
드레스·원피스	150%	20%	220%
한복	30%	60%	45%
꽃다발·부케	200%	85%	90%
파티용품	20%	50%	15%

"셀프웨딩 카테고리"는 단순히 고객의 관심만 증가하는 것이 아니라, 매출 측면으로 살펴봤을 때도, 시장성이 있는 영역입니다.
주요 온라인 유통 채널인, A오픈마켓, B소셜커머스, C온라인 쇼핑몰의 셀프웨딩 연관 상품 매출 성장률을 살펴봤습니다(15~16년 기준).
세 채널의 드레스,원피스 / 한복 / 꽃다발, 부케 / 파티용품 등의 매출이 적게는 15%부터 많게는 220%까지 성장하고 있었습니다.
※이미지 : 무료 이미지 제공사이트(플랫아이콘)

셀프웨딩 의류 온라인 쇼핑몰 런칭 제안

셀프웨딩 준비 단계

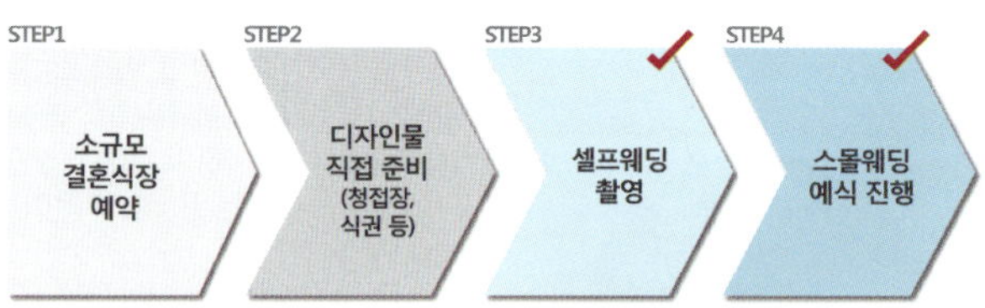

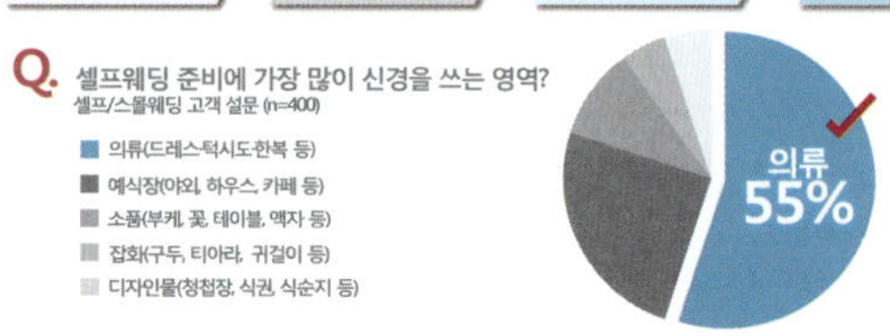

이처럼, 고객 관심과 매출이 모두 증가하고 있는 "셀프웨딩 카테고리"의 온라인 쇼핑몰 런칭을 제안합니다.
고객들의 셀프 웨딩 준비 단계를 살펴봤습니다.
예비 부부들은 소규모 결혼식장예약, 디자인물 준비, 셀프웨딩 촬영, 스몰웨딩 예식 진행순으로 셀프웨딩을 준비하고 있었습니다.
이들 고객 400명을 대상으로 가장 신경을 쓰는 영역에 대해 설문을 진행한 결과 의류가 55%로 가장 많은 비중을 차지하고 있었습니다.
이에, 셀프웨딩 촬영과 실제 예식 진행에 활용 가능한 "의류 쇼핑몰 런칭"을 제안합니다.

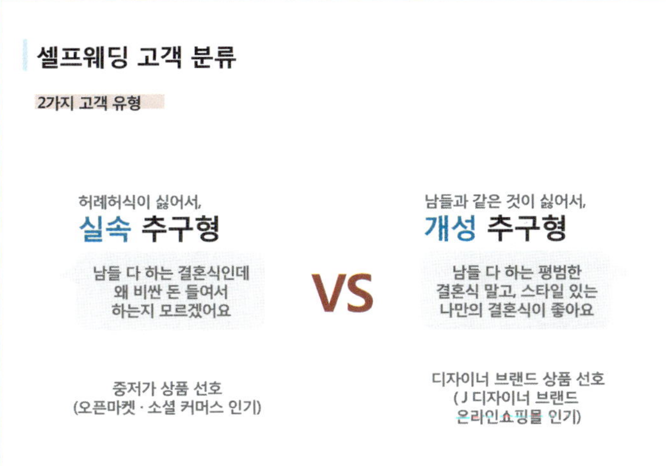

셀프웨딩을 준비하는 고객은 크게 2가지 유형으로 나뉩니다.
첫째는, 허례허식이 싫은 "실속 추구형".
둘째는, 남들과 같은 것이 싫은 "개성 추구형"입니다.
실속 추구형의 경우, 비싼 돈 들여 결혼식하기 싫어 "중저가 상품을 선호"하며,
개성 추구형의 경우, 스타일 있는 결혼식이 좋아 "디자이너 브랜드의 상품을 선호"합니다.

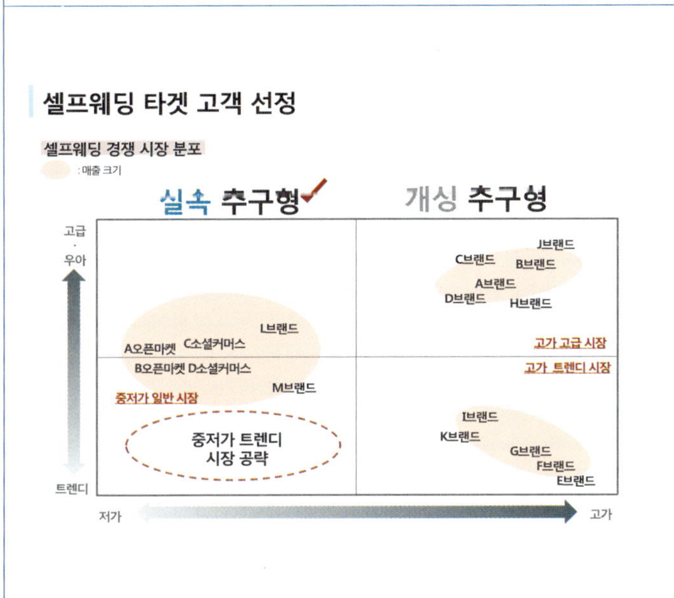

이 중, 우리의 타겟 고객과 시장은 어디일까요? 실속추구형 고객을 잡을 수 있는 "중저가 트렌디 시장" 공략을 제안합니다. 셀프웨딩 관련 브랜드 분포도와, 매출 파이를 살펴봤습니다.
개성 추구형이 선호하는 브랜드의 경우 고가 고급 시장과 고가 트렌디 시장에 속해 있으나 이미 브랜드 개수가 포화상태였으며, 매출 파이도 브랜드 개수에 비해 크지 않아, 시장성이 없는 영역이라 판단됩니다.
반면, 실속 추구형이 선호하는 브랜드의 경우 중저가 일반 시장에만 속해있고, 매출 파이도 브랜드 개수에 비해 커서 시장성이 큰 영역이라 판단됩니다.
실속 추구형을 타겟으로 할 수 있는 시장 중, 현재는 중저가 고급 시장과, 중저가 트렌드 시장이 비어있습니다.
중저가 고급 시장의 경우, 높은 원가 등의 이유로 이익이 나지 않을 것으로 판단되기 때문에, 중저가 트렌디 시장 공략을 제안합니다.

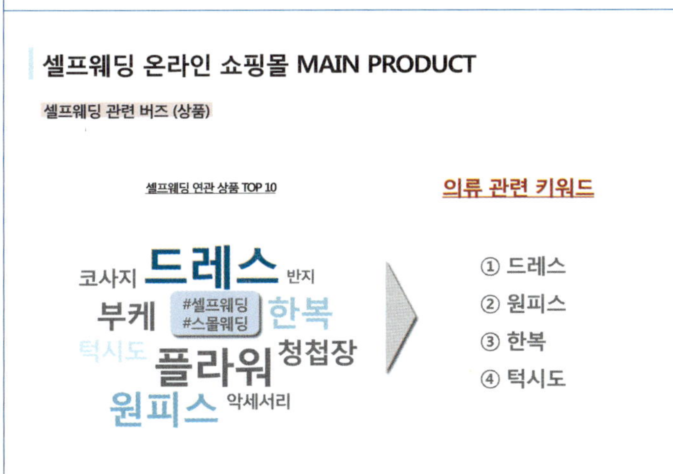

우리 브랜드의 메인 상품으로 드레스, 원피스, 한복, 턱시도 4가지를 제안합니다.
고객이 온라인 상에서 셀프웨딩 · 스몰웨딩과 함께 언급하는 상품 키워드 TOP 10을 살펴보면 드레스, 플라워, 원피스, 한복, 부케, 청첩장, 턱시도, 코사지, 악세서리, 반지가 있습니다.
이 중 의류 관련 키워드는 드레스, 원피스, 한복, 턱시도로, 우리 브랜드에서는 위 4가지 상품을 전개하는 것을 제안합니다.

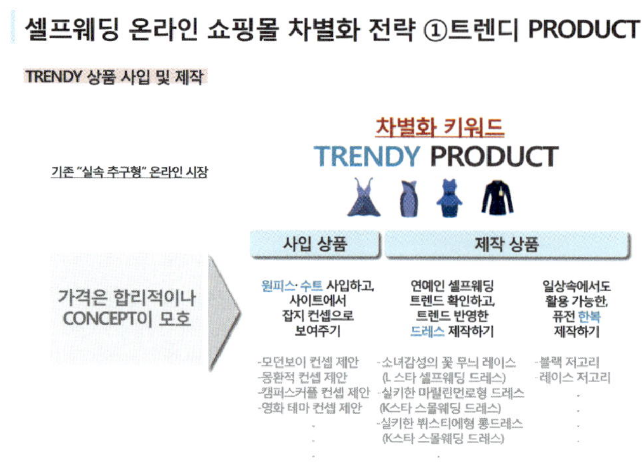

4가지 상품을 차별화 하기 위해 PRODUCT에 트렌디 감성을 더하는 것을 제안합니다.
기존 실속 추구형 고객이 이용하던 온라인 시장은, 가격은 합리적이나 콘셉트가 모호한 한계가 있기 때문입니다.
사입 상품인 원피스/수트는 상품에 변화를 줄 수 없기 때문에 보여주기 방식에 트렌드를 더하겠습니다.
온라인상에 잡지 콘셉트로 상품을 보여주어 고객이 쉽게 웨딩촬영 콘셉트를 잡을 수 있도록 하겠습니다.
드레스의 경우는, 연예인 셀프웨딩 드레스 유형을 확인하고 해당 트렌드를 빨리 내려 받아 직접 제작하겠습니다.
한복은 일상 속에서도 활용 가능하도록 블랙 저고리, 레이스 저고리와 같은 퓨전 한복을 직접 제작하겠습니다.
※이미지 : 무료 이미지 제공 사이트(플랫아이콘)

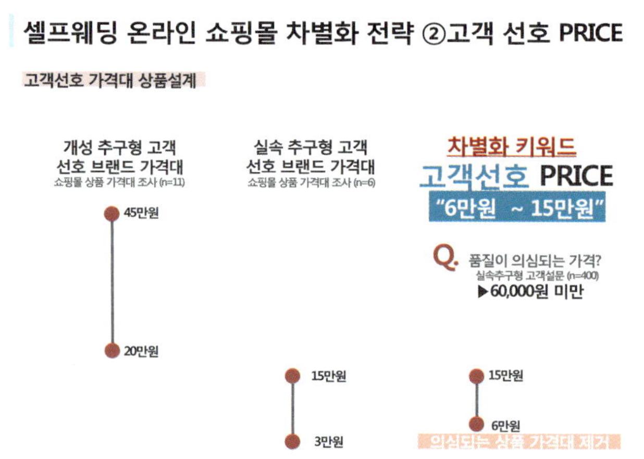

사실, 실속추구형 고객에게는 "가격"이 핵심입니다. 이들을 공략하기 위해 최저 6만 원부터 최고 15만 원 대의 상품 설계 하겠습니다.
개성 추구형 고객이 선호하는 브랜드의 상품 가격대는
최저 20만 원부터 최고 45만 원이었으나, 실속 추구형 고객이 선호하는 브랜드의 상품 가격대는 최저 3만 원부터 최고 15만 원으로 낮게 형성되어 있었습니다.
6만 원 미만의 가격대 상품을 생산/구입 하지 않는 이유는, 실속추구형 고객도, 6만 원 미만의 상품은 "품질이 좋지 않을 것이다."라고 생각하기 때문입니다.

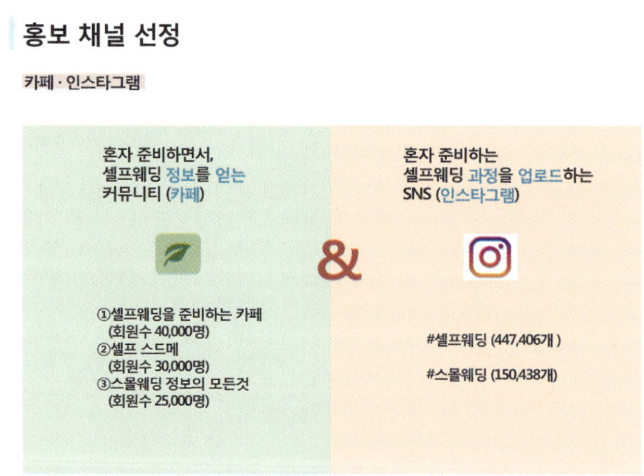

고객이 원하는 가격대로 설계하고, 트렌드를 더한 우리 제품을 카페와 인스타그램을 통해 홍보하겠습니다.
카페의 경우, 우리 고객이 셀프 웨딩 정보를 얻는 곳이며, 회원수가 25,000명 이상인 유명 카페가 3곳 있는 채널입니다.
인스타그램의 경우, 우리 고객이 셀프 웨딩을 준비하는 과정을 업로드 하는 곳이며 셀프웨딩, 스몰웨딩과 관련된 글이 각 45만 개, 15만 개씩 올라오는 핵심 채널입니다.
※이미지 : 무료 이미지 제공사이트(플랫아이콘)

홍보 방안

후기 노출 및 오피셜 계정 운영

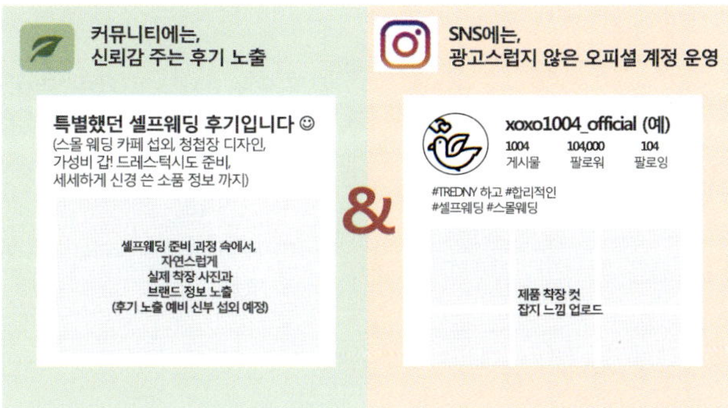

카페에는 예비 신부를 섭외해 신뢰감을 주는 후기를 노출하고, 인스타그램에는 광고스럽지 않은 잡지 느낌의 오피셜 계정을 운영해 상품을 소개할 수 있도록 하겠습니다.
※이미지 : 무료 이미지 제공사이트(플랫아이콘)

런칭 스케줄

D-60 스케줄

마지막으로,
온라인 쇼핑몰 런칭을 준비하는 60일 플랜을 보여드리며 "셀프웨딩트렌드 맞춤형 온라인 쇼핑몰 런칭 제안"프로젝트 발표를 마치겠습니다.
경청해주셔서 감사합니다.

❹ 발표용 PPT자료와 대본작성

스토리보드를 토대로 발표용 PPT자료와 대본을 작성한다. 발표용 PPT는 탬플릿이나 자체 개발한 디자인을 활용하여 전체적으로 일관된 포맷(format)을 유지한다.

- 제목, 소주제, 발표 내용의 폰트와 크기를 결정하여 일관성 있게 적용한다.
- 중요 내용은 색, 또는 크기를 달리하거나 이미지를 활용하여 강조한다.
- 제4차 산업혁명, YOLO, 워라벨, 스몰웨딩과 같은 트렌디(trendy)한 용어를 활용한다.
- 수치 데이터는 최근 자료를 사용하고, 가능한 표나 그래프를 활용하여 시각화한다.
- 정성 데이터(텍스트형 정보)는 도형을 활용하여 시각화한다.
- PREP 스토리라인을 활용하여 발표 대본을 작성한다.
- 오프닝 멘트와 클로징 멘트를 작성한다.

팀 프레젠테이션 평가표

프레젠테이션 실습 평가표(1)

프레젠테이션 주제 : 실습자 :

서론(주의집중 · 동기부여 · 개요 제시)	본론(논리성 · 체계성 · 차별성)	결론(요약 · 재동기부여 · 결어)
청중 참여(질문 활용)	동기유발(공감)	표정(자신감 · 열정 · 변화)
시선(청중응시 및 안배)	스피치(속도 · 강약 · 발음)	자세와 제스처(자연스러움)
매체 활용	시간관리(시간준수 및 안배)	기타

프레젠테이션 실습 평가표(2)

프레젠테이션 주제 : 실습자 :

	항 목		평가 착안점	평가 등급			
				S	A	B	C
내용구성	서 론		• 호기심 · 관심을 유발하는 인상적 오프닝(인사 · 자기소개 및 중요성 제시)을 하였는가? • 개요가 잘 제시되었는가? • 도입 부분이 발표 내용과 잘 연결되는가?				
	본론	전문성	• 내용은 주제에 맞게 구성되었는가?(일관성) • 내용은 전문성 · 차별성과 창의성이 있는가?				
		논리성	• 발표는 논리적이고 체계적으로 전개되었는가? • 다양한 사례 · 예시 · 자료를 활용해 쉽게 설명하였는가?				
		명료성	• 발표자는 전문성이 있고, 내용을 잘 숙지하고 있는가? • 핵심 내용(메시지)이 명확히 전달되었는가?				
	결 론		• 핵심내용을 요약하고, 강점을 반복 · 강조하였는가? • 종료 시 본문과 관련 있는 메시지를 제시하였는가?				
전달전략	청중참여		• 다양한 질문(전체질문 · 지명질문)을 활용하여 청중의 주의를 집중하고 참여시키는가?				
	공감형성		• 태도는 겸손하고 신뢰성이 있어 보이는가? • 청중과 친밀한 관계를 형성하고, 흥미를 유발하였는가?				
	얼굴표정		• 얼굴표정이 밝고, 자신감과 열정이 있어 보이는가? • 발표 내용에 따라 표정에 변화가 있는가?				
	시선		• 청중들과 시선을 골고루 마주치는가? • 허공이나 바닥을 바라보지는 않았는가?				
	스피치		• 말이 자연스럽고, 떨림이 없는가? • 스피치의 음색 · 크기 · 억양 · 속도 · 강약은 적절한가? • 발음이 명료하고, 군더더기 말은 없는가?				
	자세와 제스처		• 제스처와 자세는 자연스러운가? • 적절히 발표장을 이동하는가?				
	PT매체		• 도식화 · 시각화 활용으로 이해하기 수월하며, 가독성이 충분한가? • 영상물, 핸드아웃, 판서 등 다양한 매체를 활용하는가?				
	시간관리		• 서론 · 본론 · 결론의 시간배분이 적절한가? • 규정시간을 지키는가?				
종합평가			• 발표내용이 청중을 설득하기에 충분한가? • 종합적으로 프레젠테이션을 평가하면 어떤가?				

잘한 점	보완할 점

찾아보기

❋ ㅎ

❋ 기타

저/자/소/개

■ 박효정

숙명여자대학교 교육행정 · 사회학 석사

현) U&R 프로젝트 대표, 인코칭 파트너 코치, 블룸컴퍼니 마음 퍼실리테이터

전) 한국생산성본부 선임위원

엘릭스 교수설계 팀장

롯데인재개발원 교육기획팀

저서) 조직갈등관리트레이닝북, 개인과 조직을 살리는 언컨플릭(공저),

4가지 성격 DISC와 만나다(공저), 발표의 신(공저) 외

■ 이보람

숙명여자대학교 언론정보학

현) 이랜드글로벌 상품기획팀 대리

전) 이랜드리테일 리서치&정보팀, 영업본부 영업기획팀

이랜드 전략기획본부 전략컨설턴트

JohnGress photography, Chicago, IL., Market Research

■ 이재희

국민대학교 경영학 박사

현) 비전경영연구소 대표

방글라데시 직업훈련체계수립 전문위원

경영지도사(인적자원관리), 직업상담사(2급)

전) 국민대학교, 숙명여자대학교 교육대학원, 서울벤처대학원대학교 출강

대한민국산업현장교수(HRD)

한국생산성본부 전임교수

SK하이닉스 인재개발원 전문교수

농식품공무원교육원 외래교수

저서) 인적자원개발, 리더십프레임, 비즈니스 커뮤니케이션, NCS 의사소통능력 외

[개정판]
제안·보고·발표력 향상을 위한

프레젠테이션 전략

1판 1쇄 발행 — 2017년 8월 15일
2판 1쇄 발행 — 2023년 6월 30일

저　　자 - 박효정 · 이보람 · 이재희
발 행 인 - 강철원
발 행 처 - 양성원
주　　소 - 경기도 파주시 검산로 173번길 29-12
전　　화 - 031-946-3861(代)
팩　　스 - 031-946-3864
이 메 일 - tnwpub@naver.com
홈페이지 - tnwpub.co.kr
출판등록 - 2015년 8월 31일 제 2015-000211 호

ISBN 979-11-6126-488-2

정가 21,000원